BERND BIERVERT

Der Beitrag der privaten Haushalte zum wirtschaftlichen Wachstum

Beiträge zur Verhaltensforschung

Herausgegeben von Prof. Dr. Dr. h. c. G. Schmölders, Köln

Heft 12

Der Beitrag der privaten Haushalte zum wirtschaftlichen Wachstum

Ansatzpunkte einer empirischen Theorie der wirtschaftlichen Entwicklung

Von

Dr. Bernd Biervert

DUNCKER & HUMBLOT / BERLIN

Gedruckt 1969 bei Alb. Sayffaerth, Berlin 61
Printed in Germany

Inhaltsverzeichnis

A. Ziele der Arbeit

Die Ausstrahlungskraft der sozialökonomischen Verhaltensforschung liegt zum großen Teil darin begründet, daß sie durch ihre empirischen Untersuchungen und die daran anknüpfenden theoretischen Betrachtungen dazu beiträgt, die überholten Grenzen zwischen den einzelnen Disziplinen der Sozialwissenschaft einzureißen[1]. Bei wirtschaftlichen Vorgängen handelt es sich um das Verhalten von Menschen in unterschiedlichen sozialen Rollen und um die Anpassung an sich ständig verändernde Gegebenheiten, wobei das Handeln durch Erfahrungen, Erwartungen, Motive und Einstellungen gesteuert wird. Nur gemeinsame Forschungsarbeit aller sozialwissenschaftlichen Disziplinen kann daher dazu beitragen, eine umfassende ökonomische Theorie zu erstellen, die wirklichkeitsnäher ist als die bisherigen Ansätze. Nationalökonomie, die als Realwissenschaft auftreten will, hat sich in die Comtesche Tradition des „savoir pour prévoir pour pourvoir" zu stellen. Wie bei jeder empirisch gehaltvollen Theorie müssen auch ihre Sätze anhand der Realität überprüfbar und wenigstens prinzipiell widerlegbar sein, eine Anforderung, die im sogenannten „Popper-Kriterium" zum Ausdruck kommt[2]. Dieses Kriterium eröffnet die Möglichkeit einer „Kritik der reinen Vernunft", die Spekulation und Ideologie von empirisch relevanter Wissenschaft scheidet. Nur insoweit eine Theorie empirisch überprüfbar ist, kann sie der Erklärung und der Prognose dienen und Hinweise auf strategische Variable und deren technologische Anwendung liefern[3].

Wird heute von der Volkswirtschaftslehre insgesamt behauptet, daß ihre „interessanten Probleme nicht mehr mit Sicherheit einer der traditionellen Disziplinen zugeordnet werden können"[4], zumal sie nur Teilaspekte allgemeinen menschlichen Verhaltens in einem Subsystem der Gesellschaft behandelt[5], so gilt dies in besonderem Maße von den Problemen wirtschaftlichen Wachstums, die auf das Handeln sozialer Rollen-

---

[1] Vgl. *G. Schmölders*, Ökonomische Verhaltensforschung, in: ORDO Jahrbuch Bd. V, 1953, S. 205.

[2] Vgl. *K. Popper*, The Logic of Scientific Discovery, London 1959.

[3] Vgl. *H. Albert*, Probleme der Theoriebildung, in: H. Albert (Hg.), Theorie und Realität, Tübingen 1964, S. 47 und ders., Marktsoziologie und Entscheidungslogik, Neuwied 1967.

[4] *H. Albert*, Probleme der Theoriebildung, a.a.O., S. 14.

[5] Vgl. *T. Parsons* and N. J. *Smelser*, Economy and Society, A Study in the Integration of Economy and Social Theory, London 1957.

träger in den Bereichen Haushalt, Unternehmung und Staat zurückgeführt werden können[6]. — Seit dem Ende des Zweiten Weltkrieges wurde die Wachstumsforschung zu einem zentralen Thema der Wirtschaftswissenschaften, das die bislang vorherrschende Analyse der Probleme der Unterbeschäftigung und das theoretische Bemühen um das Glätten von Zyklusschwankungen ablöste[7]. Fragt die keynesianische Theorie in ihrer „short-run"-Analyse vor allem nach Determinanten der Einkommenshöhe, so bezieht die moderne Wachstumstheorie in ihre Untersuchung der Faktoren, die ursächlich mit dem wirtschaftlichen Wachstum verbunden sind, langfristige Gesichtspunkte ein. Der „Boom" der Wachstumsforschung wurde unter anderem durch die wirtschaftlichen Probleme der Entwicklungsländer, die Wachstumsprobleme der „Überflußgesellschaft" und den Wettbewerb der unterschiedlichen Gesellschaftssysteme in Ost und West auch auf wirtschaftlichem Gebiet ausgelöst[8].

Die Wachstumstheorie kann in drei Spielarten auftreten: als statistische Analyse vollzogener Wachstumsvorgänge, die makroökonomische Größen benutzt, als Modelltheorie oder als sozioökonomische Analyse, die sich empirischer Untersuchungen bedient. Postkeynesianismus und Neoklassik kleiden ihre Aussagen meist in das Gewand „exakter" Modelle; sie zeichnen sich in der Regel durch Systeme von Aussagen aus, die in vielfältiger Weise durch Prämissen und Tautologismen vor dem möglichen Scheitern an der Wirklichkeit bewahrt werden sollen und dabei häufig unbewußt zu Alibi- und Leerformeln greifen. Albert entlarvte diese Bestrebungen als „Modell-Platonismus"[9]; der Tautologiecharakter solcher Modelle und „Theorien" bleibt dabei häufig unerkannt, „weil der Realitätsbezug mit Informationsgehalt verwechselt wird"[10].

Zwar erheben sich bei der Wachstumsforschung immer häufiger Forderungen nach interdisziplinärer Zusammenarbeit und Anwendung moderner wissenschaftstheoretischer Konzepte; „darüber jedoch, wie sich diese Zusammenarbeit vollziehen könnte und welche Denkansätze und

---

[6] *G. Schmölders,* Der Beitrag der Verhaltensforschung zur Theorie der wirtschaftlichen Entwicklung, in: Systeme und Methoden in den Wirtschafts- und Sozialwissenschaften, Festschrift für E. von Beckerath, Tübingen 1964, S. 363.

[7] Übersichten über die Entwicklung der modernen Wachstumstheorie geben: *K. Oppenländer,* Die moderne Wachstumstheorie, Berlin und München 1963, und *G. Bombach,* Artikel „Wirtschaftswachstum", in: HdSW, Bd. 12, Stuttgart, Tübingen, Göttingen 1965, S. 766 ff.

[8] Vgl. *H. Giersch,* Strategien der Wachstumspolitik, in: Zeitschrift für die gesamte Staatswissenschaft, Bd. 119, 1963, S. 239 ff.

[9] Vgl. *H. Albert,* Modell-Platonismus, in: E. Topitsch (Hg.), Logik der Sozialwissenschaften, Köln 1965.

[10] *G. Neuhauser,* Grundfragen wirtschaftswissenschaftlicher Methodik, in: Enzyklopädie der geisteswissenschaftlichen Arbeitsmethoden, 8. Lieferung, Methoden der Sozialwissenschaften, München und Wien 1967, S. 113.

Methoden aus anderen Disziplinen für die Erklärung und Prognose der wirtschaftlichen Entwicklung nutzbar gemacht werden können, bestehen wenig konkrete Vorstellungen"[11]. Wo sie bestehen — wie zum Beispiel bei Lewis[12] — so könnte man ergänzen, harren sie noch der empirischen Überprüfung in größerem Rahmen.

Nach einer Kritik bisheriger wachstumstheoretischer Ansätze soll daher in dieser Arbeit versucht werden, einen umfassenden Bezugsrahmen für eine empirische Theorie des wirtschaftlichen Wachstums zur Diskussion zu stellen, wobei gleichzeitig die mögliche Integration in eine allgemeine Theorie sozialen Handelns berücksichtigt wird. Eingehend dargestellt wird dieser Ansatz für die privaten Haushalte, deren Beitrag zur wirtschaftlichen Entwicklung in den Bereichen der Einkommenserzielung und der Einkommensverwendung zu sehen ist.

Eine partielle Überprüfung der im theoretischen Teil geschilderten Zusammenhänge wird im empirischen Teil anhand einer Reihe von Faktoren unternommen, die relevant für die wirtschaftliche Entwicklung sind. Hierbei soll versucht werden, bestimmte Verhaltensdispositionen zu zeigen, die einen Haushalt besonders dynamisch erscheinen lassen, ihn zu einem „Pionierhaushalt" machen. Die Analyse teilt sich in zwei große Abschnitte: Zunächst wird der in drei Ländern (Spanien, England, USA) erhobene unmittelbare Beitrag der Haushaltungsvorstände zum Sozialprodukt (Arbeitszeit, Einkommen) untersucht und dabei vor allem der Frage nachgegangen, unter welchen Bedingungen dieser Beitrag größer oder kleiner wird. Daran anschließend werden Verhaltensweisen sowie Motive und Einstellungen, von denen angenommen werden kann, daß sie sich günstig für das wirtschaftliche Wachstum auswirken, in ihrem theoretischen Zusammenhang genauer geschildert und auf inter- und intranationale Unterschiede in ihrer Verteilung hingewiesen. Innerhalb der Berufsgruppen „Selbständige" und „Unselbständige" geschieht dies mit Hilfe einer Korrelationsanalyse, wobei Alter, Schulbildung und Einkommen als Kontrollfaktoren dienen. In einem weiteren Abschnitt wird ein Syndrom fortschrittlicher Verhaltensweisen und Einstellungen einer Varianzanalyse unterzogen, um daran die hauptsächlichen Einflußgrößen zu zeigen.

Gegenüber dem breit angelegten theoretischen Bezugsrahmen muß der empirische Teil etwas bescheidener ausfallen; dies bezieht sich vor allen Dingen auf den Bereich der Einkommensverwendung der privaten Haushalte. Immerhin gelingt es, den vorgeschlagenen Ansatz für eine Reihe der dargestellten Faktoren zu operationalisieren und am vorliegenden

---

[11] *G. Schmölders*, Der Beitrag der Verhaltensforschung ..., a.a.O., S. 363.

[12] *A. Lewis*, Theorie des wirtschaftlichen Wachstums, Tübingen und Zürich 1956.

Material zu bestätigen. — Die Tatsache, daß ein Erklärungsfaktor häufig nur in bestimmten Gesellschaften oder in bestimmten Subgruppen einer Gesellschaft Einfluß ausübt, sowie die Anzahl der benutzen Faktoren machten es notwendig, bei der empirischen Untersuchung auf die herkömmlichen dimensionalen Betrachtungen entweder ganz zu verzichten und ein aus der Varianzanalyse abgeleitetes ergiebigeres Verfahren der Datenanalyse anzuwenden[13] bzw. dimensionale Tabellen — bis auf die Grundauszählung — nur in einer Korrelationsmatrix wiederzugeben.

Neben der Überprüfung einer Reihe von Hypothesen, die dem vorgeschlagenen Ansatz einer empirischen Wachstumstheorie entstammen, soll im internationalen Vergleich wirtschaftlicher Verhaltensweisen und Attitüden zugleich die Haltbarkeit wirtschaftskultureller Stereotype untersucht werden, die dem Spanier einen „genio antieconómico" attestieren[14], die Engländer als durchweg ehrenhafte, aber ausschließlich auf wirtschaftlichen Eigennutz bedachte „shop keepers" sehen (eine Einschätzung, die auf Napoleon zurückgeht), und die auf den nordamerikanischen „Wirtschaftsgeist" regelrechte Lobeshymnen anstimmen[15].

---

[13] Vgl. Anhang C: Das AUSPIK-Verfahren.

[14] *E. Giménez Caballero*, El genio antieconómico de España, in: De economia, Januar-April 1954, S. 69—84.

[15] Vgl. z. B. den Abschnitt „American Economic Expansion and the American Character", in: *G. D. Nash* (Hg.), Issues in American Economic History, Boston 1964.

B. Der theoretische Bezugsrahmen

I. Die Theorie des wirtschaftlichen Wachstums

Gegenstand der Theorie des wirtschaftlichen Wachstums sind neben den quantitativen Veränderungen der Produktion und Nachfrage (= Erstellung und Konsum von Gütern und Dienstleistungen einer Volkswirtschaft) auch die diese Entwicklung auslösenden oder mit ihr verbundenen menschlichen Verhaltensweisen sowie institutionelle und technische Veränderungen[1]. Unter makroökonomischem Blickwinkel beschäftigt sich die Wachstumstheorie mit aggregierten heterogenen Größen wie Gesamteinkommen, Gesamtkonsum und Gesamtsparen, während demgegenüber die Mikrotheorie unter Benutzung quasi-homogener Mengeneinheiten von dem Beitrag einzelner Entscheidungsträger zum Sozialprodukt auszugehen versucht, um nach und nach zu Aussagen möglichst großer Reichweite zu gelangen[2].

Um den spezifischen wachstumstheoretischen Ansatz dieser Untersuchung herausarbeiten zu können, der sich auf der Mikroebene bewegt, sei eine geraffte Kritik bisheriger wachstumstheoretischer Ansätze vorangestellt[3]. Für die Klassiker ergab sich die wirtschaftliche Entwicklung aus der natürlichen Evolution der Menschheit, wobei mit einem Übermaß an Ethnozentrismus sowohl zeitlich wie örtlich gleichbleibende Verhaltensmuster angenommen wurden[4]. List in seiner „Theorie der produktiven Kräfte“ und Autoren der historischen Schule wie Hildebrand, Sombart und Schmoller versuchten, wirtschaftliches Wachstum auf Verschiedenheiten in den Institutionen und der Geschichte der einzelnen Sozialgebilde zurückzuführen. Die Deskription einer Reihe raum-zeit-

---

[1] Diese breite Definition erlaubt eine größere Realitätsnähe der Betrachtung und entbindet von einer Abgrenzung des Begriffes „wirtschaftliches Wachstum“ von dem der „wirtschaftlichen Entwicklung“, so daß beide Ausdrücke synonym gebraucht werden können.

[2] Zur Unterscheidung von Mikro- und Makrotheorie vgl. *F. Machlup*, Der Wettstreit zwischen Mikro- und Makrotheorien in der Nationalökonomie, Tübingen 1960, S. 1—10 et passim.

[3] Ausführliche kritische Darstellungen liefern u. a. *S. Klatt*, Zur Theorie der Industrialisierung, Köln und Opladen 1959, S. 43 ff.; *M. Dierkes*, Produktivität und Expansion — ein Beitrag zur mikroökonomischen Analyse des wirtschaftlichen Wachstums, Kölner Dissertation 1969.

[4] Vgl. *J. M. Lettiche*, Adam Smith and David Ricardo on Economic Growth, in: B. F. Hoselitz (Hg.), Theories of Economic Growth, Glencoe/Ill., 1960, S. 65 ff.

gebundener, im Einzelfall noch so relevanter Gesichtspunkte kann jedoch aus logischen Gründen nicht zur Grundlage einer Theorie gemacht werden[5]. Hier tritt der Streit um Induktion und Deduktion als wissenschaftliche Methoden zutage. Weiterhin kann die von den Stufentheoretikern der historischen Schule aufgestellte Hypothese, daß es in der wirtschaftlichen Entwicklung einer Gesellschaft deutlich wahrnehmbare Stufen gebe, die nacheinander durchschritten werden, lediglich als ein Versuch verstanden werden, Ordnungskategorien für Prozesse der wirtschaftlichen Entwicklung zu finden. Versucht man, sie als Realphänomene zu begreifen, so tauchen Abgrenzungsschwierigkeiten auf: voneinander völlig verschiedene Wirtschaftsstufen sollen sich durch die Überschreitung einer bestimmten Schwelle unterscheiden, das allmähliche Hinüberwachsen von einer Entwicklungsstufe in die andere bleibt unerklärbar. — Ähnliche Einwände sind gegen die eigentliche Wachstumstheorie von Marx geltend zu machen, der zu einer Stufentheorie gelangt, bei der er die Organisation der Produktivkräfte, die „Produktionsverhältnisse", als Entscheidungskriterium benutzt. Gegen sein Schema der Entwicklung von Wirtschaft und Gesellschaft von der Urgemeinschaft über die Sklavenhaltergesellschaft und den Feudalismus bis hin zum Kapitalismus müssen außerdem Bedenken empirischer Natur erhoben werden[6]. Bisweilen wird auch versucht, die von Marx für den Fall des Kapitalismus aufgestellte Theorie der Akkumulation und erweiterten Reproduktion in ein allgemeines Wachstumsmodell postkeynesianischer Art umzumünzen[7] und die so ausgeweitete Theorie mit Ansprüchen zu konfrontieren, denen Marx nicht genügen wollte. — Ein letztes Mal taucht eine „historische" Stufentheorie als Antithese zu Marx bei Rostow[8] auf; zuvor hatten noch Hoffmann, Fourastié und Clark in einer ähnlichen Betrachtungsweise Wachstum als relativen Prozeß dargestellt[9]. Sie machten das Verhältnis zwischen Konsum- und Kapitalgüterindustrie (Hoffmann) bzw. das Verhältnis zwischen dem primären (landwirtschaftlichen), sekundären (industriellen) und (tertiären) Dienstleistungs-Sektor (Fourastié, Clark) zum Erklärungsprinzip der Entwicklungsstadien.

Wichtige Impulse für die Theorie des wirtschaftlichen Wachstums gingen von Max Webers Religionssoziologie aus, der in seiner Analyse der protestantischen Ethik die Rolle von Minoritäten für den Ablauf der

---

[5] Vgl. *K. Popper*, Das Elend des Historizismus, Tübingen 1965.

[6] Vgl. *B. Biervert*, Die marxistisch-leninistische Theorie der Klassen und des Klassenkampfes für die Phase des Sozialismus und Kommunismus, Kölner Diplomarbeit 1965, S. 51 ff.

[7] So z. B. *S. Klatt*, Zur Theorie ..., a.a.O., S. 45 ff.

[8] *W. W. Rostow*, The Process of Economic Growth, Oxford 1960.

[9] *W. Hoffmann*, Stadien und Typen der Industrialisierung, Jena 1931; *J. Fourastié*, Die große Hoffnung des 20. Jahrhunderts, Köln 1954; *C. Clark*, The Conditions of Economic Progress, London 1957.

wirtschaftlichen Entwicklung unterstrich. Diese Erkenntnisse versuchte McClelland später in seiner sozialpsychologischen Theorie der Leistungsmotivation auf eine breitere Basis zu stellen[10]. Diese Ansätze bieten den Vorteil, empirisch überprüfbar zu sein, stellen jedoch nur Teilaspekte des Wachstumsprozesses in den Vordergrund ihrer Betrachtungen, die es in eine allgemeine Theorie einzugliedern gilt. Dies kann auch von Schumpeters Beitrag gesagt werden, der sprunghaft auftretende schöpferische Neuerungen bei einer kleinen Gruppe von Unternehmern als Ursache des wirtschaftlichen Wachstums ansieht[11] und sich somit einseitig mit dem Verhalten des Unternehmers bzw. Verhaltensweisen auseinandersetzt, die „Personen" zu „Unternehmern" machen. Zwar wird damit eine wesentliche Komponente im Verhaltensbereich angesprochen, doch ist gegen diesen Ansatz die Monokausalität der Erklärung einzuwenden, die Beschränkung auf einen bestimmten Typ von Personen und die Unmöglichkeit, damit auch stetiges Wachstum zu erklären[12].

Gegenüber den bisher erwähnten Theorien bezieht die weitere Entwicklung der Wachstumsforschung keine prinzipiell neuen Bestandteile in ihre Überlegungen ein; sie bietet eher eine Einengung als eine Erweiterung der Erklärungsmöglichkeiten[13]. Postkeynesianische Theoretiker wie Domar und Harrod, die vor allen Dingen in der amerikanischen Nationalökonomie einen herrschenden Einfluß auf wachstumstheoretische Überlegungen ausüben, dynamisieren das keynesianische Theoriengebilde, stellen Gleichungen auf, die die Bedingungen für ein fortschreitendes Gleichgewicht der Wirtschaft im Verlauf des Wachstums erklären sollen, und transformieren diese unter Verwendung von Kapitalkoeffizienten und Investitionsquote[14]. Da es sich bei den Ausgangsgleichungen aber nicht um empirische Bedingungen für das Auftreten wirtschaftlichen Wachstums handelt, sondern um die Definition der Erscheinung selbst, haben derartige Modelle keinerlei Erklärungswert, zumal sie gegenüber einer empirischen Überprüfung immun sind[15]. Harrod und Domar bemühen sich lediglich um eine definitorische Festlegung eines störungsfreien, gleichgewichtigen Wachstums; sie geben die Irrealität ihrer Modelle zu und sind sich dessen bewußt, daß sich eine allgemeine Theorie

---

10 Vgl. *D. McClelland,* The Achieving Society, Princeton 1961.

11 Vgl. *J. Schumpeter,* Theorie der wirtschaftlichen Entwicklung — Eine Untersuchung über Unternehmer, Gewinn, Kapital, Kredit, Zins und den Konjunkturzyklus, 5. Aufl., Berlin 1952.

12 Vgl. *K. Rose,* Der Erkenntniswert der Wachstumsmodelle, in: Jahrbücher für Nationalökonomie und Statistik, Bd. 168, Stuttgart 1956, S. 330.

13 Ebenda, S. 322.

14 Vgl. *E. Schneider,* Einige Bemerkungen zur Theorie des wirtschaftlichen Wachstums, in: Money, Growth, and Methodology, Festschrift für Johan Åkerman, Lund 1961, S. 27 ff.

15 Ausführliche Kritik vgl. *K. Rose,* Der Erkenntniswert ..., a.a.O., S. 321 ff.

wirtschaftlichen Wachstums mit einer Vielfalt anderer Variablen zu beschäftigen hätte[16].

Fragte der Postkeynesianismus, welche Voraussetzungen gegeben sein müssen, damit gleichgewichtiges Wachstum eintritt, wobei zugegeben wird, daß die tatsächliche Entwicklung völlig anders verlaufen mag, so versucht die Neoklassik in ihren zahlreichen Spielarten eine ursächliche Klärung des Wachstumsprozesses[17]. Der Produktion ordnete sie zunächst zwei physische Faktoren (Arbeit, Realkapital) zu; später wurde als dritte Erklärungskomponente noch der „technische Fortschritt" hinzugefügt[18]. Dem technischen Fortschritt fällt eine Rolle zu, die aus der neoklassischen Wachstumsforschung eine Art von nationalökonomischer Metaphysik macht, was ihr in der angelsächsischen Literatur den Begriff „Golden-Age-Economics" eingetragen hat[19]: Er dient als Restkategorie, die bis zu 70 % des wirtschaftlichen Wachstums erklären muß[20], wobei eine Reihe von im einzelnen zunächst nicht unterscheidbare Faktoren zusammengefaßt werden. Dies zwang die Neoklassiker dazu, den technischen Fortschritt als „Geschenk des Himmels" (Bombach) — in Wirklichkeit aber „a measure of our ignorance"[21] — in verschiedene Komponenten aufzuspalten, wobei immer noch eine beträchtliche Restgröße übrigblieb, die nicht erklärt werden konnte. Als entscheidende Determinanten des „dritten Faktors"[22] werden bei der Zerlegung Ausbildung und Forschung dargestellt.

Insgesamt ist die einseitig produktionstheoretische und angebotsseitige Orientierung des neoklassischen Ansatzes zu bemängeln. In den „reifen Volkswirtschaften" stellt aber die von der Nachfrageseite abhängige Ausnutzung der Produktionsfaktoren oft wichtigere Probleme als die Vermehrung der Faktoren Arbeit, Kapital und technischer Fortschritt auf der Angebotsseite. Neben der für empirische Zwecke ganz unbrauchbaren Aufspaltung der Produktion vereiteln restriktive Prämissen, wie die der Existenz einer gesamtwirtschaftlichen Produktionsfunktion vom Typ

---

[16] Vgl. *E. D. Domar*, Economic Growth: An Econometric Approach, in: E. D. Domar (Hg.), Essays in the Theory of Growth, London 1957, und *R. F. Harrod*, An Essay in Dynamic Theory, in: Economic Journal, No. 49, 1939, S. 14 ff.

[17] Vgl. *G. Bombach*, Artikel „Wirtschaftswachstum", a.a.O., S. 788.

[18] Vgl. *R. M. Solow*, Technical Change and the Aggregate Production Function, in: Review of Economics and Statistics, No. 39, 1957, S. 312.

[19] Vgl. *J. Robinson*, Essays in the Theory of Economic Growth, London 1962, S. 52.

[20] *H. P. Widmaier* und *B. Frey*, Wachstumstheorie und Bildungsökonomik, in: Konjunkturpolitik, Zeitschrift für angewandte Konjunkturforschung, 13. Jg., 3. Heft, Berlin 1967, S. 133.

[21] *M. Abramovitz*, Resource and Output Trends in the United States since 1870, National Bureau of Economic Research, Occasional Paper, No. 52, New York 1956, S. 11.

[22] Vgl. *H. P. Widmaier* und *B. Frey*, Wachstumstheorie und Bildungsökonomik . . . , a.a.O.

Cobb-Douglas, des Handelns der Wirtschaftssubjekte unter den Bedingungen der vollkommenen Konkurrenz und damit einer Entlohnung der Produktionsfaktoren nach ihren Grenzprodukten und der Homogenität der Produktionsfaktoren, den Versuch, die neoklassische Wachstumstheorie auf ihren Wirklichkeitsgehalt hin zu untersuchen[23]. Auch eine Verfeinerung dieser Prämissen, wie etwa die teilweise Aufgabe der Homogenität der Produktionsfaktoren, kann nicht darüber hinwegtäuschen, daß die neoklassische Wachstumstheorie ihr Gedankengebäude jenseits der Realität aufbaut.

Kehren wir zu dem Ausgangspunkt zurück, daß es Aufgabe der Wachstumstheorie ist, die Faktoren zu zeigen, die die Entwicklung einer Volkswirtschaft verursachen, ferner Prognosen zu ermöglichen und schließlich Instrumente nachzuweisen, mit denen das Tempo der Entwicklung beeinflußt werden kann, so zeigt sich, daß die bisher skizzierten Ansätze ungenügend sind. Ihre Hauptmängel sind darin zu sehen, daß sie sich durch einen starken Ethnozentrismus auszeichnen, die realen menschlichen Verhaltensweisen fast vollständig vernachlässigen; darüber hinaus halten sie modernen wissenschaftstheoretischen Anforderungen nicht stand, da sie im besten Falle beschränkt empirisch testbar sind und vielfach nur Phänomene untersuchen, die zwar mit dem Wachstum einhergehen, nicht aber dieses verursachen. Abzulehnen ist ferner die reine Angebotsorientierung insbesondere der neoklassischen Wachstumstheorie, die davon ausgeht, daß die wirtschaftliche Entwicklung faktorbestimmt sei, wobei sie also annimmt, daß langfristig alle mit den jeweils vorhandenen Produktionsfaktoren herstellbaren Güter am Markt Absatz fänden. Neben dieser Auffassung, die in ihrer Konzeption und in ihrem Optimismus auf das Saysche Theorem zurückweist, müssen jedoch auch Gedankengänge einer nachfrageorientierten Wachstumstheorie eingeflochten werden, die berücksichtigt, daß die jeweils mögliche Produktionshöhe von der Nachfrage mitbestimmt wird.

Die Mängel der bisherigen Ansätze treten besonders dann in Erscheinung, wenn es nicht darum geht, einen bereits laufenden Wachstumsprozeß, sondern den Beginn wirtschaftlicher Wachstumsprozesse größeren Ausmaßes in einer unterentwickelten Volkswirtschaft zu erklären. Ein weiterer Einwand muß sich schließlich gegen die Annahme richten, daß sich die Entwicklung — einmal in Gang gesetzt — wie von selbst fortpflanze[24], so

---

[23] Vgl. *G. Bombach*, Artikel „Wirtschaftswachstum", a.a.O., S. 772, 791; *E. Helmstätter*, Komponenten des Wachstums, in: Der Volkswirt, Nr. 36, 1967, *M. Neumann*, Kapitalbildung, Wettbewerb und ökonomisches Wachstum, Berlin 1968; *J. E. Meade*, The Growing Economy, Being Volume Two of a Principals of Potential Economy, London 1968.

[24] Vgl. *W. W. Rostow* (Hg.), The Economics of Take-off into Sustained Growth. Proceedings of a Conference held by the International Economics Association, London 1963.

daß dabei die Analyse des menschlichen Verhaltens vernachlässigt werden könne. Auch nach dem Zeitpunkt des „take-off" können Faktoren des Verhaltens und der Motivation Unterschiede im Tempo des Wachstums erklären helfen. Von einer automatischen Fortpflanzung des Wachstums kann jedenfalls, wie das Beispiel Großbritanniens in den letzten Jahren mit besonderer Deutlichkeit zeigt, nicht die Rede sein.

Aufbauend auf dieser Kritik richtete sich das Augenmerk bei der Analyse der einzelnen Komponenten der wirtschaftlichen Entwicklung immer mehr auf individuelle Verhaltensweisen[25], die in eine komplexe „soziale Matrix" eingebettet sind; dieses Bemühen bringt parallel zu der postkeynesianischen und neoklassischen Wachstumsforschung eine Abkehr von der überwiegend makroökonomischen Orientierung. Zu dieser Richtung zählen u. a. Autoren wie Hirschmann, Leibenstein, Lewis, Moore und Rostow[26], die die Bedeutung nichtökonomischer Faktoren aufweisen, sich in ihrer weiteren Analyse — bis auf Lewis — allerdings meist auf die hinlänglich bekannten ökonomischen Prozesse beschränken. Heute haben sich neben den Ökonomen vor allem Soziologen und Psychologen der Probleme wirtschaftlichen Wachstums angenommen[27]. Die Zahl der empirischen Untersuchungen, die Beginn und Verlauf des in Wachstum mündenden Verhaltens zum Gegenstand haben, ist jedoch noch sehr gering[28].

Der bisherige Weg der Wachstumsforschung zeigt, daß die Arbeit „des Ökonomen auf diesem Gebiet ... konstant zwischen der Skylla einer kasuistischen Ansammlung vieler individueller Fälle und der Charybdis von genialen und klaren, aber spekulativen und halbwahren Theorien hindurchführt"[29]. Erst die sozioökonomische Analyse, die wirtschaft-

---

[25] *G. Schmölders*, Ökonomische Verhaltensforschung, a.a.O., S. 203—244.

[26] Vgl. *A. O. Hirschman*, The Strategy of Economic Development, Yale University Press 1958; *H. Leibenstein*, Economic Backwardness and Economic Growth, New York 1957; *A. Lewis*, Theorie des wirtschaftlichen Wachstums, a.a.O.; *W. E. Moore*, Der soziale Rahmen der ökonomischen Entwicklung, in: G. Eisermann (Hg.), Soziologie der Entwicklungsländer, Stuttgart 1968; *W. W. Rostow*, The Process ..., a.a.O.; *I. Adelmann* and *C. Taft Morris*, Factor Analysis of the Interrelationship between Social and Political Variables and per Capita Gross National Product, in: Quarterly Journal of Economics, Bd. 79, 1965, S. 555 ff.

[27] Vgl. z. B. *R. Braibanti* and J. *Spengler* (Hg.), Traditions, Values and Socioeconomic Development, Durham 1961; *B. F. Hoselitz* (Hg.), The Progress of Underdeveloped Areas, Chicago 1952; *E. E. Hagen*, On the Theory of Social Change. How Economic Growth Begins, Homewood/Ill. 1962 und die bei diesen Autoren aufgeführte Literatur.

[28] Vgl. z. B. G. *Katona*, Rational Behavior and Economic Behavior, in: Psychological Review Vol. 60, No. 5, 1953; ders., Die Macht des Verbrauchers, Düsseldorf 1961; *J. N. Morgan, M. H. David, W. J. Cohen, M. E. Brazer*, Income and Welfare in the United States, New York 1962; *B. Strümpel*, Wirtschaftliche Entwicklung als menschliches Verhalten, Berlin 1962.

[29] *G. v. Haberler*, Prosperität und Depression, Tübingen und Zürich 1955, S. 238.

liches Wachstum in erster Linie als Folge menschlichen Verhaltens ansieht, das auf einem komplizierten Zusammenwirken von materiellen Voraussetzungen sowie kulturellen und institutionellen Gegebenheiten beruht, erlaubt es, von der möglichst umfassenden Schilderung historischer Wachstumsabläufe zur eigentlichen Kausalforschung vorzustoßen[30]. Zwar ist diese umfassende Analyse noch nicht in der Lage, exakt theoretisch zu argumentieren, wie es die Modelltheoretiker tun; sie vermag aber die Grenzen unserer Erkenntnis über die Vielzahl der erfaßbaren Faktoren weiter hinauszuschieben[31].

Eine den modernen wissenschaftstheoretischen Anforderungen genügende Wachstumstheorie bedingt demnach eine Abkehr von der ausschließlich makroökonomischen Orientierung und eine Hinwendung zu mikroökonomischen Aussagen[32], die das wachstumsfördernde oder -hemmende Verhalten der einzelnen Wirtschaftssubjekte erfassen. Das in Geldgrößen deklarierbare Gesamtergebnis einer Volkswirtschaft kommt letztlich durch das Handeln von Personen und Gruppen zustande; dieses muß daher mitsamt den Faktoren, die es beeinflussen, ermittelt werden. Der Ablauf des wirtschaftlichen Geschehens ist „das Ergebnis der voneinander unabhängigen Entscheidungen der handelnden Wirtschaftssubjekte. Mithin ist auch die Wachstumsrate und ihre Veränderung von Jahr zu Jahr das Ergebnis des Zusammenwirkens von Millionen voneinander unabhängiger individueller Beschlüsse“[33]. Diese Entscheidungen der Wirtschaftssubjekte schlagen sich in mikroökonomischen Größen wie Einkommen, Umsatz und Gewinn eines Unternehmens nieder. Es scheint daher richtiger, der Konstanz und der Veränderlichkeit menschlicher Verhaltensweisen nachzuspüren als vom „Verhalten“ der Preise, Investitionen etc. zu sprechen, als ob diese menschliche Eigenschaften besäßen. Ziel einer solchen Mikrotheorie ist es, Gesetzmäßigkeiten auch für das Verhalten der Gesamtheit (Makrotheorie) abzuleiten: „In der Sicht einer solchen Theorie des Verhaltens der kleinsten zugrunde gelegten Einheiten der wissenschaftlichen Analyse (Mikrotheorie) müssen nur geeignete Prinzipien des Verhaltens der Elementarteile postuliert werden, damit abgeleitet werden kann, welcher Gesamtablauf unter verschiedenen Bedingungen auftreten wird.[34]“ Es sollte sich dabei allerdings weniger um Postulate als um empirisch überprüfbare Beziehungen handeln. — Die oft behauptete „Überlegenheit“ der Makrotheorie erinnert demgegenüber an philosophische Sätze wie „Das Ganze ist mehr als die

---

[30] *G. Schmölders*, Der Beitrag der Verhaltensforschung, a.a.O., S. 382 f.

[31] Vgl. *K. Oppenländer*, Die moderne Wachstumstheorie, a.a.O., S. 17.

[32] Vgl. *S. Machlup*, Der Wettstreit ..., a.a.O., S. 49.

[33] *E. Schneider*, Das Spiel mit den Wachstumsraten, in: FAZ vom 3. 4. 1967.

[34] *G. Gäfgen*, Theorie der wirtschaftlichen Entscheidung, Tübingen 1963, S. 18.

Summe seiner Teile"[35]. Dabei wird aber völlig übersehen, daß sich die makroökonomischen Größen aus der Aggregation mikroökonomischer Daten ergeben[36]. Als Ansatzpunkte einer mikroökonomischen Betrachtungsweise bieten sich die drei institutionellen Bereiche der Wirtschaft an, die typische Gruppen von Wirtschaftssubjekten umfassen, die Haushalte, die Unternehmungen und der Bereich der staatswirtschaftlichen Tätigkeit[37].

II. Die Theorie des sozialen Handelns und kulturellen Wandels

Gegenstand einer Theorie des wirtschaftlichen Wachstums sind bestimmte dynamische Prozesse, die sich innerhalb des sozialen Systems im Bereich von Produktion und Konsumtion abspielen und auf Verhaltensmuster bei den handelnden Personen zurückführen lassen, wie sie in abgewandelter Form auch in anderen Bereichen der Gesellschaft auftreten. Aus diesem Grunde ist es unmöglich, eine Theorie des wirtschaftlichen Wachstums in einer rein ökonomischen Begriffssprache zu halten.

Es gibt zwei Möglichkeiten, mit der prinzipiellen Gleichartigkeit der im wirtschaftlichen Sektor und in den anderen Subsystemen der Gesellschaft auftretenden Faktoren fertigzuwerden. Einmal kann die ökonomische Theorie eine Reihe von Variablen, die soziales Handeln sowohl in der Wirtschaft als auch in anderen Bereichen erklären helfen, als „Imponderabilien" an die Seite der „rein ökonomischen" Faktoren stellen[38]. Der zweite Lösungsversuch geht davon aus, daß der Bereich „Wirtschaft" nur eines von mehreren Subsystemen innerhalb einer Gesellschaft ist, in dem Träger sozialer Rollen ihr Verhältnis zueinander und den Zustand des gesamten Systems durch soziale Interaktionen bestimmen[39]. Die spezifische Betrachtungsweise dieser ökonomischen Theorie ergibt sich aus der Einstufung der Personen als Träger wirtschaftlicher Rollen, die als Produzenten und Konsumenten in dem Subsystem Wirtschaft auftreten und handeln — so wie sie es in anderen Bereichen als Familienmitglieder, Lehrer, Gemeindemitglieder usw. tun.

Sieht man die Wirtschaftssubjekte als spezifische Rollenträger in einem Subsystem der Gesellschaft, so müssen dabei — wie bei jeder sozialen

[35] Vgl. *E. Nagel*, Über die Aussage: „Das Ganze ist mehr als die Summe seiner Teile", in: E. Topitsch (Hg.), Logik der Sozialwissenschaften, Köln 1965, S. 225.

[36] Vgl. *G. Eisermann*, Wirtschaftstheorie und Soziologie, Tübingen 1957, und *J. M. Henderson* and *R. E. Quandt*, Microeconomic Theory. A Mathematical Approach, New York 1958.

[37] Vgl. Abschnitt C.

[38] *G. Schmölders*, Volkswirtschaftslehre und Psychologie, Berlin 1962, S. 15 f.

[39] *G. Schmölders*, Volkswirtschaftslehre als Sozialwissenschaft, Rektoratsrede Köln 1965.

Handlung — notwendigerweise drei Glieder des Handelns betrachtet werden: Verlauf und Gegenstand sowie Motive des Handelns[40]. Gilt die Beschäftigung mit den ersten beiden Gliedern im Rahmen einer ökonomischen Analyse als selbstverständlich, so kommt die Untersuchung der Motivation des Handelns vielfach zu kurz; zumindest leidet sie unter der simplifizierenden Annahme eines selbstverständlichen Rationalverhaltens. — Unter Motiv ist nicht ein äußerer Anlaß, sondern eine relativ stabile Verhaltensdisposition zu verstehen[41]; daneben muß es stets vom vollzogenen Verhalten her gesehen werden: „... erst wo in einer bestimmten Art und Weise gehandelt wird, fragen wir nach dem Motiv“[42]. Zwar wird Verhalten durch ein Motiv oder das Zusammenwirken mehrerer Motive nicht einwandfrei kausal erklärbar, es verbindet jedoch Handlung und Grund des Handelns in hinreichendem Maße. Neben inneren Beweggründen sind äußere Gegebenheiten als Einflußgrößen in Betracht zu ziehen; „erst aus dem Zusammenwirken der verschiedenen inneren Beweggründe und äußeren Veranlassungen ist ein konkretes Verhalten vollständig zu erklären“[43]. Gleiche Motive können dabei in allen Subsystemen der Gesellschaft auftreten; erst durch ihren unterschiedlichen Bezug auf eine konkrete Situation äußern sie sich in einer bestimmten Form und führen dadurch zu unterschiedlichen Verhaltenskonsequenzen.

Um zu einer fruchtbaren Einbeziehung der Motivationen bei der Analyse und Prognose wirtschaftlichen Handelns zu gelangen, muß zunächst eine gewisse Stabilität der Motive angenommen werden können, d. h., daß sich Personen in ähnlichen Situationen mit einer gewissen Wahrscheinlichkeit in gleicher Weise verhalten. Wenn man davon ausgeht, „daß nicht nur Handlungen habituell verfestigt werden können, sondern auch Bedürfnisse, Einstellungen usw., so haben wir in der Bildung von Gewohnheiten das Modell für alle diejenigen Vorgänge, die dem Verhalten und der Motivation des *Einzelnen* eine gewisse Konstanz verleihen können (konstantes Verhalten)“[44]. Im Bereich des gesamten gesellschaftlichen Systems sind es die Institutionalisierung und die Schaffung von Normen, die ein konformes, gleichgerichtetes Verhalten bei verschiedenen Personen und Gruppen herbeiführen. — Um tautologische Aussagen zu vermeiden, muß außerdem gewährleistet sein, daß die erhobenen

---

[40] Vgl. *A. Gehlen*, Soziologie als Verhaltensforschung, in: Zeitschrift für die gesamte Staatswissenschaft, Bd. 115, 1959, S. 1 ff.

[41] Vgl. *J. W. Atkinson*, Thematic Apperceptive Measurement of Motives within the Context of a Theory of Motivation, in: J. W. Atkinson (Hg.), Motives in Fantasy, Action and Society, Princeton/N. J. 1964, S. 596 ff.

[42] *H. R. Lückert*, Konfliktpsychologie, München - Basel 1957, S. 107.

[43] *G. Scherhorn*, Verhaltensforschung und Konsumtheorie, in: Schmollers Jahrbuch, 80. Jg., 1. Heft, 1960, S. 16.

[44] *G. Scherhorn*, Verhaltensforschung ..., a.a.O., S. 20.

Motive der wirtschaftlichen Entwicklung vorausgehen und nicht gleichzeitig mit ihr auftreten oder gar erst ihre Folge sind.

Der Motivbegriff ist eng mit dem wirtschaftswissenschaftlichen Begriff „Bedürfnis" verwandt[45]; während beim „Bedürfnis" die Betonung mehr auf dem Gefühl des Mangels liegt, tritt bei der Kategorie „Motiv" das Bestreben, dieses Mangelgefühl zu beseitigen und eine Lösung der Spannung zu erreichen, in den Vordergrund.

Welche Rolle spielt in diesem Zusammenhang das „Rationalverhalten" bzw. „Erwerbsstreben" des „homo oeconomicus", das trotz vielfältiger und harter Kritik häufig immer noch als das einzige beim wirtschaftlichen Handeln auftretende bzw. für die Analyse dieses Handelns allein fruchtbare Motiv ausgegeben wird? Beim Rationalverhalten handelt es sich nicht um eine psychologische Kategorie in der Motivation eines „typischen Individuums", sondern vielmehr um eine von der Gesellschaft im Rahmen einer bestimmten institutionellen Struktur gesetzten Norm, um ein Postulat im Rahmen des Wertsystems einiger Gesellschaften. Das Prinzip „wirtschaften" ist dort so definiert, daß Rationalverhalten und Erwerbsstreben zu ihren Existenzbedingungen gehören und den Maßstab darstellen, an dem wirtschaftlicher Erfolg gemessen wird. Inerhalb des Subsystems Wirtschaft werden die Interessen in erster Linie auf gewinnbringende Tätigkeiten ausgerichtet; würden andere Ziele verfolgt, so führten „die gleichen Grundmotive zu einer gänzlich anderen Art von Tätigkeit . . ."[46]. Daneben dürfte es so sein, „daß die Motivierung im wirtschaftlichen Bereich derjenigen in anderen nicht durch diese Art Erwerbsbetrieb gekennzeichneten Bereichen unserer Berufsstruktur sehr viel ähnlicher ist, als im allgemeinen angenommen wird"[47].

Wenn man davon ausgeht, daß sich wirtschaftliches Handeln, das ein Maximum an Gewinn bzw. ein Minimum an Verlust anstrebt, auf rationales Verhalten reduzieren läßt, so gilt es zumindest, diesen Typus des rationalen Handelns von anderen Typen sozialen Handelns abzugrenzen, so wie es Max Weber bereits getan hat[48]. Er versteht unter „zweckrational" ein Handeln, das die zur Erzielung eines bestimmten Erfolges am

---

[45] Vgl. ders., Bedürfnis und Bedarf, sozialökonomische Grundbegriffe im Lichte der neueren Anthropologie, Berlin 1959, S. 21.

[46] *T. Parsons,* Beiträge zur soziologischen Theorie, Neuwied 1964, S. 60; ähnliche Überlegungen finden sich bei: *A. Gehlen,* Probleme einer soziologischen Handlungslehre, in: C. Brinkmann (Hg.), Soziologie und Leben, Tübingen 1952. Auch Wölker zeigt die theoretische Fiktion des „homo oeconomicus" auf und weist auf eine Reihe weiterer soziologischer und psychologischer Faktoren hin, die wirtschaftliches Verhalten bestimmen. Vgl. *H. Wölker,* Die Bedeutung der empirischen Verhaltensforschung für die ökonomische Theorie, Meisenheim am Glan 1961.

[47] *T. Parsons,* Beiträge . . . , a.a.O., S. 155.

[48] Vgl. *M. Weber,* Soziologische Grundbegriffe, Tübingen 1960, S. 20.

besten geeigneten Mittel einsetzt — hier wäre etwa der „homo oeconomicus" einzuordnen —, unter „wertrational" dagegen eine Tätigkeit, die aus dem Glauben an den Eigenwert der Handlung stammt. Als „nichtrationale" Typen stellt er der Zweck- und Wertrationalität „affektuelles", insbesondere aus Emotionen gespeistes, und „traditionales", auf eingelebten Gewohnheiten beruhendes Handeln gegenüber — Kategorien, die in vorindustriellen Ländern bzw. in Gesellschaften, die erst am Beginn der Industrialisierung stehen, in den sozialen Beziehungen eine dominierende Rolle spielen.

Es gibt also eine Mehrzahl von Motiven, die alternativ oder gleichzeitig in einer Handlung präsent sein können, so daß der Komplexität der Motivation wirtschaftlichen Handelns Rechnung getragen werden muß. Bernards untersuchte 388 Veröffentlichungen von 323 Autoren und stieß dabei auf nicht weniger als 1594 verschiedene Klassen von Motiven[49], und Schmölders weist darauf hin, daß man 14 046 „human activities" instinktiver Natur festgestellt habe[50]. Einen soziologischen Versuch, die Motivation des ökonomischen Handelns zu bestimmen, unternimmt Parsons, der zwischen Selbstachtung, Anerkennung, Etwas-Erreichen-Können, Lust und Neigung unterscheidet[51].

Zeigt sich in diesen Überlegungen, daß der „homo oeconomicus" eine „leichte Beute" (Schmölders) logischer und empirischer Analysen wird — er ist ein in der Retorte erzeugter „homunculus oeconomicus"[52], der für eine Untersuchung der Realität nur geringen heuristischen Wert hat — so treten gleichzeitig zwei weitere Probleme der Erforschung von (wirtschaftlichen) Motiven deutlich hervor: Einmal darf es keinen Rückfall in die überholten Versuche geben, umfangreiche Motivkataloge aufzustellen; es kann sich immer nur um die Erfassung eines dominanten Motivkomplexes handeln, so wie es etwa Parsons und Atkinson tun. Zum anderen tritt das Problem der Abgrenzung von primären (Hunger, Durst, Geschlechtstrieb) und erlernten, kulturell determinierten Bedürfnissen (Angst, Leistungsmotivation) auf.

Neben Motiven spielen bei der Erklärung des Verhaltens Einstellungen und Werte eine wichtige Rolle. Einstellungen fördern das Auftreten bestimmter Motive, d. h., daß bei einer gegebenen Einstellung voraussichtlich ein bestimmtes Motiv auftritt, wenn es zur Handlung kommt: „An individual's attitude toward something is his predisposition to be motivated in relation to it[53]." Wie die meisten Motive werden auch Einstel-

---

[49] Vgl. *H. R. Lückert,* Konfliktpsychologie, a.a.O., S. 119.

[50] Vgl. *G. Schmölders,* Ökonomische Verhaltensforschung, a.a.O., S. 214.

[51] *T. Parsons,* Beiträge ..., a.a.O., S. 136—159.

[52] *F. Machlup,* Der Wettstreit ..., a.a.O., S. 62.

[53] *Th. M. Newcomb, R. H. Turner, Ph. E. Converse,* Social Psychology, New York 1965, S. 40.

lungen in einer Gesellschaft institutionalisiert und durch Lernprozesse „internalisiert".

Auch zur Identifizierung der wichtigsten strukturellen Komponenten einer Wirtschaft kann eine allgemeine Theorie des sozialen Handelns einen wichtigen Beitrag leisten: Parsons hat fünf dichotomische Verhaltensmuster (pattern variables) aufgezeigt, die es erlauben, die Orientierung jeden sozialen Handelns innerhalb einer Sozialstruktur zu bestimmen[54]. Mit Hilfe dieser Verhaltensmuster ist es möglich, das jeweilige Subsystem Wirtschaft innerhalb einer Gesellschaft, z. B. an Hand von Unterschieden im Grad der Arbeitsteilung, der Wertorientierung, der Verteilung von Gütern oder der Berufsrollen einzuteilen. Einem weniger entwickelten Land mit diffusen Berufsrollen, partikularistischem Wertsystem und der Betonung von zugeschriebenem Status steht am anderen Ende der Skala eine hochentwickelte Volkswirtschaft gegenüber, deren Berufssystem man als funktionell spezifisch, universalistisch, affektiv neutral und leistungsorientiert bezeichnen könnte.

Zum Abschluß dieses Abschnittes über die notwendige Eingliederung der ökonomischen Theorie in eine allgemeine Theorie des sozialen Handelns muß der Charakter der für die wirtschaftliche Entwicklung entscheidenden Prozesse des Wandels innerhalb des gesellschaftlichen Systems dargestellt werden. Ist wirtschaftliches Verhalten nur ein spezieller Fall des sozialen Handelns, so muß die wirtschaftliche Entwicklung als Teil des Wandels dieses Systems angesehen, d. h. sie kann nicht davon getrennt untersucht werden. Am Anfang des sozialen Wandels steht die Unzufriedenheit mit den gebotenen sozioökonomischen Möglichkeiten. Diese Unzufriedenheit kann z. B. durch Kontakt mit anderen Gesellschaften und das Beispiel ihrer Entwicklung hervorgerufen werden; sie sucht nach Änderung der Rollen- und Einkommensverteilung oder nach besserer Ausnutzung der vorhandenen materiellen Hilfskräfte. Hinzukommen muß die Möglichkeit, die Ursache der Unzufriedenheit zu überwinden, sei es durch Berufswechsel, die Auflösung traditionaler Bindungen, die Übernahme von Neuerungen technischer und sozialer Art oder anderer Verhaltensformen und Änderungen der Motivation. Die Träger wirtschaftlicher Rollen müssen in größerem Ausmaß oder unter veränderten Bedingungen bereit sein, den Zielen der Produktion zu dienen, als es bisher in dem betreffenden System normal oder notwendig war. Zu Beginn dieses Prozesses werden die veränderten Verhaltensweisen als abweichendes Verhalten betrachtet; es entstehen Störungen, die sich in unrealistischen Ansprüchen, Angst und Aggressionen bei einzelnen Gruppen der Bevölkerung ausdrücken können[55]. Nach und nach geraten

---

[54] Vgl. *T. Parsons and N. J. Smelser*, Economy and Society, a.a.O., S. 18; *T. Parsons*, The Social System, London 1965, S. 180 ff.

[55] Vgl. *N. J. Smelser*, Social Change in the Industrial Revolution, An Application to the British Cotton Industry, Chicago 1959, S. 402 ff.

diese Strömungen unter soziale Kontrolle, die Suche nach konkreten Lösungen für die Ursachen der anfänglichen Unzufriedenheit wird vorangetrieben und die Neuerungen von immer breiteren Schichten übernommen, bis sie schließlich innerhalb des Systems institutionalisiert werden.

Hinzugefügt werden muß eine These, die von Ogburn in seiner Theorie des sozialen Wandels besonders deutlich hervorgehoben wurde[56] und nicht nur bei Volkswirtschaften der unteren Entwicklungsstufen auftritt: Sozialer Wandel geht nicht in allen Bereichen gleichzeitig und mit der gleichen Geschwindigkeit vonstatten. Wandelt sich das Subsystem Wirtschaft, so ändern sich auf Grund der herrschenden Interaktionen die Bedingungen etwa in den Subsystemen Erziehung und Familie und vice versa, wobei diese sekundären Änderungen oft erst mit einer gewissen Verzögerung eintreten (cultural lag). Während der dabei notwendigen Anpassungsprozesse kommt es häufig zu sozialen Spannungen. Im allgemeinen ist es heute so, daß sich Wirtschaft und Technik mit größerer Geschwindigkeit entwickeln als andere Subsysteme: „In unserer Gegenwart ist es zum Beispiel ganz augenfällig, daß sich die Systeme der Technik und der Wirtschaft viel schneller entwickeln als die der Familie, des Rechts, der Religion und der Kultur im allgemeinen Sinne[57].“

III. Theorie der Wirtschaftskultur

Die im Rahmen dieser Arbeit u. a. behandelten interkulturellen Aspekte wirtschaftlicher Entwicklung setzen neben der Theorie des wirtschaftlichen Wachstums und der des sozialen Handelns einen weiteren Bezugsrahmen voraus: den der „Wirtschaftskultur“. Dieser Begriff wird in der Wissenschaft von der Politik seit Almond und Verba in entsprechend abgewandelter Form als „political culture“ bereits seit einiger Zeit mit Erfolg auf ein anderes Subsystem der Gesellschaft angewandt[58].

Unter „Wirtschaftskultur“ sollen konkret die menschlichen Voraussetzungen wirtschaftlichen Handelns verstanden werden, die vor einem aus Werten, gesellschaftlichen Gewohnheiten und persönlichen Einzelzügen zusammengefügten Hintergrund stehen, über einen längeren Zeitraum hinweg stabil bleiben und helfen können, wirtschaftliches Handeln vorauszubestimmen[59]. Der Begriff umfaßt Verhaltensdispositionen,

---

[56] *W. F. Ogburn,* Social Change, New York 1966, S. 200 ff.

[57] *R. König,* Soziologische Orientierungen, Vorträge und Aufsätze, Köln-Berlin 1965, S. 56.

[58] Vgl. *G. A. Almond* and *S. Verba,* The Civic Culture, Princeton/N. J. 1963.

[59] Vgl. *P. Heintz,* Interkultureller Vergleich, in: R. König (Hg.), Handbuch der empirischen Sozialforschung, Bd. I, Stuttgart 1962, S. 639 ff.

d. h. die latente Bereitschaft, in einer bestimmten Weise zu handeln; er beinhaltet die „Wirtschaftsgesinnung“ (Sombart) und die Wirtschaftsmentalität (Schmölders), Wirtschafts- und Steuermoral ebenso wie das Verhältnis zum Privateigentum, zur Rolle des Unternehmers und die Arbeits- und Konsumgewohnheiten der Menschen. Diese spezifischen Haltungen gegenüber wirtschaftlichen Fragen im persönlichen Bereich bis hin zu allgemeinen Einstellungen gegenüber dem Wirtschaftssystem liefern bestimmte Orientierungsmuster, die sich letztlich im wirtschaftlichen Handeln manifestieren.

Im Verlauf der sozioökonomischen Entwicklung treten langfristige Veränderungen der Motivation und des Verhaltens in Erscheinung, so wie sie Parsons in seinen „pattern variables“ in ihren Extrempositionen zeigt. Die permanenten Wandlungsprozesse der Wirtschaftskultur vollziehen sich in verschiedenen Gesellschaften jedoch kaum im Gleichschritt; es lohnt sich daher, auf die Unterschiede in den kulturellen Grundlagen der wirtschaftlichen Entwicklung hinzuweisen. Bei einem interkulturellen Vergleich sind nicht nur Verschiedenheiten mehrerer Gesellschaften auf ungefähr gleicher Stufe der wirtschaftlichen Entwicklung von Interesse, sondern auch Unterschiede, die sich zu einem Zeitpunkt zwischen Volkswirtschaften verschiedenen Entwicklungsgrades ergeben. So kann man hoffen, den Veränderungen der Wirtschaftskultur auf die Spur zu kommen, die sich im Verlauf der wirtschaftlichen und sozialen Entwicklung zeigen. — Neben der Betonung der interkulturellen Verschiedenheiten sind aber auch Motivations- und Verhaltensmuster von Interesse, die mehreren Gesellschaften in gleicher Weise zu eigen sind, um so zu allgemeinen Hypothesen über wirtschaftliches Verhalten zu gelangen und gleiche Trends in der wirtschaftlichen Entwicklung zu erkennen, soweit sie vorhanden sind. Schließlich ist der mit „Wirtschaftskultur“ umschriebene Sachverhalt auch im Hinblick auf Unterschiede im wirtschaftlichen Verhalten sozialer Gruppen oder Schichten einer Gesellschaft von Bedeutung.

Soll der Begriff „Wirtschaftskultur“ einen empirischen Wert für Probleme wirtschaftlichen Wachstums besitzen, so muß er Tatbestände erfassen können, die entweder bereits vor dessen Beginn vorhanden waren, oder dazu verhelfen, Volkswirtschaften von zur Zeit gleicher Entwicklungsstufe in ihrem *zukünftigen* Wachstum zu unterscheiden. Im Hinblick auf das Verhalten muß dabei stets ein eindeutiger Zusammenhang zwischen Einstellungen und Motivationen auf der einen und wirtschaftlichem Verhalten auf der anderen Seite bestehen. Am eindeutigsten ist dieser Beweis bisher McClelland gelungen, der zeigen konnte, daß der Faktor Leistungsmotivation zu wirtschaftlichem Wachstum, nicht etwa umgekehrt wirtschaftlicher Aufstieg zu hoher Leistungsmotivation führt. Dem Wachstum geht stets eine Periode erhöhter und dem Stillstand bzw.

Niedergang eine anhaltende Periode abfallender Leistungsmotivation voraus[60].

Die Überlegungen bezüglich der „Wirtschaftskultur" finden eine (unbrauchbare) Parallele in dem Begriff „Nationalcharakter" der Völkerpsychologie und Kulturanthropologie[61]. Dahinter verbirgt sich das Studium der Entstehung und Existenz volksspezifischer Persönlichkeitsstrukturen (Modalpersönlichkeit), so wie es etwa Kardiner vorschlägt[62]. Ansätze dieser Art scheinen uns deswegen nicht besonders fruchtbar zu sein, weil sie die Typisierung und Verallgemeinerung von etwas darstellen, das es vermutlich überhaupt nicht gibt, nämlich einen „Volkscharakter". Die Gefahr dieser Betrachtungsweise liegt darin, daß man zu Stereotypen greift, die dem kulturellen Selbstverständnis der eigenen Gesellschaft entstammen und nur geringen Erkenntniswert besitzen, etwa wenn Wiesbrock von „deutscher Vergeistigung und Innerlichkeit, französischem Raisonnement, italienischer Sensualität" und „britischer Diesseitigkeit" spricht[63].

Bereits Begriffe wie „Struktur" und „Modalpersönlichkeit" lassen erkennen, daß diesen Betrachtungen eine relativ statische Denkweise zugrunde liegt, die den Einfluß sozialer Kräfte auf den Wandel dieser Strukturen vernachlässigt und aus der Fülle der tatsächlichen Gegebenheiten nach Belieben *das* Wesen eines ganzen Sozialsystems zu schildern sucht[64]. Auch der anthropologische Ansatz der Untersuchung institutioneller Strukturen wie Folklore, Sitten, Gebräuche und Kommunikationsmittel nach dem „Pango-Pango-Prinzip", das für jedes Verhalten aus einem entlegenen Winkel der Erde ein Gegenbeispiel anzuführen weiß, kann nicht mit dem gleichgesetzt werden, was wir unter „Wirtschaftskultur" verstehen wollen. Die im Rahmen der „Wirtschaftskultur" auftretenden Phänomene müssen begriffsmäßig Determinanten des Verhaltens, nicht aber tatsächliche Verhaltensweisen sein[65]. — Der Begriff Wirtschaftskultur erspart es uns, leere oder diffuse anthropologische Betrachtungs-

---

[60] Vgl. *D. McClelland,* The Achieving Society, a.a.O.

[61] Eine umfassende Literaturübersicht hierzu findet sich bei *B. Holzner,* Völkerpsychologie, Würzburg o. J.

[62] Vgl. *A. Kardiner,* The Concept of Basic Personality Structure as an Operational Tool in the Social Sciences, in: G. Haring (Hg.), Personal Character and Cultural Milieu, Syracuse 1948, S. 431 ff.

[63] Vgl. *H. Wiesbrock,* Über Ethnocharakterologie, in: Kölner Zeitschrift für Soziologie und Sozialpsychologie, 9. Jg., 1957, Heft 4, S. 559; *E. K. Scheuch,* Sind nationale Vorurteile unausrottbar, Vortrag im Südwestfunk Baden-Baden, am 21. Dezember 1967.

[64] Vgl. *A. Müller-Armack,* Genealogie der Wirtschaftsstile, Stuttgart 1944.

[65] *A. Inkeles* and *D. J. Levinson,* National Character: The Study of Modal Personality and Sociocultural Systems, in: G. Lindzey (Hg.), Handbook of Social Psychology, Vol. II, Reading/Mass., S. 977—1020.

weisen nachzuvollziehen; er erfüllt vor allen Dingen die grundlegende Forderung, aus seinem Konzept abgeleitete Aussagen empirisch überprüfen zu können.

C. Entwurf einer empirischen Wachstumstheorie

I. Der Beitrag des Staates und der Unternehmungen zum wirtschaftlichen Wachstum

Sieht man in den Wirtschaftssubjekten die eigentlichen Träger der volkswirtschaftlichen Entwicklung, in der Wachstumsrate somit letztlich das Ergebnis ihres wirtschaftlichen Handelns, und geht man dazu von der Überlegung aus, daß eine empirisch relevante Wachstumstheorie zweckmäßigerweise an den drei großen institutionellen Bereichen einer Volkswirtschaft (Staat, private Haushalte, Unternehmungen) ansetzt, so gilt es, den Beitrag dieser Wirtschaftseinheiten zur Steigerung des Sozialprodukts zu untersuchen und die Gebiete aufzuzeigen, in denen sie den volkswirtschaftlichen Wachstumsprozeß beeinflussen können[1].

Der Beitrag des Staates zum wirtschaftlichen Wachstum ist in drei Bereichen zu sehen: Zunächst bestimmt er als „Prozeßregler" (Klatt) den sozialen Rahmen, in dem die beiden anderen Wirtschaftseinheiten agieren[2]. Er setzt die Rechts- und Wirtschaftsordnung; ebenso legt er Inhalt und Umfang des Bildungs- und Sozialsystems fest, die als Teile des „social frame work" den Entwicklungsprozeß einer Volkswirtschaft beeinflussen. Darüber hinaus wirkt er über Umfang und Art seiner Tätigkeit, d. h. letztlich durch seine Einnahme- und Ausgabetätigkeit, direkt auf den Wachstumsprozeß ein. Ein weiterer Bereich des staatlichen Beitrages zum wirtschaftlichen Wachstum ist schließlich darin zu sehen, daß er die Verhaltensweisen einzelner Typen von Wirtschaftssubjekten in unmittelbarer Weise beeinflußt. Dadurch setzt er gleichzeitig einen Teil der allgemeinen Stimuli für Investitionen, „inventions" und „innovations", Sparen, Arbeitsverhalten u. a. m. und beeinflußt so auch das Ausmaß des Wachstumsbeitrages der beiden anderen Wirtschaftseinheiten. Bei seinen Aktivitäten nimmt der Staat als die politische Organisation der Gesellschaft insofern eine Sonderstellung ein, „als die Verwirklichung zahlreicher Zwecke und Zielsetzungen der Gesellschaft an ihn delegiert

---

[1] Das folgende nach *B. Biervert* und *M. Dierkes*, Ein Modellentwurf für Empiriker, in: Der Volkswirt, 22. Jg., Nr. 23, 7. Juni 1968; der außenwirtschaftliche Beitrag wird in der vorliegenden Darstellung bewußt ausgeklammert, läßt sich jedoch ohne Schwierigkeiten in das vorgetragene Theorem einbeziehen, wenn man bedenkt, daß sich die damit zusammenhängenden Aktivitäten ebenfalls auf das Verhalten der Wirtschaftssubjekte zurückführen lassen.

[2] Vgl. auch *A. Lewis*, Theorie des wirtschaftlichen Wachstums ..., a.a.O., S. 423 ff.

wird, er als Hüter des Wertekodex der Gesellschaft auftritt und deshalb mit Macht ausgestattet ist“[3].

Der Beitrag der Unternehmungen zum Wirtschaftswachstum besteht im wesentlichen in der Faktorkombination, also der Bereitstellung des Gesamtangebotes der in die Märkte eingehenden Güter und Dienstleistungen und seiner quantitativen und qualitativen Veränderung. Er kann in zwei Bereichen gesehen werden: in der Produktivität und der Expansion[4].

Unter „Produktivität“ soll hier die Anwendung des allgemeinen ökonomischen Prinzips im Unternehmensbereich verstanden werden. Eine Erhöhung der Produktivität ermöglicht es dem Einzelunternehmen, mit dem bisherigen Einsatz an Produktionsfaktoren der Volkswirtschaft mehr oder bessere Güter und Dienstleistungen anzubieten oder das bisherige Angebot mit einem geringeren Einsatz an produktiven Kräften bereitzustellen und dadurch Produktionsfaktoren für eine andere Verwendung freizustellen.

Der zweite Bereich des Wachstumsbeitrages der Unternehmungen ist die „Expansion“, die ihren Ausdruck darin findet, daß das einzelne Unternehmen mehr von den bisher hergestellten, bessere oder auch neue Produkte anbietet. Die Expansion des Leistungsvolumens ist jedoch — soll sie nicht mit der oben geschilderten Angebotssteigerung durch eine Erhöhung der Produktivität identisch sein — mit einer Beschäftigung zusätzlicher Produktionsfaktoren verbunden. Sie führt daher immer zu einer Vergrößerung des Betriebes, also zum einzelwirtschaftlichen Wachstum. Daneben veranlassen die expandierenden Unternehmungen durch den Wettbewerb um die produktiven Kräfte (Marktformenproblem)[5] die weniger expandierenden Betriebe — soweit diese ihr Leistungsvolumen aufrechterhalten wollen — zu einer besseren Nutzung ihrer Produktionsfaktoren. Hierdurch zwingen die gern als „Wachstumsbranchen“ bezeichneten Gruppen von Unternehmungen auch Betriebe in „stagnierenden“ Bereichen zu einem Beitrag zur wirtschaftlichen Entwicklung.

Mit der Bestimmung von Produktivität und Expansion als mikroökonomischen Determinanten des volkswirtschaftlichen Wachstums im Bereich der Unternehmungen teilt sich die Analyse des Wachstumsprozesses in diesem Sektor in eine Analyse der Verbreitung solcher Verhaltensweisen, Einrichtungen und Maßnahmen, die zu einer hohen Pro-

---

[3] *S. Klatt*, Zur Theorie ..., a.a.O., S. 69.

[4] Ausführliche Darstellung vgl. *M. Dierkes*, Produktivität und Expansion ..., a.a.O.

[5] Vgl. *E. Kantzenbach*, Die Funktionsfähigkeit des Wettbewerbs, Göttingen 1966.

duktivität des Produktionsprozesses und solcher, die zu einer Expansion des einzelwirtschaflichen Güterangebotes führen.

Als Beispiele seien u. a. erwähnt:

Zur Erzielung einer hohen Produktivität:
— ein gut ausgebautes Planungswesen
— neuzeitlicher Maschinenpark
— Rechenhaftigkeit in allen Betriebsbereichen
— klare organisatorische Gliederung
— weitgehende Kontrolle der Betriebsprozesse
— Kooperation
— flexible Standortpolitik.

Zur Erreichung einer hohen Expansion:
— intensive Marktforschung und Produktentwicklung
— Investitionstätigkeit
— Aufnahme neuer oder besserer Produkte in das Produktionsprogramm oder Sortiment.

Diese Beispiele für produktivitäts- und expansionsförderndes Verhalten sind teilweise auf die mikroökonomischen Determinanten der makroökonomischen Größe „Wirtschaftswachstum", wie sie J. Schumpeter aufgestellt hat, zurückzuführen, gehen jedoch über sein System der fünf Neuerungen hinaus[6].

II. Der Beitrag der privaten Haushalte

Die Bedeutung der privaten Haushalte für den Ablauf wirtschaftlicher Prozesse wurde wegen der in der Nationalökonomie vorherrschenden Marktorientierung lange Zeit unterschätzt[7]; vielleicht konnte ihre Rolle wegen der objektiven Gegebenheiten einer im Zeichen des Mangels stehenden Wirtschaft auch legitimerweise vernachlässigt werden. Wo diese Wirtschaftseinheiten in die Betrachtung einbezogen wurden, da geschah dies meist einseitig unter dem Aspekt der Bedürfnisbefriedigung. Die von ihnen bereitgestellte Arbeitskraft wurde ausschließlich als Mittel zur Bedarfsdeckung oder in Abhängigkeit von der Lohnhöhe sowie konjunkturellen Bedingungen dargestellt[8]; vielfach schimmern hier bis zum

---

[6] Vgl. *J. Schumpeter*, Theorie der wirtschaftlichen Entwicklung ..., a.a.O.

[7] Vgl. *E. Zahn*, Soziologie der Prosperität — Wirtschaft und Gesellschaft im Zeichen des Wohlstandes, München 1964, S. 45.

[8] Vgl. *E. Egner*, Der Haushalt, Berlin 1952, S. 27 ff., und ders., Artikel „Haushalt", in: HdSW, Bd. 5, Stuttgart, Tübingen, Göttingen 1956, S. 66; *C. C. Zimmermann*, Consumption and Standards of Living, London 1936.

heutigen Tag auch normative Gesichtspunkte durch[9]. Man lehnte es weitgehend ab, die ökonomischen Aktivitäten der Haushalte in Abhängigkeit von ihren eigenen Entscheidungen zu schildern, und wies ihnen damit eine passive Rolle im Wirtschaftsablauf zu. Es ist das Verdienst Katonas, in seiner Wirtschaftspsychologie die Wichtigkeit des Konsumverhaltens, das einen Teilbereich des wachstumsrelevanten Verhaltens der Haushalte darstellt, bewußt gemacht zu haben[10]. Sein Begriff des „Konsumenten" wird dabei in einem sehr weiten Zusammenhang gesehen; er bezieht den beruflichen und privaten Bereich mit ein, so daß er in die Nähe des umfassenderen Begriffs „Haushalt" gerät. Wie sehr eine derartige Betrachtungsweise erst in jüngster Zeit an Bedeutung gewann, mag daraus ersehen werden, daß das Werk von Hazel Kyrk aus dem Jahre 1923, das die grundlegenden Zusammenhänge im Konsumbereich zum erstenmal aus verhaltenstheoretischer Sicht schilderte, in Vergessenheit geriet, weil die Zeit für die in diesem Werk angestellten Überlegungen noch nicht reif war[11].

Zwar stehen Unternehmungen und Haushalte, soweit letztere als Anbieter von Arbeitskraft und als Nachfrager von Gütern und Dienstleistungen auftreten, auf einem gemeinsamen Boden, dem „Markt", auf dem sich der Austausch zwischen wirtschaftlichen Institutionen vollzieht[12]. Es genügt jedoch nicht, rein äußerliche und quantitative Größen wie Preise, Umsatzziffern usw. in die Betrachtung einzubeziehen. Die eminente Bedeutung der Rolle der privaten Haushalte im volkswirtschaftlichen Entwicklungsprozeß ergibt sich erst aus der Tatsache, daß in diesen Gremien *Entscheidungen* über Ausmaß (Arbeitszeit) und Qualität (Ausbildung) des Arbeitsangebotes, über die Mobilität der Arbeitskraft, über Arbeitsleistungen innerhalb des Haushaltes selbst, über Konsum, größere Anschaffungen und Sparen, über das Freizeitverhalten und viele andere Dinge gefällt werden[13]. All diese Entscheidungen strahlen entweder direkt oder indirekt auf Grund ihrer Angebots- bzw. Nachfragefunktion Impulse auf das Wachstum aus. Es sind gerade der „kleine Mann" und seine Familie, die diese Entscheidungen fällen, so daß man die alle Schichten einer Gesellschaft umfassenden Haushalte als technische Einheiten betrachten kann, die Güter und Dienstleistungen her-

---

[9] Vgl. z. B. *K. O. Becker*, Die wirtschaftlichen Entscheidungen des Haushalts, Berlin 1967.

[10] *G. Katona*, Die Macht des Verbrauchers, a.a.O.; ders., Der Massenkonsum, Eine Psychologie der neuen Käuferschichten, Wien und Düsseldorf 1965.

[11] *H. Kyrk*, A Theory of Consumption, Boston and New York 1923.

[12] Vgl. *H. Fürst*, Einkommen, Nachfrage, Produktion und Konsum des privaten Haushalts in der Volkswirtschaft, Stuttgart 1956, S. 7.

[13] Vgl. *D. Hamilton*, The Consumer in our Economy, Cambridge/Mass. 1962, und *G. Scherhorn*, Empirische Theorie der Nachfrage, Kölner Habilitationsschrift 1964.

stellen bzw. an ihrer Herstellung mitwirken, sie kaufen oder verkaufen: „Its manager (or board of directors!) decides on the allocation and utilisation of total input resources (including time in all its uses) into a large number of activities or production relations, in order to maximize the expected utility of a stream of consumption of some basic commodities (activities)[14]."

Versucht man, den Beitrag der privaten Haushalte zum wirtschaftlichen Wachstum systematisch zu erfassen, so muß sich das Augenmerk demnach auf zwei große Bereiche des ökonomischen Handelns dieser Teilnehmer am Wirtschaftsleben richten[15]: Die Einkommenserzielung — und hierbei vor allem die Fragen der Bereitstellung von Arbeitskraft zur Erzielung von Einkünften — und die Einkommensverwendung.

1. Die Einkommenserzielung

Im Gegensatz zum Verhalten der Unternehmer, wo die Faktorkombination eine wichtige Rolle spielt, ist bei den Haushalten die Faktorallokation von großer Bedeutung. Hierbei handelt es sich um das Arbeitsverhalten dieser Wirtschaftseinheiten im weitesten Sinne, soweit es die wirtschaftliche Entwicklung beeinflußt: An erster Stelle steht die aus Gründen des Gelderwerbs angebotene Arbeit; denn der Hauptbeitrag der Haushalte, insbesondere des Haushaltungsvorstandes, geht über den Arbeitsmarkt in das Sozialprodukt ein und wird in Einkommensgrößen festgehalten. Zu dem so am Markt erzielten Einkommen müssen Transfer-Einkünfte und — soweit möglich — die im Haushalt selbst verrichtete Arbeit (Tätigkeit der Hausfrau, „Do-it-yourself", Hobby-Arbeiten) und andere unbezahlte Tätigkeiten (z. B. in karitativen oder politischen Organisationen) hinzugerechnet werden. Das Ausmaß der zur Verfügung gestellten Arbeitsleistung wird — trotz institutioneller Regelungen — in wachsendem Umfange in das Belieben der Teilnehmer am Wirtschaftsprozeß gestellt. Bis auf unzureichend Ausgebildete finden die meisten Arbeitskräfte in den entwickelten Volkswirtschaften genügend Möglichkeiten der beruflichen Betätigung; der Freiheitsgrad, wieviel Arbeit angeboten werden soll, wird somit immer größer. Daher gilt es, noch vorhandene, latente Arbeitskraft zu berücksichtigen (Berufstätigkeit der Frau, zweiter Job, „moonlighting") eine Betrachtung, die dazu beitragen kann, Aussagen über potentielle Wachstumsraten zu machen. Die Mobilisierung von zusätzlichem Arbeitsangebot ist dabei häufig nur wenig durch einen rein ökonomischen Sachzwang geprägt;

---

[14] *I. A. Sirageldin*, Non-Market National Income, Ph. D. Diss., University of Michigan, 1967, S. 13.

[15] Vgl. *E. Schneider*, Einführung in die Wirtschaftstheorie, Teil I, 13. Aufl., Tübingen 1967, S. 21.

außerökonomische Motive dominieren, sobald die wichtigsten Bedürfnisse befriedigt sind[16].

In der ökonomischen Theorie wird die Erhöhung oder Einschränkung des Arbeitsangebots meist mehr oder weniger ausschließlich in Abhängigkeit von der Lohnhöhe betrachtet; daneben werden manchmal Änderungen in der Arbeitszeit und Arbeitsintensität sowie in der Qualifikation der Arbeitskräfte zwar als Einflußgrößen genannt[17], bei der eigentlichen Analyse jedoch vernachlässigt. Da das Angebot von Arbeitsleistungen weitaus stärker durch soziokulturelle Faktoren determiniert ist als die Nachfrage, müssen in diesem Bereich all jene Komponenten analysiert werden, die zur Bereitstellung von Arbeitskraft eines Haushaltes beitragen; sie umfassen neben den allgemeinen demographischen Faktoren auch Ausbildung, Einstellungen und Motivation der betrachteten Personen. Neben Merkmalen der gegenwärtigen Situation interessieren ferner Entscheidungen und Erfolge in der Vergangenheit, sowie Erwartungen und Pläne für zukünftiges Verhalten bei der Einkommenserzielung. Wie breit eine realistische Analyse angelegt zu sein hat, zeigt eine amerikanische Studie, die versuchte, alle relevanten Faktoren der am Markt erzielten und durch Transfers erhaltenen Einkommen festzustellen[18]. Daneben gibt es einen ersten Versuch, auch nicht marktmäßige Größen in die Analyse einzubeziehen und selbst der Benutzung von dauerhaften Konsumgütern wie Küchengeräten, Autos usw., die zur Erstellung von Gütern und Diensten im Haushalt benutzt werden, Einkommensbeträge zuzurechnen — Beträge, die das Sozialprodukt eines Landes beträchtlich vergrößern[19]. Dürfte vornehmlich der von Sirageldin eingeschlagene Weg bei traditionellen Theoretikern auf Widerstand stoßen, so müssen bei der Bereitstellung von Arbeitskraft in jedem Fall mehr Faktoren als nur die Preise und Einkommen, denen die herkömmliche Wirtschaftstheorie allein Wichtigkeit zuerkennt, herangezogen werden[20].

Die Berechtigung der in diesem Abschnitt geschilderten Berücksichtigung der Bereitstellung von Arbeitskraft und der Erzielung von Einkommen sowie deren Zusammenhang mit dem Problem wirtschaftlicher Entwicklung faßt Strümpel in folgendem Satz zusammen: „Wenn Arbeitsleistung und Einkommenshöhe immer mehr in den Bannkreis persönlicher Option gerät, wird eine Überprüfung konsumtheoretischer

---

[16] *U. Moser*, Psychologie der Arbeitswahl und der Arbeitsstörungen, Bern und Stuttgart 1953.

[17] Vgl. *K. W. Rothschild*, Lohntheorie, Berlin und Frankfurt 1963, S. 53.

[18] Vgl. *J. N. Morgan* et al., Income and Welfare in the United States, a.a.O.

[19] Vgl. *I. A. Sirageldin*, Non-Market National Income, a.a.O.

[20] Vgl. *R. M. Michel*, „Ökonomische" und „außerökonomische" Determinanten des Arbeitsangebotes, Kölner Dissertation 1967.

Ansätze nötig, die die Einkommenshöhe nicht in den Kreis der individuell kontrollierbaren Planvariablen aufnehmen, sondern lediglich als Datum betrachten, mit dem die Volkswirtschaft den Haushalt konfrontiert und das ihm ein bestimmtes Verhalten aufzwingt[21]."

2. Die Einkommensverwendung

Der zweite Beitrag der Haushalte zum wirtschaftlichen Wachstum ergibt sich aus den mit der Einkommensverwendung zusammenhängenden Fragen; er deckt sich zum größten Teil mit dem Gebiet der Konsumforschung. Die an der Nachfrage nach Gütern und Dienstleistungen sowie an dem Sparverhalten gemessene Einkommensverwendung entscheidet über die Verschiebungen des Güterangebotes zwischen verschiedenen Sektoren der Volkswirtschaft und innerhalb einer Industrie und damit weitgehend über die Aufteilung der Produktionsfaktoren auf Sektoren und Branchen. So führt eine Verlagerung der Konsumnachfrage von landwirtschaftlichen zu industriellen Produkten in den meisten Fällen zu wirtschaftlichem Wachstum, da die Produktivität im sekundären Sektor in nahezu allen Ländern die des primären weit übersteigt. Dieser Tatbestand zeichnete zu einem großen Teil für die im Vergleich zu den Vereinigten Staaten hohen westeuropäischen Wachstumsraten während der 50er Jahre und für die größeren Wachstumsraten Frankreichs sowie der BRD gegenüber Großbritannien verantwortlich[22]. Weiterhin werden Länder, in denen die Verbraucher überwiegend stets die gleichen althergebrachten Güter und Dienstleistungen nachfragen, eine weniger dynamische Konsumgüterindustrie entwickeln als Volkswirtschaften, in denen stets neue Produkte verlangt werden. Die Offenheit der Haushalte gegenüber neuen Produkten ist damit ein wesentlicher Stimulus sowohl für die quantitative als auch die qualitative Komponente der wirtschaftlichen Entwicklung[23]. Neben den in der Theorie bisher nahezu völlig vernachlässigten Wachstumseffekten des Verbraucherverhaltens kommt den Kaufentscheidungen der Haushalte bei der Einkommensverwendung auch auf konjunkturellem Gebiete Bedeutung zu; diese kurzfristigen Schwankungen wurden seit Keynes sowohl in theoretischer als auch in empirischer Hinsicht durchleuchtet.

---

[21] *B. Strümpel*, Konsumentenverhalten und wirtschaftliche Entwicklung, in: Wirtschaftstheorie als Verhaltenstheorie — Ein Symposion der Forschungsstelle für empirische Sozialökonomik, Berlin 1969.

[22] Vgl. *E. F. Denison*, Why Growth Rates Differ — Post-War Experience in Nine Western Countries, The Brookings Institution, Washington 1967; ders., Sources of Postwar Growth in Nine Western Countries, American Economic Review, Papers and Proceedings, Vol. 57, May 1967, No. 2, S. 332, und *B. Strümpel*, Konsumentenverhalten ..., a.a.O.

[23] *B. Biervert* und *M. Dierkes*, Ein Modellentwurf ..., a.a.O.

Lange Zeit wurde der Konsument als Automat angesehen, der ständig einen bestimmten, von der absoluten Höhe seines Einkommens abhängigen Prozentsatz verausgabte und dabei unter strenger Nutzenabwägung seine einzelnen Anrechtscheine am Sozialprodukt auf die angebotenen Güter und Dienstleistungen verteilte[24]. Das Verbraucherverhalten wurde aus Bilanzgraden und Indifferenzkurven unter der Voraussetzung strenger Rationalität abgeleitet. Zwar wurde dann und wann betont, daß die Aktionen des Haushaltes nicht die realiter vorzufindenden Handlungsalternativen wären; im großen und ganzen basierte die volkswirtschaftliche Theorie jedoch bis vor einigen Jahrzehnten auf diesem — gemessen an den heutigen Gegebenheiten — wirklichkeitsfremden Konzept[25]. Andererseits hatte diese Betrachtungsweise insofern eine gewisse Berechtigung, als die ökonomische Situation der überwiegenden Zahl von Haushaltungen die Automatik des Spar- und Ausgabegebarens sowie den Zwang zur höchstmöglichen Rationalität als plausibel erscheinen ließ[26].

Lang anhaltendes Wachstum des Sozialproduktes und tiefgreifende Wandlungen im Ablauf der zugrunde liegenden Wirtschaftsprozesse, vor allen Dingen in den hochentwickelten Volkswirtschaften, ließen jedoch Zweifel an dem Zwang zur Rationalität des Verhaltens der Konsumenten wie auch der Automatik ihres Ausgabegebarens aufkommen. „Je weiter sich die moderne Industriegesellschaft von der klassischen ‚Wirtschaft des Mangels' in Richtung auf eine ‚Wirtschaft des Überflusses' hin entfernt, desto geringer wird der Anteil der wirtschaftlich relevanten Entscheidungen, die sich mit in Geld ausgedrückten rationalen Kosten- und Nutzenabwägungen allein hinreichend erklären lassen, desto mehr treten bei der Deutung des ökonomischen Verhaltens dagegen die ‚Imponderabilien' in den Vordergrund[27]."

Die säkularen Einkommenssteigerungen in breiten Kreisen der Bevölkerung bewirkten eine Ausdehnung des finanziellen Spielraums der Haushalte, so daß heute Millionen von Familien über das physische Existenzminimum hinaus (dauerhafte) Konsumgüter nachfragen können; hierdurch ist ihr wirtschaftlicher Aktionsradius größer geworden. Der Konsument hat seine passive Rolle im Wirtschaftsprozeß verlassen, er erhält eine Fülle von Wahlmöglichkeiten und damit in zunehmendem Maße Einflußmöglichkeiten auf das Wirtschaftsgeschehen[28]. Zwar muß

---

[24] Vgl. hierzu und zum folgenden auch: *G. Schmölders*, Der private Haushalt als Gegenstand der Verhaltensforschung, in: Die Finanzen des privaten Haushalts, Festschrift für Walter Kaminsky, Frankfurt 1969.

[25] Vgl. *A. Lauterbach*, Psychologie des Wirtschaftslebens, Hamburg 1962.

[26] Vgl. *E. Zahn*, Soziologie der Prosperität, a.a.O., S. 46.

[27] *G. Schmölders*, Psychologie des Geldes, Hamburg 1966, S. 9.

[28] Vgl. *A. Cole*, Durable Consumer Goods and American Economic Growth, in: Quarterly Journal of Economics, Bd. 76, 1962, S. 415 ff.

die Einkommensverteilung in den meisten Volkswirtschaften noch als im höchsten Maße unbefriedigend angesehen werden; dieser grundsätzlichen Ungleichheit steht jedoch ein ständig wachsender Anteil an Konsumenten gegenüber, die ihr Einkommen nicht nur für das ausgeben müssen, was zur Erhaltung ihrer Existenz an materiellen und immateriellen Gütern notwendig ist, sondern auch für den Erwerb vieler anderer Güter und Dienstleistungen ausgeben können, die sie sich wünschen. Die Verlagerung von den Gütern des primären Bedarfs zu den höheren, dauerhafteren Gütern bringt „Investitionsprobleme" für die Haushalte mit sich; der Erwerb solcher Güter bedarf einer Reihe von Überlegungen und Entscheidungen. Gleichzeitig scheint es jedoch nicht unbedingt richtig, von der Wichtigkeit des Konsums ausschließlich in den „affluent societies" zu sprechen; er spielt vielmehr auch in den weniger entwickelten Ländern eine bedeutende Rolle, nur daß sich hier die Nachfrage auf andere Arten von Gütern richtet.

Hand in Hand mit den Einkommenssteigerungen in den reicheren Volkswirtschaften sind tiefgreifende Bewußtseinsänderungen in den Haushalten dieser Länder vor sich gegangen. Nach Überschreiten der Schwelle von der Selbstgenügsamkeit zur Konsumbewußtheit breiter Bevölkerungskreise[29] sehen es immer mehr Menschen als selbstverständlich an, „daß sie zu einer stets wachsenden Zahl ‚unnötiger' Güter und Dienste *berechtigt* seien, wenn sie auch im Augenblick nicht genug Geld dazu haben mögen"[30].

Neben den Einkommenssteigerungen und den Veränderungen im Bewußtsein der Konsumenten ist ein Anstieg des Freiheitsgrades der Haushalte auch von der Güterseite her festzustellen. Hier findet eine große quantitative und qualitative Ausweitung der in den entwickelten Gesellschaften zur Verfügung stehenden Güter statt, die vom Kühlschrank und Fernsehgerät sowie der jährlichen Urlaubsreise über das Auto bis zu den Produkten einer ganzen „Freizeitindustrie" reichen. Massive Absatzbemühungen der unter dem Druck der Substitutionskonkurrenz stehenden Anbieter wirken auf das Bewußtsein des Konsumenten zurück, indem sie seine Rolle als Entscheidungsträger ökonomischer Wahlhandlungen unterstreichen und seine „Pflicht zum Konsum" betonen. Werbung, Konkurrenz im Verbraucherverhalten mit dem Nachbarn und zunehmende Kreditmöglichkeiten für Haushalte veranlaßten Tautscher zu dem Bonmot: „Man kauft etwas, was man nicht braucht, mit dem Geld, das man nicht hat, um dem zu imponieren, den man nicht mag[31]."

---

[29] Vgl. *B. Külp*, Grundfragen der Wirtschaft — Eine Einführung in die Sozialökonomie, Köln 1967, S. 50.

[30] *A. Lauterbach*, Psychologie . . . , a.a.O., S. 14.

[31] *A. Tautscher*, Lebensstandard und Lebensglück, Berlin 1963, S. 64.

Die Bereitschaft der Haushalte zu bestimmten Arbeitsleistungen und der daneben wichtige Wille zum Konsum — Äquivalente zur Leistungs- und Investitionsbereitschaft der Produzenten — widersprechen in eindeutiger Weise den pessimistischen Erwartungen der „Stagnationstheoretiker". Bei den ins Feld geführten Gründen für eine angebliche Stagnation, wie zum Beispiel Rückgang des Bevölkerungswachstums in den Industrieländern, Erreichen der Expansionsgrenzen, abnehmende Produktivität der Investitionen infolge zu hoher Kapitalakkumulation usw.[32], werden entscheidende Faktoren auf der Nachfrageseite vernachlässigt:

„In dem Maße, wie der Lebensstandard breiter Bevölkerungsgruppen ansteigt, gilt es, die wirtschaftlichen und öffentlichen Rollen des Individuums aufzuwerten. Die subjektiven Verhaltensweisen Millionen selbstbewußter Einzelner in den Wirtschaftsprozessen sind auf charakteristische Ziele gerichtet und von Ansprüchen getragen. Nichts hält uns davon ab, die besonderen Aufgaben aktiver individueller Anpassung, denen sich die Menschen der fortgeschrittenen Industriegesellschaften gegenüber sehen, als unternehmerische Chance zu bezeichnen und dieses Wort auf die größeren sachlich vorhandenen Möglichkeiten privater Daseinsgestaltung zu beziehen[33]."

Begriffe wie „consumer latitude", „consumer discretion" und „discretionary income", unter denen Katona das Anwachsen der objektiven Möglichkeiten, Einkommen zu verwenden, das Ausmaß der subjektiven Entscheidungen bzw. frei verfügbare Einkommenssummen (besonders für Käufe von „durables") versteht[34], weisen darauf hin, daß die Haushalte in der Lage sind, „sich heute auf diese, morgen auf jene Märkte (zu) konzentrieren"[35]; ferner kann das Geld auch „rascher oder langsamer ausgegeben werden"[36]. Für eine realistische Konjunktur- und Wachstumspolitik besteht daher die Notwendigkeit, das Verbraucherverhalten des Haushalts in die Überlegungen einzubeziehen. Der Wirtschaftstheorie stellt sich die Aufgabe, realistische, das Verhalten der Konsumenten berücksichtigende Konzepte aufzustellen. Hierbei helfen die simplifizierenden Anschauungen der älteren Konsumtheorie und ihre theoretisierenden oder auf bereits falsifizierten Annahmen beruhenden Ansätze über das Geschehen in den Haushalten nicht weiter. Auch Versuche, traditionelle Konzepte unter den Aspekten wirtschaftlichen Wachstums zu verbessern, wie sie etwa von E. Schneider in seiner „dynamischen Nachfragefunk-

---

[32] Vgl. *H. König*, Ansätze und Probleme der Wachstumstheorie, in: H. König (Hg.), Wachstum und Entwicklung der Wirtschaft, Köln 1968, S. 18.

[33] *E. Zahn*, Wirtschaftliche Entwicklung und Gesellschaftliche Erwartungen, in: Kölner Zeitschrift für Soziologie und Sozialpsychologie, 19. Jg. 1967, Heft 2, S. 227—28.

[34] *G. Katona*, Die Macht des Verbrauchers, a.a.O.

[35] *E. Zahn*, Soziologie der Prosperität, a.a.O., S. 58.

[36] Ebenda.

tion" unternommen wurden[37], können die Variabilität des Verbraucherverhaltens und der sie beeinflussenden Faktoren keineswegs erfassen; die Einbeziehung von Preistendenzen, Vorratshaltung und Ausdehnung des Planungshorizontes genügen nicht zu einer umfassenden Erklärung. Da man davon ausgehen kann, daß das Ausmaß rationalen Handelns in den privaten Haushalten — besonders bei der Einkommensverwendung — geringer ist als in den Unternehmungen, und da für den Haushalt ein brauchbares Rentabilitätskriterium fehlt, ist die Theorie des Verbraucherverhaltens auf eine besonders breite Erklärungsbasis angewiesen. Eine Gegenüberstellung des Verbraucherverhaltens mit demographischen Merkmalen wie Beruf, Alter, Schulbildung, Region und Größe des Wohnortes sowie mit Situationsmerkmalen wie Geld- und Gesamtvermögen sowie Einkommens- und Vermögensveränderungen bietet den Vorteil, daß die genannten Faktoren einigermaßen leicht erhoben werden können und ihre mehrdimensionale Analyse eine Differenzierung nach theoretisch aussagefähigen Kategorien erlaubt.

Neben den ökonomischen und demographischen Faktoren sind es jedoch wiederum die Verhaltensdispositionen in Form von Einstellungen, Motiven, Ansprüchen und Erwartungen, die als logische Zwischenglieder zwischen Situationsveränderungen und ökonomischem Verhalten benötigt werden. Veränderungen dieser Faktoren gehen konjunkturell relevanten Veränderungen der Konsumnachfrage um etwa ein halbes Jahr voraus[38]. Auch das Anspruchsniveau spielt bei den Beziehungen zwischen Einkommensverwendung und Beeinflussung wirtschaftlicher Prozesse eine wichtige Rolle[39]. Hierbei handelt es sich nicht ausschließlich um Ansprüche an Einkommen, Konsum und Sparen, sondern auch um solche an den Beruf (vergleiche McClellands Leistungsmotivation) und an die Bildung bzw. Ausbildung.

Die Erweiterung des Einkommensspielraumes und die Ausdehnung des Lebensstandards sind nicht nur registrierbare Tatsachen der Statistik; bei ihnen handelt es sich vielmehr um konkrete Erfahrungen, die bestimmte Verhaltensweisen und Stimmungen auslösen oder stützen. So zählt neben einem hohen Anspruchsniveau auch die Umwandlung vergangener (positiver) Erfahrungen in (optimistische) Erwartungen in bezug auf das Einkommen zu den Grundlagen wachstumsrelevanten

[37] *E. Schneider*, Einführung in die Wirtschaftstheorie, 2. Teil, Wirtschaftspläne und wirtschaftliches Gleichgewicht in der Verkehrswirtschaft, 11. Aufl., Tübingen 1967, S. 55.

[38] Vgl. den jährlichen „Survey of Consumer Finances", Ann Arbor/Mich., sowie *E. Mueller*, Ten Years of Consumer Attitude Surveys — Their Forecasting Record, in: Journal of the American Statistical Association, December 1964; *B. Strümpel* und B. *Biervert*, Konjunkturprognosen aus Konsumentenstimmungen, in: Der Volkswirt, 23. Jg., Nr. 34 vom 22. 8. 1969.

[39] Vgl. *E. Zahn*, Wirtschaftliche Entwicklung ..., a.a.O., S. 242 ff.

Konsumverhaltens. In immer stärkeren Maße sind es die Einkommenserwartungen, die neben dem laufenden Einkommen und dem Vermögen das Interesse der Konsumtheorie und Prognose erregen und auch in die Konjunkturtheorie Eingang gefunden haben[40]. Wenn ein Haushalt mit gleichbleibenden oder sogar steigenden Lohn- und Gehaltszahlungen innerhalb gleicher, feststehender Zeitintervalle rechnen kann, wird ein Vorgriff auf zukünftiges Einkommen psychologisch und tatsächlich möglich und kann sich auf das Verbraucherverhalten auswirken. Auf die gesamte Volkswirtschaft bezogen, werden erwartete künftige Einkommenssteigerungen eher zur Aufgabe traditioneller Verhaltensweisen im Konsum- und Sparbereich führen als unsichere Erwartungen[41].

Zwischen dem Konsum- und Sparverhalten und dem Arbeitsverhalten der privaten Haushalte gibt es eine Reihe von Nahtstellen, die ebenfalls von Bedeutung für den Beitrag der Haushalte zur wirtschaftlichen Entwicklung sind[42]. Werden beispielsweise dauerhafte und zeitsparende Güter für die Verwendung im Haushalt nachgefragt, so wirkt dies auf die Nachfrageseite, gleichzeitig aber auch auf die Angebotsseite des Haushaltes, auf der nämlich zusätzliche Arbeitskraft freigesetzt wird. Die moderne Industriegesellschaft hat nicht nur eine bedeutende Erhöhung des Einkommens und damit der dem Haushalt zur Verfügung stehenden Güter ermöglicht, sondern auch zu einer Rationalisierung der Aufgabenerfüllung im Haushalt beigetragen bzw. diesen gänzlich von früher üblichen Aufgaben befreit.

Die Verflechtung zwischen Einkommensverwendung und Einkommenserzielung läßt sich ferner am Beispiel der Bildungsentscheidungen verfolgen. Der ausgeweitete Handlungsspielraum der Konsumenten drückt sich hier in einer Verlängerung der durchschnittlichen Ausbildungsdauer aus. Zusätzliche Bildung bzw. Ausbildung stellt zunächst einen Konsumverzicht dar; sie reduziert die zur Verfügung stehende Arbeitszeit. Nach Abschluß der Ausbildung wirkt sie sich jedoch in einer qualitativen Erhöhung des Arbeitsangebotes, somit in einem voraussichtlich höheren Einkommen und damit letztlich in größeren Konsumchancen aus.

Die Betonung der Rolle der Einkommensverwendung der privaten Haushalte, wie sie hier skizziert wurde, berücksichtigt die wichtigsten sozialwissenschaftlichen Erkenntnisse über die „Natur" der menschlichen Bedürfnisse[43]: Selbst bei den „natürlichen" Bedürfnissen nach Nahrung, Kleidung usw. handelt es sich in irgendeiner Form schon immer um

---

[40] Vgl. *E. Arndt*, Zur Anatomie kumulativer Prozesse, in: Der Volkswirt, 27. Jg., Nr. 25 vom 21. 6. 1968, S. 29; *P. Machinek*, Behandlung und Erkenntniswert der Erwartungen in der Wirtschaftstheorie, Berlin 1968.

[41] Vgl. *B. Strümpel*, Konsumentenverhalten ..., a.a.O.

[42] Vgl. *B. Biervert* und *M. Dierkes*, Ein Modellentwurf ..., a.a.O.

[43] *E. Zahn*, Soziologie der Prosperität, a.a.O., S. 53.

bestimmte kulturell geprägte Formen der Bedürfnisbefriedigung, das heißt, man will diese Bedürfnisse in einer bestimmten Art und Weise befriedigen. Durch das Bewußtsein ihrer eigenen Vergangenheit und Zukunft werden die Bedürfnisse einer Person von Planungen, Erwartungen und Erfahrungen mitgeprägt.

III. Ein Modell wachstumsrelevanten Verhaltens

Ausgehend von der Kritik an bisherigen Wachstumsansätzen wurde versucht, zu erläutern, welche Bereiche in eine empirische Wachstumstheorie einzubeziehen sind und welcher Natur die dabei zu erhebenden Faktoren sein müssen. Dabei wurde berücksichtigt, daß wirtschaftliches Handeln von anderen Fällen sozialen Handelns nicht zu trennen ist, das heißt nicht von den Einflußgrößen losgelöst betrachtet werden kann, die man in der ökonomischen Theorie gern als „Imponderabilien" oder „exogene" Faktoren zu bezeichnen pflegt, um sich ihrer Untersuchung zu entziehen. Es wurden die entscheidenden wachstumsfördernden Verhaltensweisen in der öffentlichen Hand, in den Unternehmen und — dem Ziel der Arbeit entsprechend — besonders in den privaten Haushalten gezeigt. Bei der Betrachtung dieser erhebbaren Sachverhalte wurde deutlich, daß die Verhaltensebene allein nicht ausreicht, den volkswirtschaftlichen Entwicklungsprozeß umfassend erklären zu können.

Diesen Verhaltensweisen vorgelagert sind vielmehr eine Fülle von Einstellungen und Motiven, die letztlich das Ausmaß des Wachstumsbeitrages der einzelnen Wirtschaftssubjekte mitbestimmen. Bei dem Bemühen, die Wirtschaftstheorie in eine allgemeine Theorie der Gesellschaft einzugliedern, müssen Einstellungen und Motive in der dem Handeln vorgelagerten Kausalkette stärker berücksichtigt werden, als dies in der ökonomischen Theorie bisher der Fall gewesen ist. Die fortschrittlichen bzw. hemmenden Einstellungen und Motive sind selbst wiederum beeinflußt von den in der Gesellschaft bestehenden Institutionen, Normen und Werten, demographischen Faktoren sowie den Erfahrungen der Träger wirtschaftlichen Handelns in der Vergangenheit. Der Erfolg oder Mißerfolg, der diese Erfahrungen prägt, läßt sich für die Haushalte an der beruflichen Position und den damit verbundenen Sanktionen (z. B. Einkommen) oder am Sozialstatus, für die Unternehmungen am erzielten Gewinn, Marktanteil usw. ablesen. Die für Erfolg oder Mißerfolg gewonnenen Maßstäbe sind letztlich wiederum nichts anderes als weitere Indikatoren wirtschaftlichen Handelns.

Die Analyse von Einstellungen, Motiven und Erfahrungen ist nicht nur beim Übergang von einer stagnierenden in eine wachsende Wirtschaft von Bedeutung, sondern auch bei anhaltendem Wachstum, um beobachten zu können, wie sie sich im Verlauf dieses Prozesses verändern und neue gesellschaftliche Strukturen herbeiführen. Eine derartige Betrachtungsweise, den Prozeß der volkswirtschaftlichen Entwicklung durch das Verhalten der Wirtschaftssubjekte und der vorgelagerten Einstellungen und Motive zu erklären, bietet neben ihrer empirischen Testbarkeit den Vorteil, daß man auf den „homo oeconomicus" sowie andere realitätsferne Prämissen verzichten kann. Darüber hinaus ermöglicht sie es, das Wachstum der einzelnen Volkswirtschaften interkulturell, das heißt über alle Wirtschaftssysteme hinweg zu erklären. Diese Überlegungen sind in einem einfachen Schema unterzubringen, das hier auf wirtschaftliches Wachstum abgestellt wurde, in abgewandelter Form jedoch auch für andere Fälle sozialen und wirtschaftlichen Handelns gelten kann.

Modell wachstumsrelevanten Verhaltens

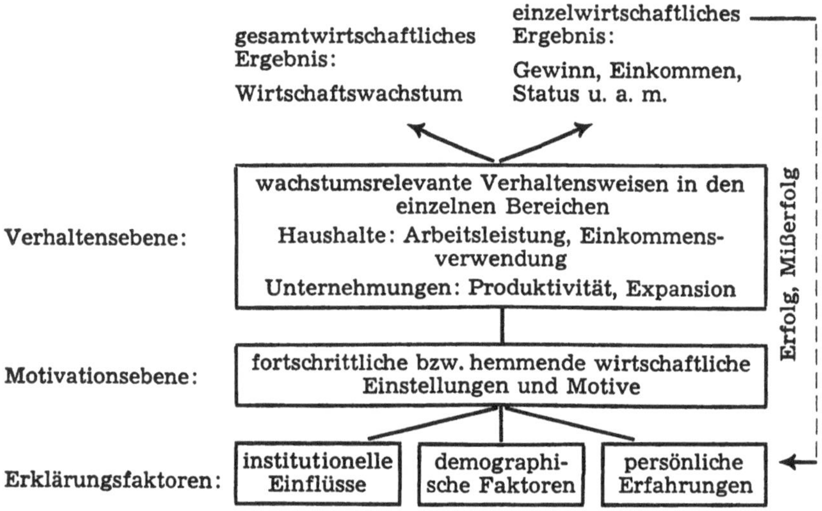

Aus diesem Schema können die dem hier vorgeschlagenen wachstumstheoretischen Ansatz zugrunde liegenden Hypothesen abgeleitet werden. Eine Hauptthese lautet in ihrer breitesten Formulierung, daß die Faktoren der untersten Ebene („Erklärungsfaktoren") wirtschaftliche Verhaltensweisen, Einstellungen und Motive beeinflussen; diese wiederum haben je nach ihrer Ausprägung eine unterschiedliche Wirkung auf den unmittelbaren Beitrag der Haushalte zur wirtschaftlichen Entwicklung. Operational definiert wird dieser Beitrag durch die wöchentliche Arbeitszeit und die Höhe des monatlichen Nettoeinkommens. Überprüft werden soll, ob Faktoren wie Mobilität, Ambition und Aspiration, die Einstellung zu neuen Konsumgütern, Einstellungen im Bereich der Familie und der Planungshorizont unterschiedlich auf diesen Beitrag wirken[44]. In weiteren Analysen wird dann getestet, inwieweit der demographische Faktor „Alter", sowie Schulbildung und Einkommen Faktoren der Motivations- und Verhaltensebene beeinflussen[45].

---

[44] Vgl. Abschnitt D. II.
[45] Vgl. Abschnitt D. III.

D. Internationaler Vergleich der produktiven Verhaltensweisen, Motive und Einstellungen

I. Der Entwicklungsstand der untersuchten Länder

Die gleichgerichteten Tendenzen der wirtschaftlichen Entwicklung in den modernen Industriegesellschaften, die auf eine Erhöhung des materiellen Wohlstandes, der Ausbildung etc. abzielen, spielen sich jeweils vor dem spezifischen historischen und kulturellen Hintergrund des betreffenden Landes ab. Wenn wirtschaftlicher und sozialer Wandel auch durch eine starke Eigendynamik gekennzeichnet sind, so nimmt die Entwicklung in ihrer konkreten Ausgestaltung doch sehr unterschiedliche Erscheinungsformen an. — Das von bestimmten fortschrittlichen Verhaltensweisen und Verhaltensdispositionen abhängige wirtschaftliche Wachstum wird erst dann zur vollen Entfaltung gelangen, wenn breite Schichten der Bevölkerung sich diese auf dem Wege entsprechender Lernprozesse zu eigen gemacht, sie „internalisiert" haben, was erst geschehen kann, wenn das genannte Verhalten belohnt oder ein abweichendes Verhalten bestraft wird. Sanktionsmechanismen dieser Art sind die Rollenverteilung ebenso wie die Einkommensverteilung; daneben entscheiden, wie es das Beispiel der Entwicklungsländer besonders deutlich zeigt, das Bewußtsein des allgemeinen Fortschritts sowie langfristige Erfahrungen mit der eigenen Volkswirtschaft über den Grad dynamisch-aktiven Verhaltens der Wirtschaftssubjekte oder ihren eher passiven Fatalismus.

Bei den zu untersuchenden Ländern Spanien, England und USA handelt es sich um Volkswirtschaften unterschiedlichen Entwicklungsstandes; ebenso sind die langfristigen Erfahrungen der Bevölkerung dieser Länder mit der wirtschaftlichen Entwicklung sehr unterschiedlich. Berücksichtigt man das Wachstum der letzten beiden Jahrzehnte, so könnte man Spanien als relativ armes, aber dynamisches Land bezeichnen; England wäre als reich, aber stagnierend, und die USA als reich und dynamisch einzustufen.

Der augenblickliche Entwicklungsstand der drei Länder kann dabei aus zwei Richtungen betrachtet werden: Einmal gilt er als zu erklärendes Phänomen, wobei die untersuchten Einstellungen und Verhaltensweisen das Ausmaß der wirtschaftlichen Entwicklung bestimmen. Der Entwicklungsstand gibt andererseits aber auch den Hintergrund ab, vor dem sich diese ökonomischen Prozesse abspielen, d. h., es ist anzunehmen, daß sich der erreichte Stand in Stimmung und Verhalten der Wirtschaftssubjekte wiederspiegeln wird. Um einen allgemeinen Eindruck von diesem Hintergrund zu vermitteln, seien einige wirtschaftshistorische Aspekte Spaniens, Englands und der USA kurz berührt.

Die Anfänge der Entwicklung Spaniens vom Feudalstaat zu einer in die moderne weltwirtschaftliche Verflechtung hineinwachsenden Volkswirtschaft können bis zur Jahrhundertwende zurückverfolgt werden[1]. Davor blieben die wirtschaftlichen Anstrengungen des Landes und seiner Bevölkerung über einen langen Zeitraum hinweg nahezu unverändert. Mit der Vertreibung der Mauren und Juden waren die ökonomisch aktivsten Schichten des Landes, bei denen Ansatzpunkte einer rationalen Wirtschaftsgesinnung anzutreffen waren, zerstört worden. Danach brachte die Kolonialzeit Spanien — im Gegensatz etwa zu den Niederlanden und Großbritannien — nach einer kurzen Blütezeit in der Folge der Kolonisations- und Glaubenskriege sowie durch das Einströmen reicher Goldschätze aus Amerika, das zu einem Nachlassen der wirtschaftlichen Aktivität und zur Dekadenz breiter Schichten führte, eine lange Verfallsperiode, aus der das Land nur langsam wieder herausfand. Im Gegensatz zu anderen Kolonialmächten zog Spanien aus seiner kolonialen Entwicklung kaum wirtschaftliche Anregungen[2]. Wirtschaftliche Betätigung galt bis in das 18. Jahrhundert hinein sogar als suspekt; noch im Jahre 1781 stellte die Akademie der Wissenschaften in Madrid in einem Preisausschreiben die Aufgabe, nachzuweisen, daß man die Ausübung eines Handwerkes oder Gewerbes nicht als ehrenrührig ansehen könne[3].

Der Prozeß der Anpassung an die moderne wirtschaftliche Entwicklung und an technische und organisatorische Neuerungen setzte im 19. Jahrhundert nur zögernd ein. Ein schneller voranschreitender Wandel begann erst nach dem spanisch-amerikanischen Krieg von 1898, der für Spanien den Verlust der letzten großen Kolonie Kuba zur Folge hatte: bei der „Generation von 1898" hielten moderne Wirtschaftsauffassungen und -formen ihren Einzug[4].

Nach dem Bürgerkrieg von 1936—39 stand das Land vor beträchtlichen Wiederaufbauproblemen, deren Lösung durch den bald darauf aus-

---

[1] Vgl. K. *Heinrich*, Strukturwandlungen und Nachkriegsprobleme der Wirtschaft Spaniens, Kiel 1954.

[2] Vgl. *A. Müller-Armack*, Genealogie der Wirtschaftsstile, a.a.O.

[3] *G. Briefs*, Über den Wirtschaftsgeist Spaniens, in: H. Finke (Hg.), Gesammelte Aufsätze zur Kulturgeschichte Spaniens, 1. Reihe, 3. Bd., S. 237—252, Münster 1931.

[4] *S. Garcia-Echevarria*, Spanien und die wirtschaftliche Integration Europas unter besonderer Berücksichtigung des Gemeinsamen Marktes, Köln und Opladen 1962, S. 15 ff.

brechenden Zweiten Weltkrieg erschwert und verzögert wurde, da das Land in starkem Maße von Importen abhing. Auch nach Abschluß des Krieges änderte sich zunächst nur wenig, da die europäischen Länder tief in ihre eigenen Probleme verstrickt waren und Spanien aus politischen Gründen nicht an der Marshallplanhilfe beteiligt wurde.

In größerem Ausmaß setzte das Wachstum der spanischen Volkswirtschaft erst mit Beginn der fünfziger Jahre ein; es wurde in seiner späteren Phase von starker Inflation begleitet. Mit dem Stabilisierungsprogramm von 1959 verstärkten sich die Bestrebungen, das immer noch interventionistische und protektionistische System zu liberalisieren und sich internationalen Organisationen anzuschließen. Wirtschaftspolitische Richtschnur ist heute der meist für vier Jahre aufgestellte Rahmenplan, der für die Privatwirtschaft als „indikativ", für den staatlichen Sektor jedoch als „imperativ" gilt.

Die Dynamik der spanischen Wirtschaft ist bisher in erster Linie dem Industrie- und — wenn auch in geringerem Maße — dem Dienstleistungssektor zugute gekommen, während die Anpassung in der Landwirtschaft demgegenüber zurückgeblieben ist. Alle drei Sektoren sind zudem durch erhebliche regionale Differenzen gekennzeichnet, wobei sich — vom Gesichtspunkt des Pro-Kopf-Einkommens betrachtet — der Abstand zwischen „reichen" und „armen" Provinzen während der letzten Jahre weiter vergrößert hat[5].

Sucht man in der Literatur nach Anhaltspunkten für die Haltung der Spanier in wirtschaftlichen Fragen, so begegnet man einem recht undifferenzierten Bild, das großenteils im Gegensatz zu der geschilderten jüngsten wirtschaftlichen Entwicklung des Landes steht. Immer wieder werden in geistesgeschichtlichen und sozialwissenschaftlichen Werken stereotype Ansichten wiederholt, die nie in einem größeren Rahmen an der Wirklichkeit überprüft wurden. Da liest man von dem extremen Individualismus des Spaniers, der jeglicher vernünftigen wirtschaftlichen Tätigkeit abhold sei, von seiner Bedürfnislosigkeit und seiner gegen jeglichen Fortschritt eingestellten Haltung[6]. — Zwar mögen sich solche

[5] Orense erzielte im Jahre 1962 als ärmste Provinz ein durchschnittliches Pro-Kopf-Einkommen (11 127 Pesetas), das nur 29 % des höchsten Durchschnittseinkommens einer Provinz ausmachte (Vizcaya mit 38 717 Pesetas); vgl. Banco de Bilbao (Hg.), Renta nacional de España y su distribución provincial, Bilbao 1962.

[6] Unter vielen Beispielen seien genannt: *E. von Beckerath*, Spaniens wirtschaftliches und politisches Gleichgewicht, in: Weltwirtschaftliches Archiv, Bd. 34, 1931, S. 101; *G. Briefs*, Über den Wirtschaftsgeist Spaniens, a.a.O.; *A. Castro*, The Structure of Spanish History, Princeton 1954. Realistischere Ansätze bietet: *P. Heintz*, Die Struktur der spanischen Persönlichkeit, in: Kölner Zeitschrift für Soziologie und Sozialpsychologie, 7. Jg., 1955, Heft 1, S. 101—118. *C. J. H. Hayes*, The United States and Spain, New York 1951, geht zahlreichen gegenüber den Spaniern gebrauchten Stereotypen nach, während R. Cattell

Beispiele finden — wie sie auch bei im Arbeitsleben stehenden Personen der fortschrittlichsten Gesellschaft auftreten können — aber handelt es sich dabei wirklich um ein weitverbreitetes Charakteristikum der spanischen Wirtschaftsmentalität? Anhand des vorliegenden Materials wird sich zeigen, daß das Wachstum der spanischen Wirtschaft und ihre Integration in die Weltwirtschaft nur durch neue fortschrittliche Verhaltensstrukturen ausgelöst werden konnte.

England baute sein Kolonialreich nicht so früh aus wie Spanien, was auf seine damalige „vergleichsweise Rückständigkeit" in dem Bestreben nach räumlicher Ausdehnung zurückzuführen ist[7]. Ende des 16. Jahrhunderts holte England dann das in dieser Beziehung Versäumte nach. — Ansätze des Kapitalismus und der damit verbundenen rationalen Wirtschaftshaltung, auf deren Grundlagen sich später die industrielle Revolution entwickeln sollte, zeigten sich in England dagegen bereits im Mittelalter; sie bildeten sich bis zur Mitte des 18. Jahrhunderts klar heraus[8]. Bereits bis dahin gab es eine Reihe technischer Änderungen im Produktionsprozeß (wollverarbeitende Industrie) sowie organisatorische Innovationen (Banken), die alle jedoch nur quantitativer Natur waren und sich innerhalb des herrschenden sozioökonomischen Systems abspielten. Qualitative Änderungen allergrößten Ausmaßes fanden dann in der eigentlichen „industrial revolution" statt: Neue Methoden in der Kohle- und Erzförderung und deren Verarbeitung, von Maschinenkraft getriebene Aggregate, neue Methoden des Transports (Eisenbahnen) und der Kommunikation, verbesserte Organisationsformen, die Entwicklung Englands zum „work-shop of the world" — das sind die auffälligsten Aspekte, die mit der industriellen Revolution verbunden waren. Gefördert durch das für eine Umwälzung günstige soziale und geistige Klima wurden die Veränderungen durch den technischen Fortschritt und die Kapitalansammlung in einer bisher nicht gekannten Größenordnung hervorgerufen. Parallel zu den Veränderungen in der Industrie änderte sich auch die agrarische Produktionsweise; der Anteil der Beschäftigten in der Landwirtschaft an der Gesamtbeschäftigtenzahl sank schnell und führte zu einer Umwälzung der Wirtschafts- und Sozialstruktur. Aus der „Blütezeit" des Kapitalismus resultierten schwere soziale Mißstände, denen mit der zögernd einsetzenden Sozialgesetzgebung nur unvollkommen, später jedoch durch den wachsenden Einfluß der Arbeitnehmerorganisationen stärker begegnet wurde.

---

versucht, mit einer Faktorenanalyse von 72 Faktoren in 70 Ländern dem „Volkscharakter", darunter auch dem spanischen, näherzukommen. *R. B. Cattell*, The Dimensions of Culture Patterns by Factorization of National Character, in: Journal of Abnormal and Social Psychology, Bd. 44, 1949, S. 443—469.

[7] *M. W. Thomas* (Hg.), A Survey of English Economic History, London and Glasgow 1957, S. 115.

[8] Ebenda, S. 105 ff.

Auch nach Abschluß der ersten industriellen Revolution nahm England in der wirtschaftlichen Entwicklung der letzten hundert Jahre einen herausragenden Platz ein, wenn es auch die unangefochten führende Stellung in der industriellen Produktion, die es um 1850 innehatte, an andere Länder abgeben mußte. Als Wendepunkt zwischen kraftvollem Kapitalismus und beginnendem Nachlassen der Wirtschaftskraft kann die lange Krise zwischen 1873 und der Mitte der neunziger Jahre angesehen werden[9]. Langsamer als andere Volkswirtschaften erholte sich die englische von den Folgen des Ersten Weltkrieges und später von der Weltwirtschaftskrise; der frühzeitig ausgebildete „Wohlfahrtsstaat" wurde durch den Zweiten Weltkrieg erneut in eine „austerity"-Periode gedrängt, die bis in die Anfänge der fünfziger Jahre anhielt. Weiterhin war zu dieser Zeit das Hin und Her bei der Verstaatlichung (1946—1949) und Reprivatisierung einiger Industriezweige — bedingt durch den Regierungswechsel von Labour zu Konservativen — der wirtschaftlichen Entwicklung abträglich und führte zu einer Rezession. Lange Zeit beeinflußte dann die „stop-go"-Politik der Konservativen den Ablauf der britischen Wirtschaft und brachte abwechselnd geringes Wachstum und Rezessionen. Durch die Nichtmitgliedschaft in der EWG wurde das Land teilweise von einer positiveren Entwicklung abgeschnitten, Nachteile, die durch die Gründung der EFTA kaum wettgemacht werden konnten[10]. Nach und nach geriet England in eine immer ungünstigere Position auf dem Weltmarkt und war mehrfach von einer ernsten wirtschaftlichen Krise bedroht, die es nur mit Hilfe internationaler Organisationen abwenden konnte. Auch heute ist eine englische Regierung wieder darum bemüht, das Übel der wirtschaftlichen Stagnation an der Wurzel zu packen und die notwendigen Änderungen und Neuerungen durchzuführen. Ein Urteil mag für die vielen stehen, die das Grundübel der britischen Wirtschaft in folgenden Punkten sehen: „ . . . mangelnde Initiative, unbefriedigende Investitionsbereitschaft, ungenügende Exportpflege und archaische Beziehungen zwischen den Sozialpartnern"[11]. Das Land sieht sich vor das Problem gestellt, seine Abneigung gegenüber jeglichem wirtschaftlichen und sozialen Wandel zu bekämpfen und den dringend benötigten Anschluß an eine schnellere wirtschaftliche Entwicklung zu finden. Jedenfalls muß das lange Zeit geltende Bild, das alle Engländer als aus Eigeninteresse nach wirtschaftlichem Fortschritt strebende Menschen zeichnete, als überholt gelten. Wurde die Tradition in diesem Land schon immer größer geschrieben als anderswo, so nimmt heute die Betonung

---

[9] Ebenda.

[10] Ausführliche Darstellungen der Entwicklung während der letzten beiden Jahrzehnte befinden sich bei: *S. Pollard*, The Development of the British Economy 1914 to 1950, London 1962; *G. D. N. Worswick* and *P. H. Ady*, The British Economy in the 1950ies, Oxford 1962.

[11] Der Volkswirt, 21. Jg., Nr. 31, 4. Aug. 1967.

des Überkommenen einen wichtigen Platz ein, so daß in vielem der Eindruck einer den Fortschritt vernachlässigenden Mentalität entsteht, die sich bis weit in die Zeit vor dem ersten Weltkrieg zurückführen läßt[12].

Für den gesamten Zeitabschnitt der wirtschaftlichen Eroberung des amerikanischen Kontinents waren die Investitionen europäischen Kapitals und die Rekrutierung der benötigten Arbeitskräfte in Europa kennzeichnend. Die wirtschaftliche Abhängigkeit des Landes überdauerte denn auch die politische; erst in der Folge des Ersten Weltkrieges wurde aus der Schuldnernation USA ein Gläubigerland. Die Grundsteine zu dieser Entwicklung wurden in dem vorausgehenden Jahrhundert gelegt[13].

Die koloniale Epoche des Landes war durch die nahezu vollkommene wirtschaftliche und politische Abhängigkeit von Europa gekennzeichnet und dauerte bis 1787, dem Jahr der Proklamation der amerikanischen Verfassung; die wirtschaftliche Struktur dieser Zeit wird am besten durch den überwältigenden Anteil der in der Landwirtschaft tätigen Arbeitskräfte verdeutlicht (90 %). Der nächste Abschnitt wurde von der zunehmenden Erschließung des Westens geprägt, der gegensätzlichen Entwicklung in den Nordstaaten (Industrie, Farmwirtschaft) und den Südstaaten (Pflanzeraristokratie, Großplantagen) und schließlich von der Kapitulation der Südstaaten im Bürgerkrieg. Während der Süden in der darauffolgenden Zeit in erster Linie mit dem Wiederaufbau beschäftigt war, entfalteten sich in den anderen Landesteilen Handel und Industrie. Sehr schnell setzte die Phase des Hochkapitalismus mit seiner starken Konzentration ein, verbunden mit einem forcierten Ausbau des Transport- und Kommunikationssystems; Manufaktur und Industrie trugen erstmals mehr zum Sozialprodukt bei als die Landwirtschaft. Es war dies die bedeutendste Phase der amerikanischen industriellen Revolution, in der die „frontier" in geographischer Hinsicht zu bestehen aufhörte und dem Ziel wich, wirtschaftliche Großmacht zu werden.

Der Ausbau der städtischen Zentren und die Abwanderung aus der Landwirtschaft nahmen immer größeren Umfang an; im Jahre 1900 waren nur noch 40 % der Beschäftigten in der Landwirtschaft tätig. Schnell traten die USA dann in das Zeitalter der Massenproduktion ein, nur kurz aufgehalten durch die Teilnahme am Ersten Weltkrieg, in den das Land 1917 eingriff. Jahre der Prosperität schlossen sich an, die als dauerhaft angesehen wurden und abrupt in der Weltwirtschaftskrise endeten. In den Jahren des „New Deal" versuchte Roosevelt mit seiner Wirtschaftspolitik die Folgen der Depression zu überwinden und die

---

[12] *S. Pollard*, The Development ..., a.a.O.

[13] Vgl. *H. F. Williamson* (Hg.), The Growth of the American Economy, New York 1953, und *G. D. Nash* (Hg.), Issues in American Economic History, Boston 1964.

Massenkaufkraft zu stärken; diese Entwicklung wurde durch den Zweiten Weltkrieg und später durch die Koreakrise erneut unterbrochen. Beide Male jedoch fand das Land ohne größere Schwierigkeiten Anschluß an die wirtschaftliche Aufwärtsentwicklung: Wenn die Wachstumsraten gegenüber anderen Ländern auch abfielen, kam es doch im Verlauf dieser Prozesse zu einem nie gekannten Ausmaß an Massenproduktion, Massenkaufkraft und Massenkonsum. Die in Abständen auftretenden Rezessionen wurden durch ein verfeinertes wirtschaftspolitisches Instrumentarium stets relativ leicht überwunden und machten Anfang der sechziger Jahre einem verstärkten Wachstum Platz. Heute gehen die Wirtschaftsforschungsinstitute so weit — unter der Voraussetzung, daß der Vietnamkrieg bis 1972 beendet sein wird — Wachstumsraten der amerikanischen Wirtschaft zu prognostizieren, die das Land im Wettrennen um die wirtschaftliche Entwicklung an die Spitze bringen würden[14].

Über die Wirtschaftsmentalität der Amerikaner und deren Auswirkungen auf die wirtschaftliche Entwicklung finden sich in der Literatur ausnahmslos positive Äußerungen[15]: In einem Land mit „unerschöpflichen" Ressourcen, das auf Fortschritt zugeschnitten ist und ihn zu institutionalisieren sucht, ist dem wirtschaftlichen Tätigkeitsdrang der Bewohner kaum eine Grenze gesetzt. Bis heute sorgen Eigeninteresse und Aufstiegswillen für einen starken Wachstumsbeitrag; herausragende Beispiele sind B. Franklins „Poor Richard", die „robber-barons" Rockefeller, Carnegie, Cooke, Hill, „innovators" wie Ford und der „shrewd American businessman", aber auch die breiten Schichten der am Wirtschaftsleben beteiligten Personen[16].

Um den augenblicklichen Entwicklungsstand der Länder weiter zu verdeutlichen, mag die vorstehende Skizze der wirtschaftshistorischen Entwicklung der drei Volkswirtschaften durch einige makroökonomische Variable ergänzt werden (Tabelle 1)[17]. In dieser synoptischen Darstellung sind eine Reihe von Variablen zusammengefaßt, die sowohl von deskriptivem Interesse sind, gleichzeitig aber die von Russett und seinen Mitarbeitern[18] gefundene Korrelation zwischen Indikatoren der wirtschaftlichen Entwicklung (Bruttosozialprodukt pro Kopf der Bevölkerung, Ausstattung mit dauerhaften Konsumgütern) mit Variablen wie Schulbildung, Anzahl der Ärzte etc. veranschaulichen.

[14] Vgl. „USA — vor dem schnellsten Wachstum des Jahrhunderts?", in: Der Volkswirt, 22. Jg., Nr. 29 vom 19. Juli 1968, S. 25.

[15] Vgl. den Abschnitt: „American Economic Expansion and the American Character", in: G. D. Nash (Hg.), Issues . . . , a.a.O.

[16] Vgl. *J. N. Morgan, I. Sirageldin, N. Baerwaldt*, Productive Americans, Ann Arbor/Mich. 1966.

[17] Vgl. Anhang A: Tabellen.

[18] *B. M. Russett and R. Olker, Jr., K. W. Deutsch, H. D. Lasswell*, World Handbook of Political and Social Indicators, New Haven and London 1965.

Deutliche Unterschiede treten in den drei Ländern bei dem Anteil der in der Landwirtschaft tätigen Personen an der Bevölkerung hervor. Während die USA und Großbritannien nur 5 bzw. 3 % ihrer Arbeitskräfte im primären Sektor beschäftigen — Prozentsätze, die sich über einen längeren Zeitraum im Falle der USA nur geringfügig und in Großbritannien nahezu überhaupt nicht verändert haben — zeigen die 31 % Spaniens, daß sich das Land noch auf einer früheren Stufe der Entwicklung und im Prozeß der Umstrukturierung befindet. Um 1940 betrug der Anteil 52 %, 1950 belief er sich auf 49 % und 1960 auf 42 %[19].

Neben Angaben über das Bruttosozialprodukt und das Volkseinkommen pro Kopf der Bevölkerung läßt sich der Synopse weiterhin entnehmen, daß die industrielle Produktionskraft Spaniens im Vergleich zu den beiden anderen Ländern zurückbleibt, ebenso wie die Ausdehnung des Schulsystems (Schüler in % der Gesamtbevölkerung). Ähnlich illustrativ sind die anderen aufgeführten Zahlen, die zeigen, daß Spanien — obwohl es dabei ist, den Rückstand gegenüber den anderen Ländern aufzuholen — noch nicht die Stufe des „Massenkonsums" oder gar einer „affluent society" erreicht hat.

II. Der unmittelbare Beitrag der Haushalte zum Sozialprodukt

Die nationalökonomische Theorie stellt das Sozialprodukt einer Volkswirtschaft als Produkt aus Arbeitsproduktivität und der gesamtwirtschaftlichen Arbeitszeit dar. Eine Steigerung des Sozialprodukts kann bei konstanter Arbeitszeit durch eine Erhöhung der Arbeitsproduktivität oder bei konstanter Arbeitsproduktivität durch eine Erhöhung der gesamtwirtschaftlichen Arbeitszeit herbeigeführt werden. Dies ist der abstrakte theoretische Hintergrund einer großen Anzahl empirischer Vorgänge auf mikroökonomischer Ebene. Viele Menschen möchten für ihre Arbeit ein höheres Einkommen erzielen; sie sparen für Einrichtungsgegenstände ihrer Wohnung, für ein Auto oder die Erziehung der Kinder, sie bemühen sich, in ihrem Beruf voranzukommen, besuchen aus diesem Grunde Kurse oder bilden sich allein fort, für ihren beruflichen Aufstieg sind sie bereit, den Wohnort zu wechseln. Frauen arbeiten auch nach ihrer Eheschließung in einem Beruf weiter oder nehmen nach dem Heranwachsen der Kinder wieder eine Stelle an. Wohl in keinem Haushalt werden diese oder ähnliche Anstrengungen alle gleichzeitig unternommen, sondern das Verhalten ist auf die jeweilige Situation der Familie abgestimmt. Die Summe dieser Entscheidungen beeinflußt unmittelbar das Sozialprodukt; ein Mehr oder Weniger bestimmter Verhaltensweisen bedeutet einen größeren oder geringeren Wachstumsbeitrag.

---

[19] Anuario estadistico de España, Edición manual, Madrid 1965, S. 34.

Die empirische Analyse dieser Vorgänge beginnt zweckmäßigerweise mit der Untersuchung der Arbeitszeit und deren sich im Einkommen ausdrückenden Bewertung in den einzelnen Ländern. Zwei gleichgerichtete Ziele sind dabei im Auge zu behalten: Die Analyse soll dazu beitragen, das aufgestellte Modell wirtschaftlichen Verhaltens und die daraus abgeleiteten Hypothesen für das wirtschaftliche Wachstum in einigen Punkten zu testen, daneben jedoch gleichzeitig einen Erklärungsversuch für den Entwicklungsstand der drei Länder und ihrer Wachstumsmöglichkeiten liefern.

Um die Reichweite der vorgetragenen Ergebnisse abzugrenzen, seien einige Bemerkungen zum Charakter der zugrunde liegenden empirischen Studien vorangestellt[20]. In allen drei Ländern handelt es sich um repräsentative Befragungen städtischer Haushalte, wobei im Arbeitsprozeß stehende Haushaltungsvorstände befragt wurden. Obwohl Entscheidungen über Ausdehnung der Arbeitszeit, Stellenwechsel usw. von mehreren oder allen Mitgliedern des Haushaltes gefällt werden und dabei dessen Gesamtwohl in die Überlegungen einbezogen wird, so sind doch die tatsächlich geleisteten Arbeitsstunden und das dafür erzielte Einkommen letztlich individuelle Komponenten[21]. Aus diesem Grunde schien es notwendig, für die Untersuchung eine kleinere Einheit als den gesamten Haushalt zu wählen, d. h. nur den Haushaltungsvorstand als dessen wichtigstes Mitglied zu befragen. Diese für den Zweck dieser Studie unerheblichen Einschränkungen müssen erwähnt werden, um zu zeigen, daß die Ergebnisse nicht dahingehend verallgemeinert werden können, daß sie repräsentativ für alle Haushalte des betreffenden Landes sind. — Weitere Einschränkungen ergeben sich aus der Tatsache, daß im internationalen Vergleich die Formulierung der den ermittelten Indikatoren zugrunde liegenden Fragen nicht in allen Fällen exakt gleichlautend war; wichtiger als die formelle Identität der Fragen scheint jedoch die durchweg erfüllte Forderung, daß die Indikatoren den gleichen Sachverhalt erfassen.

Berücksichtigt man die Einschränkungen bei den Stichproben und die Probleme bei der Formulierung der Fragen, so gilt es, sowohl die innerhalb eines Landes als auch die zwischen den Ländern auftretenden Unterschiede in den Verhaltensweisen, Einstellungen und Motiven zu erklären. Diese Abweichungen können im einzelnen auf Unterschiede im Niveau der erklärenden Faktoren (z. B. Schulbildung) zurückgeführt werden, wobei jeder einzelne Faktor stets in die gleiche Richtung wirken würde, oder auf eine unterschiedliche Wirkungsweise der erklärenden Variablen, d. h. bei einer Gruppe oder in einem Land wirkt der Faktor anders als bei einer zweiten Gruppe bzw. in einem anderen Land. Bei diesem Er-

---

[20] Vgl. auch Anhang B: Technisches zur Erhebung.

[21] Vgl. *J. N. Morgan* et al., Income and Welfare, a.a.O.

klärungsversuch müssen die besonderen Formen und das Ausmaß des sozioökonomischen Wandels des jeweiligen Landes im Auge behalten werden.

1. Untersuchung der Arbeitszeit

Bei den referierten Ergebnissen handelt es sich um die nominale durchschnittliche Arbeitszeit des Haushaltungsvorstandes pro Woche; es werden keine Aussagen über Ausfallzeiten wie Urlaub oder Krankheit sowie unbezahlte Tätigkeiten im eigenen Haushalt oder für andere Zwecke gemacht. Nicht überbewerten sollte man bei einer Analyse der Arbeitszeit den institutionellen Zwang, der insbesondere den Arbeitnehmern eine bestimmte Dauer der Arbeitszeit vorschreibt. Dieser Zwang wirkt sich zwar nach unten aus, indem eine vorgeschriebene wöchentliche Stundenzahl nicht unterschritten werden kann; ein Überschreiten durch Überstunden, Nebenbeschäftigungen usw. ist dagegen ohne weiteres möglich.

Tabelle 2 zeigt die eindimensionale Aufteilung der Arbeitszeit in den drei Ländern[22]. In den USA, wo die 40-Stunden-Woche als Standard angesehen wird, begnügt sich etwa die Hälfte der befragten Haushaltsvorstände mit dieser Arbeitszeit, die andere Hälfte kommt durch Überstunden oder einen zweiten „Job“ auf eine längere Arbeitsdauer. In England liegt die durchschnittliche Beschäftigungszeit höher: Nur 8 % arbeiten 40 Stunden und weniger. während 53 % zwischen 41 und 49 Stunden und ein weiteres Viertel zwischen 50 und 59 Stunden zur Arbeit gehen. Die längste Arbeitszeit ist in Spanien anzutreffen, wo nur 6 % der Befragten bis zu 40 Stunden ihrer Beschäftigung nachgehen, dagegen 38 % mehr als 60 Stunden und jeweils knapp 30 % zwischen 41 und 49 bzw. 50 und 59 Stunden arbeiten. Die im Vergleich zu England und den USA lange Arbeitszeit in Spanien spiegelt die Tatsache wider, daß der Entwicklungsstand des Landes (Kapitalausstattung) und das herrschende Einkommensniveau noch eine relativ lange Beschäftigungsdauer erfordern, um den Lebensunterhalt zu sichern. Diese Notwendigkeit drückt sich weiterhin in „moonlighting“, d. h. in Überstunden und/oder Mehrfachbeschäftigung (Schwarzarbeit) aus. Sehr häufig sind Spanier anzutreffen, die neben ihrer Haupttätigkeit noch eine zweite Stelle haben, die mehr als Gelegenheitsarbeit ist und sie zeitlich sehr stark in Anspruch nimmt. Dies gilt nicht nur für Unselbständige, sondern auch für eine große Gruppe von Selbständigen[23].

[22] Die Tabellen befinden sich im Anhang A.

[23] *J. Linz* und *A. de Miguel*, Estructura ocupacional de España, Conferencia sobre la Ordenación profesional de la juventud, o. O., 1964; *H. L. Bilenski*, The Moonlighter: A Product of Relative Deprivation, in: Industrial Relations, Bd. 3, Nr. 1, Oktober 1963, S. 105—124.

Nach dieser groben Skizzierung der Arbeitsdauer in den einzelnen Ländern soll nun der Frage nachgegangen werden, welche Gruppen von Teilnehmern am Wirtschaftsprozeß durch lange Arbeitszeiten einen vergleichweise hohen Beitrag zum Sozialprodukt beisteuern. Es wird für die Stichprobe eines jeden Landes eine Durchschnittsberechnung der wöchentlichen Arbeitszeit vorgenommen und dann unter Heranziehung einer Reihe anderer Verhaltensweisen und Einstellungen jeweils nach den Faktoren gesucht, die die Abweichungen in der Arbeitszeit vom errechneten Durchschnitt maximieren. Dies geschieht mit Hilfe eines aus der Varianzanalyse entwickelten Verfahrens, das es ermöglicht, durch den Computer automatisch solche Gruppen ermitteln zu lassen, die in sich möglichst weitgehend homogen sind, sich von anderen jedoch in bezug auf die abhängige Variable (in diesem Fall Arbeitszeit) stark unterscheiden[24]. Alles, was der Leser an dieser Stelle von der Analysetechnik wissen muß, ist, daß in den wiedergegebenen Schaubildern jeder der weiter unten stehenden Faktoren zu einer dichotomen Splittung hätte benutzt werden können, die in bezug auf die Arbeitszeit erklärte Varianz dann in diesem Falle jedoch geringer gewesen wäre.

Die Schaubilder I—III auf den folgenden Seiten zeigen derartige AUSPIK-Analysen für die Arbeitszeit in den drei Ländern; in den automatischen Prozeß der Suche nach den wichtigsten Faktoren wurden folgende Variable eingegeben[25]:

Alter

Schulbildung

Monatliches Einkommen

Selbständig / Unselbständig

Berufsmobilität

Ortsmobilität

Bereitschaft zum Ortswechsel

Bereitschaft zur Mehrarbeit

Einstellung zur Pensionierung
(Ausdehnung der gesamtberuflichen Arbeitsdauer)

Berufsorientierung: einkommensorientiert, sicherheitsorientiert, immateriell orientiert

---

[24] Die Vorgehensweise wird im Anhang C kurz erläutert, im übrigen sei verwiesen auf: *B. Biervert, M. Dierkes, A. Walzel,* Automatischer Split zur optimalen Kombination erklärender Faktoren, AUSPIK — ein Vorschlag zur Analyse sozialwissenschaftlicher Daten, in: Kölner Zeitschrift für Soziologie und Sozialpsychologie, 21. Jg. 1969, Heft 2.

[25] Zur Formulierung der Fragen vgl. Anhang A; auf die wachstumstheoretische Bedeutung dieser Faktoren wird im einzelnen im Abschnitt D. III. eingegangen.

Hat Arbeit mit/ohne Routine
Zieht Arbeit mit/ohne Routine vor
Einstellung zur Berufstätigkeit der Frau
Einstellung zur Hilfe an Verwandte in Notfällen
Familieneinstellung
Planungshorizont
Leben mit festen Zielen
Einstellung gegenüber neuen Produkten
Ambitionen

Mit dieser Analyse soll einmal geprüft werden, inwieweit die einzelnen Faktoren tatsächlich mit einem unterschiedlichen wirtschaftlichen Beitrag der Wirtschaftssubjekte verknüpft sind; nur wenn dies überhaupt der Fall ist, können die in dem Schema wirtschaftlichen Handelns zusammengefaßten Hypothesen für die hier vorgetragenen Fälle als bestätigt gelten, und nur dann hat es Sinn, nach Einflußgrößen zu suchen, die sich günstig auf diese Faktoren und damit tendenziell auf einen höheren Beitrag zur wirtschaftlichen Entwicklung auswirken. Zum anderen soll gezeigt werden, welche Faktoren zusammentreffen müssen, um zu Gruppen hoher oder niedriger Arbeitszeit zu gelangen.

Das in Form eines „Baumes" abgebildete Ergebnis der Analyse (vgl. die englische Bezeichnung „tree-analysis" für diese Strategie) gibt auf der rechten Seite eines Splits stets die Gruppe wieder, die eine längere Arbeitszeit hat. Die so entstehende Typenbildung von Personengruppen mit hoher und niedriger Arbeitszeit kann natürlich keinen Anspruch auf Ausschließlichkeit erheben; es werden in der Realität immer wieder Personen zu finden sein, denen einzelne der aufgezeigten Merkmale fehlen und die sich trotzdem durch lange Arbeitszeiten auszeichnen. Die hier wiedergegebene Analyse liefert nur Anhaltspunkte darüber, mit welchen Eigenschaften Personen in der Regel ausgestattet sein müssen, um — gemessen an der Arbeitszeit — einen größeren Beitrag zum wirtschaftlichen Wachstum zu liefern als andere Personen, und somit eine erste Bedingung zu erfüllen, die einen „Pionierhaushalt" ausmacht.

In Spanien ist — wie bereits die einfache Grundauszählung zeigt — im Vergleich mit den anderen beiden untersuchten Ländern die Arbeitszeit am längsten; sie beträgt im Durchschnitt unseres Samples 53,8 Stunden (vgl. Schaubild I). Der Faktor, der bei einer dichotomen Aufteilung unter Berücksichtigung aller in das Programm eingegebenen Variablen am stärksten wirkt, ist die Schulbildung: Personen ohne jegliche Schulbildung oder mit alleinigem Besuch der Elementarschule arbeiten in der Regel länger als besser Ausgebildete. Leute mit geringer Ausbildung müssen vermutlich den Ausbildungsvorsprung anderer, der

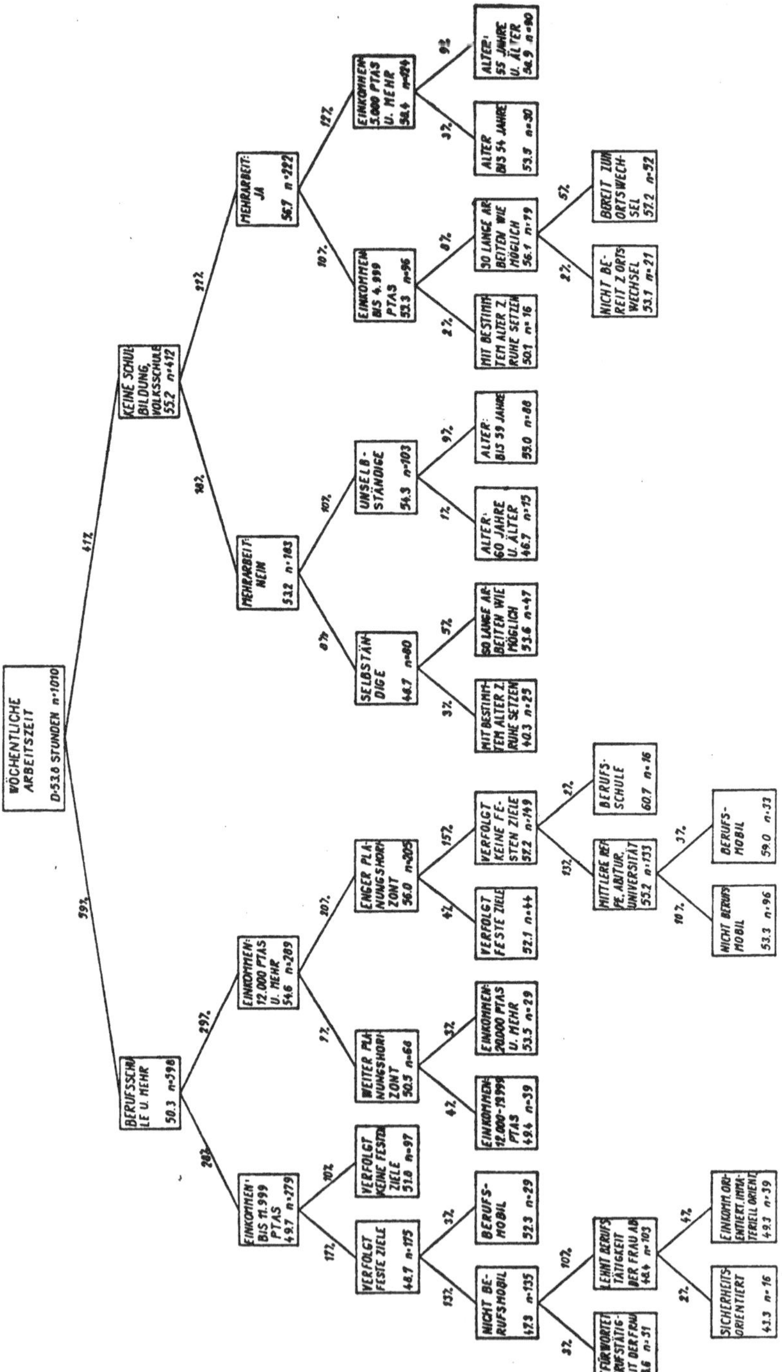

Schaubild I: Wöchentliche Arbeitszeit (Spanien)

sich im Durchschnitt in einem höheren Stundenlohn auswirkt, durch längere Arbeitszeiten auszugleichen versuchen. In diesem Fall wiederholt sich also die sonst häufig anzutreffende Erscheinung nicht, daß den besser Ausgebildeten ein so großes Maß an Verantwortung und Pflichten aufgebürdet wird, daß sie diese nur durch extrem lange Arbeitszeiten bewältigen können. In eine ähnliche Richtung weist ein Split der dritten Stufe, der zeigt, daß die spanischen Unselbständigen mit geringer formaler Ausbildung und dem Wunsch, weniger bzw. allenfalls gleich viel wie bisher zu arbeiten, auf eine höhere durchschnittliche Arbeitszeit kommen als die spanischen Selbständigen — auch das ein Ergebnis, das nicht im Einklang mit der oft beobachteten Tatsache steht, daß Selbständige länger arbeiten als Arbeitnehmer.

In den beiden anderen Ländern spielt die Kategorie Selbständig/Unselbständig demgegenüber eine stärkere Rolle. Hier wirkt sie in der auch sonst meist zu beobachtenden Richtung, daß Selbständige länger arbeiten als Arbeitnehmer. Der Grund für die vergleichsweise kürzere Arbeitszeit der spanischen Selbständigen dürfte in der herrschenden Gesellschaftsstruktur zu finden sein: Diese verlangt von den Unselbständigen einen überdurchschnittlichen Zeitaufwand, um den von ihnen als notwendig erachteten Lebensstandard, der oft genug nur das Nötigste umfaßt, zu erzielen, während sich die Selbständigen bereits aufgrund ihres Besitzstandes und der Bevorzugung ihrer Schichten im spanischen Wirtschafts- und Gesellschaftssystem vielfach damit begnügen können, ohne größere Anstrengungen von dem Erreichten zu leben.

Kehren wir zu dem rechten Zweig der AUSPIK-Analyse zurück, so sehen wir, daß nach dem Faktor Schulbildung die Bereitschaft, mehr arbeiten zu wollen, Einkommen von 5000 Ptas und mehr sowie für diesen Fall eine hohe Altersgruppe (55 Jahre und älter) zu langer Arbeitszeit führen. Der Durchschnitt beträgt in der dabei erreichten Untergruppe 58,9 Stunden in der Woche. In jedem der Fälle, in dem eins der genannten Merkmale nicht auftritt, genügt dies, um den Weg in die nächst höhere Gruppe zu versperren; Entsprechendes gilt von den anderen Zweigen des Schaubildes, denen im einzelnen entnommen werden kann, welche Faktoren in welcher Untergruppe zu einer langen Arbeitszeit führen.

Wichtig für den Beweis der Wachstumsbedeutung der benutzten Variablen — und somit eine Bestätigung der aus dem Modell wirtschaftlichen Verhaltens abgeleiteten Hypothesen — sind folgende Teilergebnisse der Analyse der spanischen Arbeitszeit: Die Bereitschaft, mehr zu arbeiten (!), hohes Einkommen, Berufsmobilität, die Bereitschaft zum Ortswechsel, der Wunsch, die gesamtberufliche Beschäftigungsdauer so lange wie möglich auszudehnen, Einkommensorientierung und Ablehnung der Frauenarbeit führen zu einer längeren Arbeitszeit in den jeweiligen Untergruppen.

Die beiden Variablen, die den allgemeinen Planungshorizont der Haushaltungsvorstände ermitteln sollten, wirken bei Befragten mit Berufsschulbildung und darüber hinaus führendem Schulbesuch in der Weise, daß in der Gruppe mit Einkommen bis 11 999 Ptas diejenigen, die keine festen Ziele in ihrem Leben verfolgen, länger arbeiten; in der Gruppe mit 12 000 Ptas und mehr sind es diejenigen mit einem engen Planungshorizont, die eine höhere Arbeitszeit aufweisen. Dieses etwas unerwartete Ergebnis gibt einen Anhaltspunkt dafür, daß bei denjenigen, die ihr Leben an festen Zielen und Plänen ausrichten — Pläne, die sich nicht einmal immer auf die berufliche Laufbahn oder auf wirtschaftliche Dinge zu beziehen brauchen — die Verfolgung dieser Ziele und Pläne nicht ohne weiteres einen hohen Arbeitsaufwand mit sich bringt. Ein weiter Planungshorizont kann weniger Arbeit bedeuten, wenn durch ihn ermöglicht wird, Entscheidungen besser und sicherer zu fällen; andererseits wäre allerdings auch eine Ausdehnung der Arbeitszeit denkbar, wenn durch den weiten Planungshorizont einer Person deren Ambitionen und Wünsche ständig steigen.

Die durchschnittliche Arbeitszeit in England beträgt in der vorliegenden Stichprobe 49,2 Stunden in der Woche, die Streuung in den Extremgruppen der AUSPIK-Analyse ist weiter als in Spanien; sie reicht von 41,6 bis 63,8 Stunden (Schaubild II). Der Faktor, der den größten Anteil an der Varianz der Arbeitszeit erklärt, ist die Aufteilung in Selbständige und Unselbständige, wobei die Selbständigen im Durchschnitt zwischen 7 und 8 Stunden länger arbeiten als die Arbeitnehmer. Weitere Faktoren, die Haushaltsvorstände mit hoher Arbeitszeit kennzeichnen, sind: moderne Familieneinstellung, Alter, die Bevorzugung einer Arbeit mit Problemen, Befürwortung der Berufstätigkeit der Frau und Volksschulbildung.

Interessant ist hierbei vor allem, daß eine „moderne" Einstellung zur Familie, d. h. die Lockerung der traditionalen familiären Bindungen, tendenziell zu einem höheren wirtschaftlichen Beitrag des Haushaltsvorstandes führt. Weiterhin scheint, wie in Spanien, niedrige Schulbildung größere Anstrengungen im Wirtschaftsprozeß zu fordern. Der Grund hierfür dürfte wohl wiederum darin zu suchen sein, daß diese Gruppe ihren Startnachteil gegenüber den besser Ausgebildeten durch verstärkte Anstrengungen wettmachen muß.

Für das Modell des wirtschaftlichen Wachstums werden bei der Analyse der Arbeitszeit der englischen Haushaltsvorstände im einzelnen folgende Hypothesen bestätigt: Es sind jeweils Personen mit hoher Berufsmobilität, moderner Familieneinstellung, dem Wunsch, ihr Arbeitsleben solange auszudehnen, wie sie gesundheitlich dazu in der Lage sind, sowie Personen mit der Neigung zu abwechslungsreicher Tätigkeit, die zu höherer Arbeitszeit neigen als solche, die diese Bedingungen nicht erfüllen. Das gleiche Verhalten legen Haushaltsvorstände an den Tag,

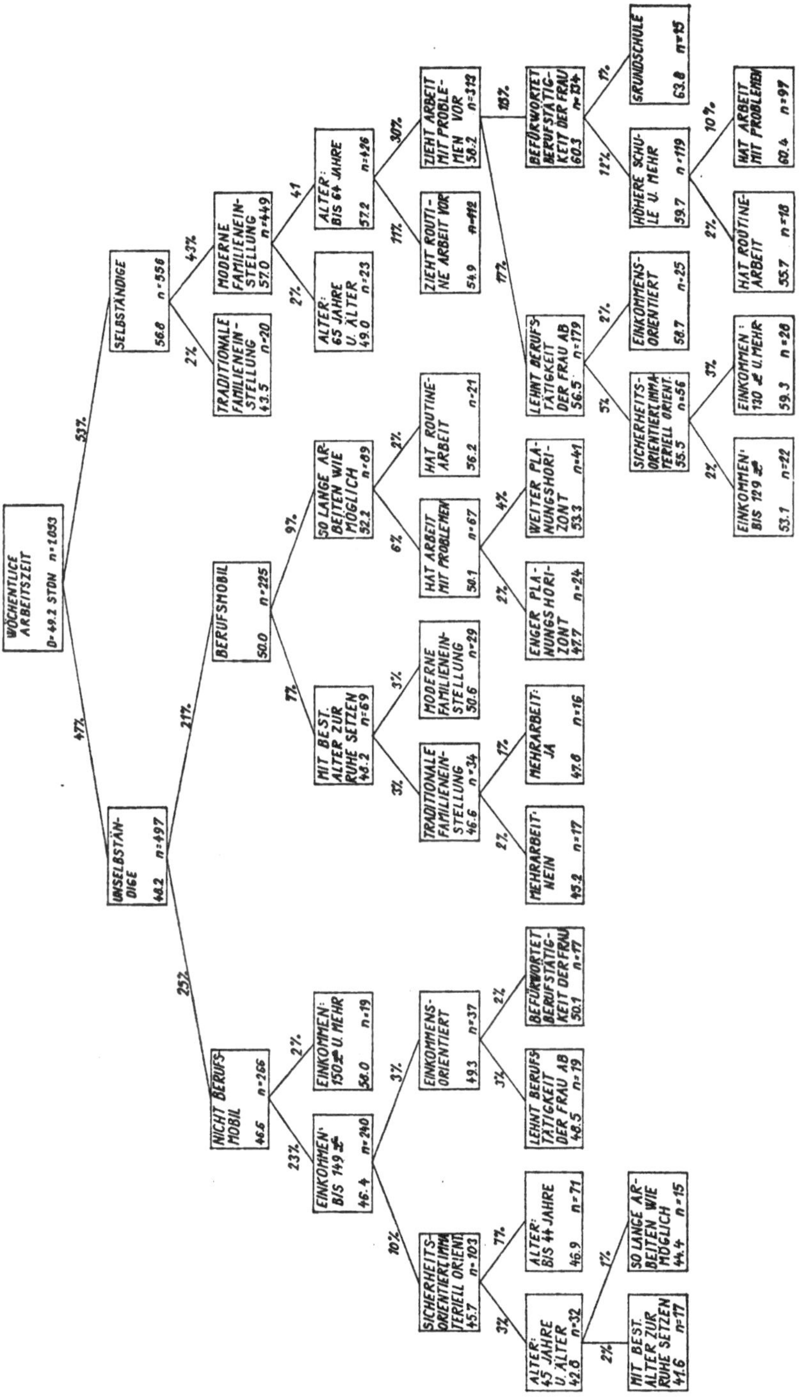

Schaubild II: Wöchentliche Arbeitszeit (England)

für die ein hohes Einkommen in der Wertskala des Berufs an erster Stelle steht, sowie diejenigen, die bereit sind, ihre Arbeitszeit über das bestehende Ausmaß hinaus noch auszudehnen.

Bei der Variablen, die ermitteln sollte, ob der Betreffende tatsächlich einer Arbeit mit Problemen nachgeht oder ob die ihm in seinem Beruf gestellten Aufgaben weitgehend lediglich Routine erfordern, zeigt sich, daß die Faktoren in den einzelnen Untergruppen nicht immer in gleiche Richtung zu wirken brauchen (vgl. 4. und 7. Stufe des Schaubildes II); es kann durchaus vorkommen, daß der Faktor in seinen verschiedenen Ausprägungen bei bestimmten Konstellationen der anderen Variablen das Ausmaß der Arbeitszeit unterschiedlich beeinflußt.

In den USA beträgt die durchschnittliche Arbeitszeit in der Woche ungefähr 45,6 Stunden; sie ist damit die kürzeste in den drei untersuchten Ländern[26]. Dies zeigt einmal, daß wegen der hohen Produktivität der amerikanischen Wirtschaft und ihres allgemein hohen Entwicklungsstandes eine merklich kürzere Arbeitszeit genügt, um einen wesentlich höheren Lebensstandard zu erzielen. Zum anderen wird deutlich, daß die durch Übereinkünfte zwischen Arbeitgebern und Gewerkschaften nahezu überall eingeführte 40-Stunden-Woche von großen Kreisen der am Wirtschaftsprozeß beteiligten Personen überschritten wird.

Die wichtigste Aufgliederung, die über die Länge der Arbeitszeit entscheidet, ist — wie in England — diejenige nach Selbständigen und Unselbständigen: die erste Gruppe arbeitet im Durchschnitt 50,3 Stunden in der Woche, die zweite 44,3 Stunden. Weitere wichtige Faktoren für einen hohen Arbeitsbeitrag der amerikanischen Haushalte sind Alter, hohe Ambition, hohes Einkommen und hohe Schulbildung, Berufsmobilität, eine Arbeit mit Problemen sowie die Konsumfreudigkeit bei neuen Produkten.

Wie in den beiden anderen Ländern kann mit dieser Analyse nachgewiesen werden, daß die „positiven" Ausprägungen der untersuchten Verhaltensweisen, Einstellungen und Motive, von denen angenommen wird, daß sie mit einem höheren wirtschaftlichen Beitrag verknüpft sind, in den hier untersuchten Gruppen tatsächlich zu einer längeren Arbeitszeit führen.

So haben sich die in dem Modell des wirtschaftlichen Verhaltens zusammengefaßten Hypothesen in der Arbeitszeitanalyse aller drei Länder bestätigt; für einige Indikatoren (Schulbildung, Berufsstand, Planungshorizont, Routinearbeit) müssen die Aussagen jedoch differenziert werden. Es sind nicht immer die Personen mit hoher Schulbildung, Selbständige, Leute mit großem Planungshorizont und abwechslungsreicher

---

[26] Vgl. Schaubild III.

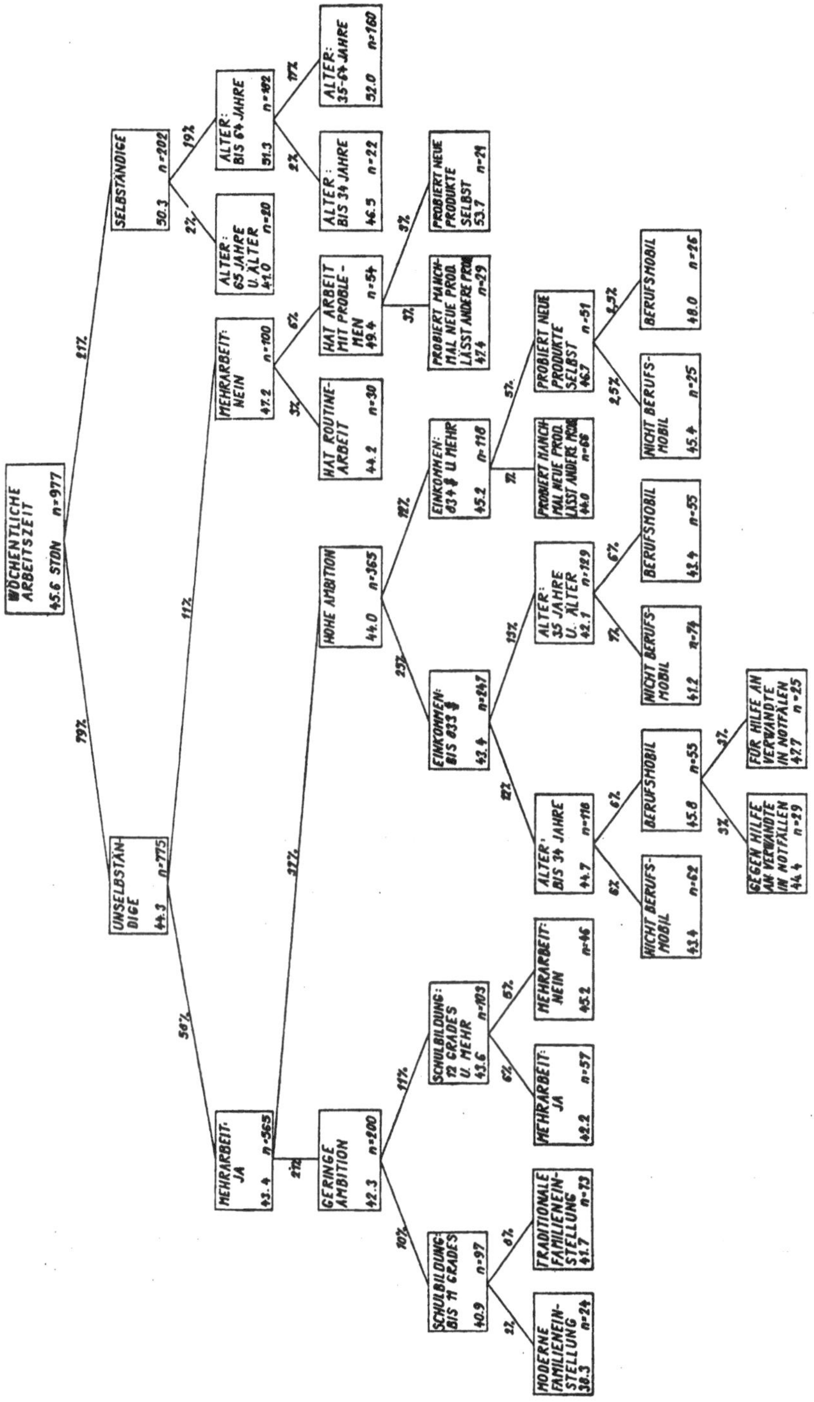

Schaubild III: Wöchentliche Arbeitszeit (USA)

Tätigkeit, deren Arbeitszeit länger ist als die der entsprechenden anderen Gruppen. So kann es zwar zutreffen, daß Leute mit hoher formaler Ausbildung und hohem Einkommen die ihnen übertragene Verantwortung mit längerer Arbeitszeit bezahlen müssen, doch ist auch die Erklärung für Leute mit geringerer formaler Ausbildung und langer Arbeitszeit einfach und plausibel: Um den von ihnen angestrebten Lebensstandard zu erreichen, müssen sie den ihnen zufließenden geringeren Stundenlohn durch eine Ausdehnung der Arbeitszeit wettmachen. Der Zwang, länger arbeiten zu müssen, ist bei geringerer Qualifikation in Spanien so groß, daß dort die Arbeitszeit der Unselbständigen die der Selbständigen übersteigt, ein Ergebnis, das sich deutlich von dem in den anderen beiden untersuchten Ländern abhebt. Ein weiterer Grund für diese Tatsache dürfte in der in Spanien besonders starken und einseitigen Bevorzugung bestimmter Gesellschaftsschichten zu sehen sein, die sich nahezu ausschließlich aus Selbständigen rekrutieren.

Ein weiteres Ergebnis dieser AUSPIK-Analysen sei festgehalten: Bei einer Aufteilung nach dem Alter ergibt sich, daß lange Arbeitszeiten vor allen Dingen in den mittleren Altersgruppen vorherrschen. Dies dürfte auf die Stellung im Familienzyklus (Familie mit wirtschaftlich abhängigen Kindern) zurückzuführen sein; die extremen Altersgruppen fallen demgegenüber deutlich ab. Insgesamt zeigt sich an dieser Stelle auch zum erstenmal die Unhaltbarkeit des Stereotyps vom „faulen" Spanier, verbringt dieser doch mehr Zeit an seinem Arbeitsplatz als die Haushaltungsvorstände der beiden anderen Länder.

2. Untersuchung des Einkommens

Die von den einzelnen Mitgliedern des Haushalts in den Wirtschaftsprozeß eingebrachte Arbeitszeit erfährt ihre Bewertung im Prozeß der Einkommensbildung, in den neben den quantitativen Aspekten „Arbeitszeit" und „Lohnhöhe" eine große Anzahl weiterer Faktoren hineinspielt. Das Einkommen ist der in Geldgrößen ausgedrückte Gegenwert für den Beitrag der einzelnen am Wirtschaftsprozeß beteiligten Personen zum Sozialprodukt; seine tatsächliche und potentielle Ausdehnung stellt daher eine Wachstumskomponente auf mikroökonomischer Basis dar. Vorentscheidend für die Zuweisung von Berufspositionen und somit letztlich auch für die Höhe des Einkommens ist der Sozialisierungsprozeß, der sich von der Erziehung im Elternhaus über die Schulbildung bis zur Berufsausbildung erstreckt[27]. Zulassungskriterien institutioneller und informeller Art bestimmen dann den Zugang zu einzelnen Berufen; je schärfer sie sind, desto höher ist in der Regel das Einkommen. Umgekehrt gilt in

[27] Vgl. *J. Daheim,* Der Beruf in der modernen Gesellschaft, Köln und Berlin 1967.

einer Reihe von Gesellschaften, vor allem in den kapitalistischen, das erzielte Einkommen wiederum als Indikator für die soziale Position; hier wird die Leistung im Beruf abhängig von kurzfristigen Belohnungsmechanismen.

Als Grundlage für ein hohes Einkommen können vor allen Dingen eine höhere Schulbildung, Hochschulbesuch und eine qualifizierte Berufsposition gelten; daneben sind Orientierungsmuster, die z. B. zu hoher Leistungsmotivation, Ambition, Mobilität usw. führen, von grundlegender Bedeutung für die Beeinflussung der individuellen Einkommensbildung. — In Ländern mit geringem Entwicklungsstand, beschränkten Arbeitsmöglichkeiten und soziokulturellen Hindernissen, materielle Chancen auszunutzen, die sich im Berufsleben ergeben, mag die Höhe des Einkommens weitgehend von den Entscheidungen des Einzelnen unabhängig sein. Dies ändert sich in Entwicklungsstadien, wo die Bildungschancen steigen und sich eine große Zahl von Berufsmöglichkeiten bietet, soweit nur bestimmte Verhaltensmuster befolgt werden. Hier ist das Haushaltseinkommen nicht mehr ein Datum, sondern eine von mehreren Planvariablen. Die Charakterisierung des Einkommens als von den Entscheidungen der einzelnen Wirtschaftssubjekte abhängige Größe trifft sicher für die USA und England in vollem Umfange zu, rückt aber auch in Spanien durch die wirtschaftliche Entwicklung der letzten Jahre immer mehr in den Bereich des Möglichen.

Tabelle 3 gibt die gruppierte Einkommensverteilung in den einzelnen Ländern wieder, wobei es sich jeweils um das monatliche Nettoeinkommen des Haushaltungsvorstandes handelt. Die Grundauszählung zeigt für England eine starke Konzentration in der unteren Einkommensgruppe (bis 84 £), die auf eine schlechte Gruppierung der Einkommensvorgaben in der englischen Erhebung zurückzuführen ist. Die Einkommensverteilungen in den USA und Spanien sind demgegenüber annähernd normalverteilt.

An dieser Stelle soll nun — analog zu der Analyse der Arbeitszeit — untersucht werden, welche Faktoren zu einem höheren Einkommen führen; dabei hat der Einkommensbildungsprozeß bei verschiedenen Gruppen innerhalb der einzelnen Länder den Vorrang. Dieser ist bei den hier verfolgten Zielen wichtiger als ein internationaler Vergleich der Einkommen, der das längst bekannte Ergebnis wiederholen würde, daß das Durchschnittseinkommen in den USA am höchsten ist und dann in großem Abstand England und Spanien folgen, wobei zwischen diesen beiden Ländern wiederum eine große Lücke klafft. Eine solche Untersuchung hätte sich dann auch mit der Vergleichbarkeit der erzielten Einkommen, der Problematik unterschiedlicher Warenkörbe usw. auseinanderzusetzen, was an anderer Stelle bereits vielfach geschehen ist[28].

[28] Vgl. *Ch. P. Kindleberger*, Economic Development, New York 1965.

Um die Gruppen von Haushalten zu erfassen, von denen ein — am Einkommen gemessen — unterschiedlicher Beitrag zum Sozialprodukt ausgeht, und zu untersuchen, welche Faktoren aus dem persönlichen Bereich der befragten Personen dafür verantwortlich sind, wird das errechnete Durchschnittseinkommen in den einzelnen Ländern wiederum einer AUSPIK-Analyse unterzogen. In die Analyse gehen dieselben Erklärungsfaktoren ein wie in die Untersuchung der Arbeitszeit, nur daß die Variable „Arbeitszeit" jetzt als erklärender Faktor benutzt wird; sie hat gewissermaßen ihren Platz mit dem Einkommen getauscht, das es an dieser Stelle zu erklären gilt.

Das aus dem Sample für Spanien errechnete Durchschnittseinkommen beträgt 7437 Ptas (Schaubild IV). Der Faktor, der am stärksten darüber entscheidet, ob der Aufstieg in eine der oberen Einkommensgruppen gelingt, ist die Schulbildung: deutlich unterscheiden sich Personen ohne jegliche Schulbildung und Besucher der Elementarschule (Durchschnittseinkommen 5685 Ptas) auf der einen und Personen mit mehr Schulbildung (durchschnittliches Einkommen 10 707 Ptas) auf der anderen Seite. Dieses Ergebnis zeigt, daß in Spanien bei der Verteilung materieller Belohnungen in der Wirtschaft durchaus Leistungskriterien herangezogen werden. Dieser positiven Erscheinung steht allerdings die Tatsache gegenüber, daß die herrschende Schichtung des Einkommens weitgehend gefestigt ist, sich die Absolventen höherer Schulen immer wieder aus denselben sozialen Schichten rekrutieren, so daß der ökonomische und soziale Aufstieg auf Barrieren stößt. Dies dürfte sich in dem Maße ändern, wie im Zuge der Industrialisierung zur Besetzung wirtschaftlicher Positionen immer mehr Personen mit qualifizierterer Ausbildung benötigt werden, denen dann bei weiterem wirtschaftlichem Fortschritt ebenfalls größere Einkünfte zufließen werden.

Für die Gruppe mit höherer Ausbildung setzt sich im Rahmen der AUSPIK-Analyse auf der nächsten Stufe der Faktor Selbständig/Unselbständig als Unterscheidungsmerkmal durch, wobei die Chancen der Selbständigen, ein höheres Einkommen zu erzielen, bedeutend größer sind. Bei den Angehörigen dieser Berufskategorie entscheidet auf der dritten Stufe ein weiteres Mal die Variable „Schulbildung" über ein höheres Einkommen, und zwar ist dazu Universitätsbildung (mit oder ohne Abschluß) erforderlich; auf den nächsten Stufen dieses Zweiges treten dann das Alter (mittlere und höhere Altersgruppen verdienen mehr) sowie eine Reihe Einstellungsfaktoren bei der Einkommensbildung hinzu. Für die Unselbständigen ist es demgegenüber die Ausdehnung der Arbeitszeit, die über die Höhe des Einkommens entscheidet, und zwar liegt die Schwelle zu einem besseren finanziellen Status bei einer Arbeitszeit von 60 Stunden und mehr.

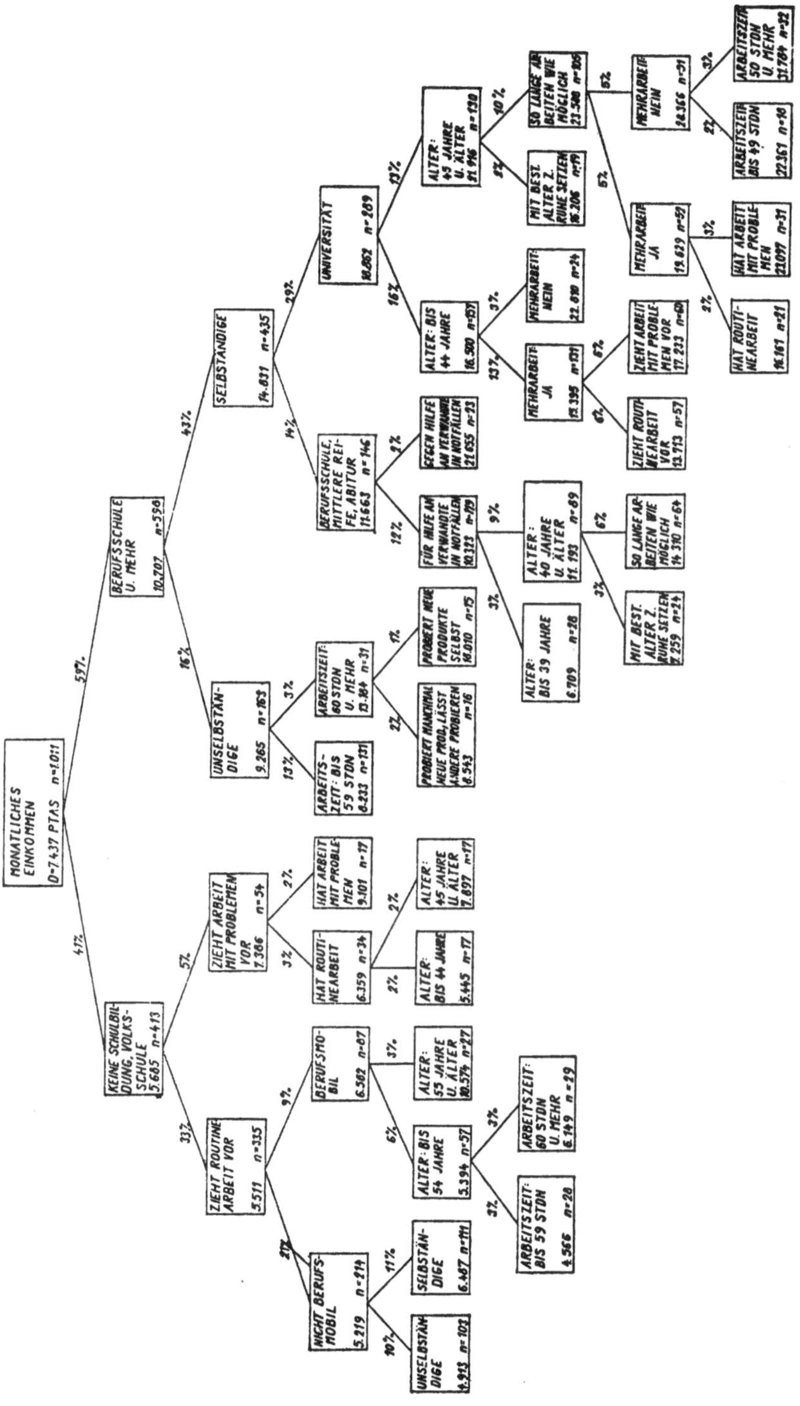

Schaubild IV: Monatliches Nettoeinkommen (Spanien)

Auf der linken Seite des Schaubildes der spanischen Einkommensanalyse kommen bei den Personen mit der geringsten bzw. ohne Schulbildung Faktoren aus dem Verhaltens- und Einstellungsbereich wie Mobilität, der Vorzug oder das tatsächliche Vorhandensein einer Tätigkeit, die an den Betreffenden häufig Probleme stellt, bei der Einkommensbildung zum Zuge. Erst danach spielen in diesen Fällen die Faktoren Arbeit, Arbeitszeit, Selbständig/unselbständig eine Rolle.

Wie in Spanien, so erklärt auch in England der Faktor Schulbildung den größten Anteil an der Varianz des durchschnittlichen Einkommens; dieses beträgt 80 £ (vgl. Schaubild V). Allerdings ist es in diesem Land erst eine abgeschlossene Universitätsausbildung, die Zutritt zu höheren Einkommensgruppen verschafft. Um in der Einkommensskala noch weiter zu steigen, sind bei dieser Gruppe sodann längere Arbeitszeiten sowie eine fortschrittliche Einstellung im Familienbereich (Befürwortung der Berufstätigkeit der Frau) entscheidend.

Im übrigen spiegelt das Schaubild die linksschiefe Einkommensverteilung in England wider, eine Eigenschaft der AUSPIK-Analyse, die bereits auf den ersten Blick erlaubt, etwas über die Gesamtverteilung zu sagen[29]. Von den Personen ohne höchste Ausbildung erzielen die Selbständigen ein höheres Einkommen; für diese Untergruppe sind ferner Faktoren wie (noch einmal) Schulbildung, Alter und eine Reihe fortschrittlicher Verhaltensweisen (Berufsmobilität, Probieren neuer Produkte, weiter Planungshorizont) sowie der Wunsch, sich mit einem bestimmten Alter zur Ruhe zu setzen, zur Erzielung eines höheren Einkommens ausschlaggebend. Bei den Unselbständigen differenzieren das Alter, eine Arbeit mit Problemen, der Planungshorizont sowie Berufsmobilität das Einkommen.

Auch in den USA liefert der Faktor Schulbildung die größte Vorhersagemöglichkeit über Unterschiede im Einkommen (Gesamtdurchschnitt 695 $, vgl. Schaubild VI); wie in England teilen sich die Befragten in Hochschulabsolventen (College mit Abschluß), die ein monatliches Durchschnittseinkommen von 881 $ aufweisen, und Personen mit geringerer formaler Ausbildung; hier beträgt das Einkommen im Durchschnitt 664 $. Für jede der beiden Gruppen läßt sich eine Rangskala bestimmter demographischer Faktoren sowie von Variablen aus dem Einstellungs- und Verhaltensbereich aufstellen, die darüber entscheidet, welchen Platz der Haushaltungsvorstand in der Einkommensverteilung einnimmt. Bemerkenswert ist, daß die Aufgliederung in Selbständige und Unselbständige in den USA im Gegensatz zu den beiden anderen Ländern keine so wichtige Rolle spielt, als daß sie im Zusammenhang mit dem Einkommen einen starken Prognosewert hätte.

---

[29] Vgl. *B. Biervert, M. Dierkes, A. Walzel*, Automatischer Split ..., a.a.O.

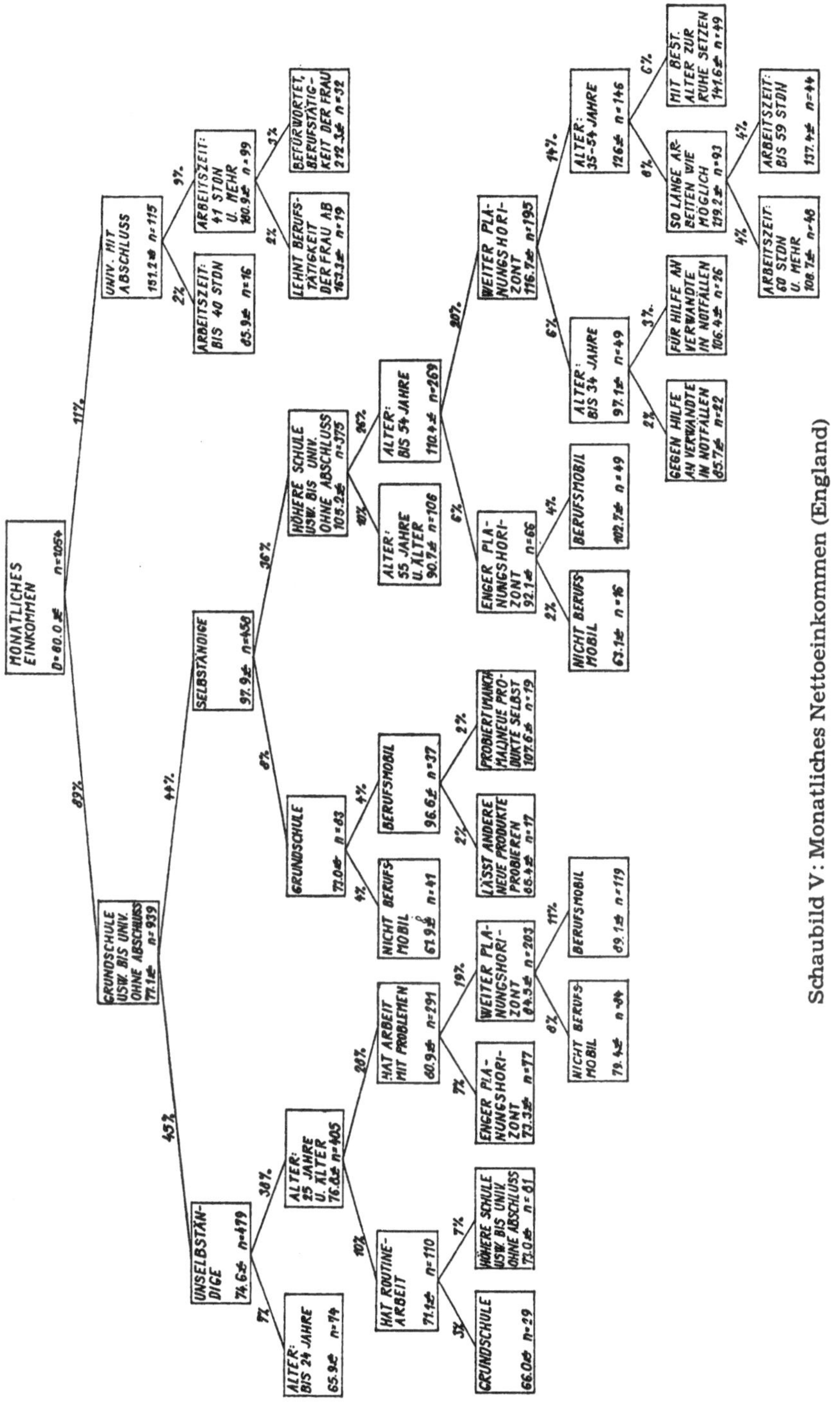

Schaubild V: Monatliches Nettoeinkommen (England)

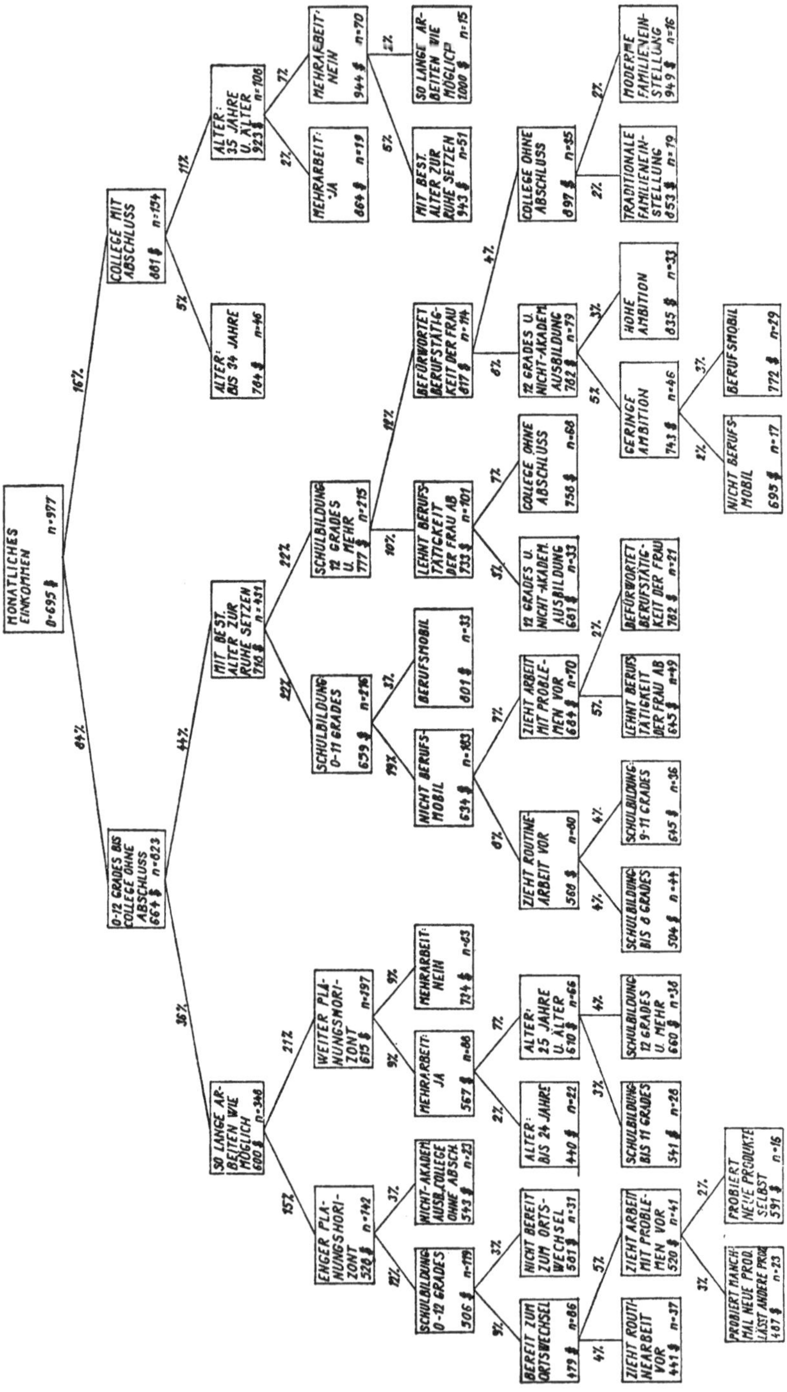

Schaubild VI: Monatliches Nettoeinkommen (USA)

Ziel der AUSPIK-Analyse des monatlichen Nettoeinkommens in den einzelnen Ländern war es, den sich im Einkommen ausdrückenden unterschiedlichen Beitrag einzelner Haushaltungsvorstände zum Sozialprodukt zu messen und nach den Faktoren zu suchen, die diesen Beitrag möglichst weitgehend differenzieren. Die dabei zutage tretenden Kriterien erlauben Annahmen darüber, unter welchen Bedingungen eine Person ein höheres oder niedrigeres Einkommen erzielt; ferner geben sie Hinweise darauf, ob und wie der Wachstumsbeitrag der einzelnen Haushaltungsvorstände noch erhöht werden kann, wenn mit Erfolg versucht würde, bestimmte Faktoren in der gewünschten Richtung zu beeinflussen. Das einfachste Beispiel: Ein Ergebnis der Analyse ist es, daß Leute mit hoher Berufsmobilität ein höheres Einkommen erzielen als nicht berufsmobile Personen. Gelingt es nun, entweder die Mobilität bislang nicht mobiler Gruppen oder langfristig die allgemeine Mobilität zu erhöhen, so wird auch der Wachstumsbeitrag der betreffenden Gruppe bzw. aller am wirtschaftlichen Leben beteiligten Personen steigen.

Als wichtigste Einflußgröße stellte sich in diesem Sinne in allen drei Ländern der Faktor „Schulbildung" heraus; in jedem Falle drückte sich ein Mehr an Ausbildung in einem höheren Einkommen aus. Für Spanien zeigt dieses Ergebnis, daß das Land — trotz der Einschränkungen, die wegen der Schichtstruktur zu machen sind — dabei ist, sein Wertesystem dem anderer moderner Industriegesellschaften anzupassen und bei der Zuweisung von Einkommen Leistungskriterien zu berücksichtigen. Während sowohl in den USA als auch in England eine abgeschlossene Hochschulbildung erforderlich ist, um den Aufstieg in die höchsten Einkommensklassen zu vollziehen, ist für Spanien zunächst einmal ausschlaggebend, daß der Betreffende eine über die Volksschule hinausgehende schulische Ausbildung hat. Dieses Ergebnis stimmt mit der Annahme überein, daß in Gesellschaften mit einem relativ geringen Stand der allgemeinen Schulbildung eine überdurchschnittliche Ausbildung ein wichtigeres Zuweisungskriterium darstellt, als in einem Land mit allgemein hoher Schulbildung[30].

Personen mit einem hohen Einkommen sind vor allem in den Gruppen der Selbständigen (der Berufsstand spielte jedoch in den USA keine wichtige Rolle) zu finden; weiterhin sind es im allgemeinen Personen mittlerer Altersgruppen (35—54 Jahre) mit meist langer Arbeitszeit, die sich daneben im einzelnen noch durch bestimmte fortschrittliche Verhaltensweisen und Einstellungen auszeichnen.

Darüber hinaus ergaben sich zahlreiche Bestätigungen für das im theoretischen Teil dieser Arbeit aufgestellte Modell des wachstums-

[30] Vgl. *G. A. Almond* and *S. Verba*, The Civic Culture, a.a.O., S. 67.

relevanten Verhaltens und die daraus abgeleiteten Hypothesen. Wie bei der Analyse der Arbeitszeit konnte gezeigt werden, daß bestimmte „fortschrittliche" Verhaltensweisen und Einstellungen mit einem höheren wirtschaftlichen Beitrag verbunden sind. Im einzelnen wirkten neben den erwähnten Faktoren wie Schulbildung, Alter, Berufsstand und Arbeitszeit die folgenden Variablen in Richtung auf ein höheres Einkommen:

Berufsmobilität
Weiter Planungshorizont
Vorzug einer Arbeit mit Problemen
Hohe Ambition
Neue Produkte selbst probieren
Moderne Familieneinstellung
Ablehnung der Hilfe an Verwandte
Befürwortung der Berufstätigkeit der Frau.

Einen etwas unerwarteten Effekt brachte die an einer Stelle in den USA auftauchende Mobilitätsbereitschaft (5. Stufe): Personen ohne Bereitschaft zum Ortswechsel erzielen ein höheres Einkommen als stärker zur Mobilität neigende. Man hätte annehmen können, daß Personen mit einer gewissen Mobilität eher in der höheren Einkommenskategorie zu finden wären. Freilich läßt sich auch folgendes Argument ins Feld führen: Gerade weil sie sich auf einer höheren Einkommensstufe in der Einkommensskala befinden, würden die betreffenden Personen durch einen Ortswechsel ihre finanzielle Situation unter Umständen schwerlich verbessern können, während diejenigen mit einem niedrigeren Einkommen von einem Wechsel des Ortes und dem in den meisten Fällen damit verbundenen Stellungswechsel nur profitieren könnten.

Ähnliche Überlegungen lassen sich bei der Variablen „Mehrarbeit" anstellen, bei der wir davon ausgehen, daß der Wunsch, mehr zu arbeiten, der sich auf die Zukunft bezieht und somit einen potentiellen Wachstumsbeitrag darstellt, bereits in der Gegenwart mit hoher wirtschaftlicher Leistung verbunden ist. Es scheint dann jedoch ein Stadium zu geben, in dem ein Sättigungspunkt erreicht wird und das wachstumsrelevante Verhalten in sein Gegenteil umschlägt: Der durch einen zusätzlichen Arbeitsaufwand zu erzielende Einkommenszuwachs reicht nicht aus, um Personen, die bereits ein hohes Einkommen erzielen, zu noch mehr Arbeit zu veranlassen. Nur so lassen sich die in Spanien und USA (5. bzw. 4. Stufe) auftretenden Ergebnisse erklären, daß Personen mit dem Wunsch, weniger oder höchstens gleichviel zu arbeiten, ein hohes Einkommen haben.

Kein eindeutiges Ergebnis trat zutage, wenn die Haushaltungsvorstände danach gefagt wurden, ob sie so lange arbeiten möchten, wie es ihnen ihre Gesundheit erlaubt oder ob sie sich lieber vorzeitig zur Ruhe setzen möchten. In verschiedenen Untergruppen ergab sich für beide Alternativen ein höheres Einkommen, was einerseits wiederum an den vorangegangenen Faktoren in der AUSPIK-Analyse liegen mag; auf der anderen Seite ist aber auch die theoretische Einordnung dieser Variablen in das Wachstumskonzept problematisch[31].

III. Analyse wachstumsfördernder Faktoren

1. Die Kontrollvariablen und ihre Interkorrelation

Neben den Größen „Arbeitszeit" und „Einkommen", an denen der wirtschaftliche Beitrag der Haushalte unmittelbar sichtbar wird, gibt es andere Gruppen von Verhaltensweisen sowie Einstellungen und Motiven, die als wichtige Determinanten der Wachstumsrate angesehen werden können. In den Abschnitten D. II. 1. und D. II. 2. wurden einige dieser Faktoren zur Analyse von Arbeitszeit und Einkommen in den einzelnen Ländern herangezogen, wobei sich herausstellte, daß sie in der Regel mit einem höheren wirtschaftlichen Beitrag der Haushaltungsvorstände verknüpft sind. In diesem Kapitel werden nun die oben als Erklärungsgrößen benutzten Indikatoren als unabhängige Variable behandelt. Die Analyse gliedert sich in die Bereiche „Mobilität", „Ambition und Aspiration", „Einstellung zu neuen Konsumgütern", „Einstellungen im Bereich der Familie" und „Planungshorizont". Der Betrachtung der empirischen Daten aus den einzelnen Gebieten geht jeweils eine Vertiefung des theoretischen Hintergrundes für jede der Variablen voraus. Als Kontrollfaktoren werden Alter, Schulbildung und Einkommen benutzt, wobei innerhalb der konstant gehaltenen Berufsgruppen jeweils getrennt ausgezählt wird, so daß sich dreidimensionale Tabellen ergeben. Die empirischen Ergebnisse wurden für jedes Land in einer Korrelationsmatrix zusammengefaßt[32], um bei der Fülle des vorliegenden Materials einen „Zahlenfriedhof" zu vermeiden (bei der benutzten Analysestrategie ergeben sich weit über 400 Tabellen).

Auf den theoretischen Zusammenhang des Kontrollfaktors Einkommen mit dem Wachstum wurde bereits hingewiesen. Einkommen und auch Schulbildung können als Indikatoren für Erfolg oder Mißerfolg in der Vergangenheit mit Einfluß auf gegenwärtiges Verhalten und gegenwärtige Einstellungen angesehen werden und sind strategisch beeinflußbar[33]. Die Auszählung nach dem Alter soll Hinweis darauf geben, von

---

[31] Vgl. Abschnitt D. III. 3. c).

[32] Vgl. Anhang A: Tabellen 26—28.

[33] Vgl. *J. N. Morgan, I. Sirageldin, N. Baerwaldt*, Productive Americans, a.a.O., S. 5 f.

welchen Altersgruppen besonders fortschrittliche Verhaltensweisen im Sinne der wirtschaftlichen Entwicklung erwartet werden können.

Der Ausbildung kommt innerhalb der Wachstumsforschung eine immer größere Bedeutung zu; sie hat zu einem eigenen großen Forschungsgebiet, der Bildungsökonomik, geführt. Diese bemüht sich um die Erfassung des Beitrages der Ausbildung zum wirtschaftlichen Wachstum und um die Frage, welche Maßnahmen innerhalb des Bildungssektors erforderlich sind, um bestimmte gesellschafts- und wirtschaftspolitische Ziele zu erreichen[34]. Ein Zusammenhang zwischen der Bildung und dem wirtschaftlichen Wachstum wird von den meisten Autoren aus dem Grunde angenommen, weil die Schul- und Berufsausbildung dahingehend wirken, die Qualität der Arbeitskräfte, ihre Mobilität und Motivation unter dem Gesichtspunkt der wirtschaftlichen Leistung zu verbessern, letztlich also eine größere Produktivität der Arbeitskraft zu erzielen[35]. Nur ein Bildungssystem, das vorausschauend der für wirtschaftliches Wachstum und Strukturveränderungen in der Wirtschaft notwendigen Flexibilität Rechnung trägt, ist in der Lage, die Arbeitskräfte auf die auf sie zukommenden Erfordernisse vorzubereiten. Eine ganze Reihe von Studien bestätigt diese theoretischen Annahmen und weist hohe positive Korrelationen zwischen dem Schulbildungsniveau und den statistischen Indikatoren für wirtschaftliches Wachstum auf[36].

Bei einem internationalen Vergleich bestimmter Merkmale, der die Schulbildung als Kontrollfaktor benutzt, taucht das Problem der Gleichwertigkeit der einzelnen Schulbildungsstufen auf. Nicht nur, daß Qualität und Prestige gleicher Ausbildungswege innerhalb eines Landes differieren — wie z. B. bei den englischen Public Schools und den Colleges — sondern daneben kann einer abgeschlossenen Hochschulbildung in zwei Ländern unter Berücksichtigung gesamtgesellschaftlicher Aspekte eine unterschiedliche Bedeutung zukommen. So ergibt sich vor allem die Problematik der Vergleichbarkeit einzelner Stufen der Schulbildung, d. h. die Frage, inwieweit man bestimmte Ausbildungsgänge zumindest formal als gleich ansehen kann.

---

[34] Vgl. *H. P. Widmaier* und *B. Frey*, Wachstumstheorie und Bildungsökonomik, a.a.O.; *G. Brinkmann*, Berufsausbildung und Arbeitseinkommen, Berlin 1967.

[35] Vgl. *T. W. Schultz*, The Economic Value of Education, New York 1963; *J. N. Morgan* and *M. David*, Education and Income, in: The Quarterly Journal of Economics, Bd. 57, August 1963; *J. N. Morgan* et al., Income and Welfare, a.a.O., S. 348; *S. M. Slichter*, Economic Wealth in the US, Louisiana State University Press 1961.

[36] Nach den Berechnungen von Denison trug in den USA zwischen 1929 und 1956 die Ausbildung etwa ein Viertel zum Produktionswachstum bei: *E. F. Denison*, The Sources of Economic Growth . . ., a.a.O.; vgl. auch *J. Tinbergen* and *H. Correa*, Quantitative Adaptation of Education to Accelerated Growth, in: KYKLOS, Bd. 15, 1962, S. 776—786.

Welch unterschiedliche Rolle die Schulbildung in den einzelnen Ländern spielt, ergibt sich in anschaulicher Weise aus den AUSPIK-Analysen der Arbeitszeit und ganz besonders denjenigen des Einkommens. In den USA und England, wo die höhere Schulbildung allgemein weit verbreitet ist, stellt erst eine (abgeschlossene) Universitätsausbildung ein wichtiges Unterscheidungskriterium zur Qualifizierung und Differenzierung von Arbeitskräften dar, während für Spanien die entscheidende Grenze erheblich tiefer liegt; hier genügt bereits mehr als Volksschulbildung, um sich stark vom Einkommensdurchschnitt zu differenzieren. Dieser Tatbestand wird weiter veranschaulicht, wenn man sich die Grundverteilung der Schulbildung ansieht (Tab. 4 a); haben doch nahezu zwei Drittel der befragten Spanier nur die Elementarschule besucht, während 5 % überhaupt jegliche Schulbildung fehlt. Das geringe Angebot an Arbeitskräften mit besserer Ausbildung ermöglicht es diesen daher, sich einkommensmäßig relativ deutlich und einfach von anderen abzusetzen. In zweifacher Weise sind hierbei die Selbständigen (Unternehmer, Gewerbetreibende, freiberuflich Tätige) im Vorteil: ihnen stehen von der Stellung im Beruf her ohnehin größere ökonomische Chancen offen, im Vergleich zu anderen Ländern sind diese Schichten (vor allen Dingen Unternehmer) in Spanien außerdem überdurchschnittlich gut ausgebildet[37].

Die Verteilung für England (Tab. 4 b) zeigt, daß hier der häufigste Schulbildungsgrad die Oberschulbildung (Secondary School) ist (69 %), die im Normalfall bis zum 16./17. Lebensjahr geht und noch zwei bis drei Jahre weiterführt, wenn der Betreffende eine Universität besuchen möchte. Lediglich 16 % der Befragten haben keine Secondary School besucht, also nur Elementarschulbildung.

Am höchsten ist der Stand der Schulbildung — zumindest was die Dauer angeht — in den USA (Tab. 4 c): 37 % haben 8 bzw. bis zu 11 grades und damit bis zu 11 Jahre Schulbesuch, 18 % eine abgeschlossene High School-Bildung (12 grades), 30 % eine darüber hinausgehende berufsvorbereitende Ausbildung oder College ohne Abschluß, während 16 % eine abgeschlossene College-Bildung vorweisen können. Diese Zahl sticht deutlich von der Zahl der Universitätsabsolventen der anderen Länder ab, obschon die unteren „degrees" der amerikanischen Universitäten auch kaum mit dem Abschluß einer europäischen Universität verglichen werden können.

Die Schulbildung hat — wie in den AUSPIK-Analysen bereits deutlich hervortrat — einen starken Einfluß auf das Einkommen. Dieses Ergebnis wird bei der Gegenüberstellung von Schulbildung und Einkommen noch

[37] Vgl. *A. de Miguel* und *J. J. Linz*, Nivel de Estudios del empresariado español, in: Revista Arbor, Nr. 219, März 1964.

einmal besonders unterstrichen (Tab. 7 a—c)[38]. Hier zeigt sich, daß ein Mehr an Ausbildung zu einem höheren Einkommen führt, was auf eine größere wirtschaftliche Produktivität der besser Ausgebildeten und ihre stärkere Stellung auf dem Arbeitsmarkt zurückzuführen ist. Wie sich insbesonders an der hohen Korrelation der beiden Variablen in Spanien zeigt, sind somit die Wachstumsreserven, die sich bei dem vergleichsweise niedrigen Schulbildungsniveau in diesem Land ergeben, sehr hoch. Wenn es gelänge, die Allgemeinbildung der Spanier in breitem Umfange zu erhöhen, so könnte dies eine erhebliche Ausdehnung des produktiven Beitrages der Haushalte im Zuge der wirtschaftlichen Entwicklung bedeuten.

In Spanien kommt es daher zunächst darauf an, breiten Schichten eine über die Volksschule hinausführende Schulbildung zu geben, wobei dem vorliegenden Material zufolge in der untersten Altersgruppe deutliche Fortschritte in dieser Richtung zu entnehmen sind (Tab. 6 a). Langsamer geht die Ausdehnung der Universitätsbildung vonstatten — hier gilt es vor allen Dingen, die Lücke zwischen Selbständigen und Unselbständigen zu schließen — eine Lücke in der Ausbildung, die in den USA in dieser Form nicht existiert. Bei den amerikanischen Ergebnissen sollte man die Aufmerksamkeit auf das Ergebnis richten, daß dort immer mehr Personen in den Genuß einer College-Bildung kommen, wobei allerdings ein beträchtlicher Teil von ihnen zu keinem Abschluß gelangt (Tab. 6 c).

Weitere interessante Interkorrelationen ergeben sich zwischen dem Alter und dem Einkommen (Tab. 7 a—c), wobei das Alter durchweg dahingehend wirkt, daß die mittleren Altersgruppen (35—44, 45—54 Jahre) das höchste Einkommen erzielen. Diese Gruppen fallen mit Phasen im Lebenszyklus zusammen, während derer besonders starke wirtschaftliche Anforderungen auf den Haushalt zukommen: In den europäischen Ländern liegt an der unteren Grenze dieser Altersgruppen u. U. noch die Familiengründung, die in den USA, in zunehmendem Maße aber auch in den anderen Ländern, schon zu einem früheren Zeitpunkt stattfindet. Vor allem aber treten in diesen Altersgruppen verstärkte Ausgaben für Kinder und deren Schul- und sonstige Ausbildung, sowie für die eigene Altersvorsorge auf — Ausgaben, die es durch verstärkte wirtschaftliche Anstrengungen sicherzustellen gilt.

2. Mobilität

Wichtige Dimensionen, die Auskunft über Veränderungen in der beruflichen Karriere und dem ökonomischen Status des Haushaltes und seiner Mitglieder geben, sind die verschiedenen Arten der Mobilität, die

---

[38] Vgl. auch die dazugehörigen Korrelationskoeffizienten in den Korrelationsmatrizes (Tab. 26—28).

auf eine bessere Allokation der Produktionsfaktoren und damit in Richtung auf eine höhere Produktivität wirken. Moore geht sogar soweit, die Mobilität als den entscheidenden Faktor der wirtschaftlichen Entwicklung hinzustellen[39]. Um einen hohen Grad an Mobilität in einer Gesellschaft zu erreichen, müssen für die damit zusammenhängenden Formen des Verhaltens materielle oder soziale Belohnungen ausgesetzt werden, da jeder Arbeitsplatz-, Berufs- oder Ortswechsel mit Risiken verbunden ist.

Das Potential der Arbeitskräfte in einer Volkswirtschaft unterliegt einem ständigen Prozeß der Umstrukturierung. Die Mobilität muß daher vor dem Hintergrund der großen strukturellen Veränderungen gesehen werden, wie sie sich in einer expandierenden Volkswirtschaft vollziehen[40]. Da sind einmal die Änderungen der Nachfragestruktur bei steigendem Masseneinkommen, zum anderen die Auswirkungen des technischen Fortschritts, die in den einzelnen Sektoren der Volkswirtschaft unterschiedliche Steigerungen der Arbeitsproduktivität nach sich ziehen und ganze Wirtschaftszweige veralten lassen. Veränderungen in einzelnen Bereichen der Wirtschaft ziehen zwangsläufig Bewegungen auf dem Gebiet der Arbeitskräfte nach sich; das klassische Beispiel hierfür sind die Veränderungen in der Landwirtschaft, die eine Abwanderung von Arbeitskräften in andere wachsende Zweige der Volkswirtschaft notwendig machen. Diese Prozesse werden entweder durch Produktivitätsfortschritte in einem Sektor ausgelöst, wodurch Arbeitskräfte freigesetzt werden, oder es sind Erweiterungen alter und Aufbau neuer Industrien mit größerer Anziehungskraft (Dienstleistungssektor) dafür verantwortlich. Wenn einige Wirtschaftszweige ihre Nachfrage nach Arbeitskräften reduzieren, andere sie ausdehnen, ist es unwahrscheinlich, daß sich diese Bewegungen gerade ausgleichen, so daß also zusätzliche Mobilität auftreten muß.

Die in dem Subsystem Wirtschaft einer Gesellschaft vor sich gehenden Prozesse erfordern demnach ständig einen Orts- oder Stellungswechsel einer großen Anzahl von Personen; dieser Mobilität stehen eine Reihe psychologischer, familiärer und anderer Hindernisse entgegen. Von der Mobilität der Arbeitskräfte hängt es zu einem beträchtlichen Teil mit ab, inwieweit in einer Volkswirtschaft die sich prinzipiell bietenden Möglichkeiten wirtschaftlicher Entwicklung genutzt werden. Oft wird dagegen ein Arbeitsplatzwechsel als moralisch bedenklich hingestellt[41], der Mobile als „sozialer Schrott" bezeichnet und derjenige, der in einer Stellung sein ganzes Leben ausharrt, für seine Immobilität durch den Arbeitgeber und häufig auch durch den Staat belohnt. Ein hoher Grad an

---

[39] *W. E. Moore*, Der soziale Rahmen ..., a.a.O.

[40] Vgl. *B. Lutz, F. Weltz*, Der zwischenbetriebliche Arbeitsplatzwechsel. Zur Soziologie und Sozioökonomie der Berufsmobilität, Frankfurt 1966.

[41] Vgl. ebenda, S. 45 ff.

Mobilität kann andererseits in einigen Fällen, z. B. bei ungewöhnlich häufigem Arbeitsplatzwechsel, ein Zeichen für Anpassungsschwierigkeiten statt Ausdruck höherer Ambitionen sein.

Unter theoretischen Gesichtspunkten unterscheidet man zwischen der vertikalen und der horizontalen Mobilität[42]: Während die vertikale Mobilität Auf- und Abstiegsprozesse zum Gegenstand hat, werden diese Aspekte bei der horizontalen Mobilität weitgehend außer acht gelassen. Soweit hierüber empirische Untersuchungen vorliegen, hat sich die vertikale Mobilität lange nicht als so ergiebig für das Wirtschaftswachstum erwiesen wie die horizontale[43]. In dieser Arbeit werden als Indikatoren der tatsächlichen Mobilität der Stellen- und Ortswechsel benutzt, die in diesem Zusammenhang beide als horizontale Mobilität aufgefaßt werden, obwohl sie natürlich verdeckt auch Aspekte vertikaler Mobilität enthalten. Neben diesen beiden Indikatoren wurde auch die Bereitschaft zum Berufs- bzw. Ortswechsel gemessen.

Während sich viele soziologische Studien mit der Inter-Generationen-Mobilität (Vater—Sohn) beschäftigen[44], erfaßte unsere operationale Definition der Berufsmobilität die Häufigkeit des Stellungswechsels eines Haushaltungsvorstandes. Aus den skalierten Ergebnissen wurden zwei Kategorien gebildet, und zwar berufsmobile Haushaltungsvorstände (mehr als 2 Stellen) und berufsimmobile (1 und 2 Stellen). Dabei wurde davon ausgegangen, daß es sich bei dem jeweils erhobenen Stellenwechsel nicht um eine zufällige oder von außen aufgezwungene Maßnahme, sondern um eine eigene Entscheidung handelt, deren Konsequenzen klar zutage lagen und die tatsächlich in den meisten Fällen zu einer Verbesserung des ökonomischen Status führte. Daß diese Annahmen keineswegs unberechtigt sind, zeigte sich in den AUSPIK-Analysen, wo höhere Mobilität in den einzelnen Gruppen in der Regel mit höherem Einkommen verbunden war.

Die größte Mobilität war erwartungsgemäß in den USA anzutreffen; hier hatte mehr als die Hälfte der Haushaltungsvorstände mehr als zwei Stellen. In England waren es knapp 50 %, und in Spanien traf dies nur für 40 % der Befragten zu (Tab. 8)[45]. In jedem dieser Länder gab es also

---

[42] Vgl. *P. A. Sorokin*, Social and Cultural Mobility, Glencoe/Ill. 1959.

[43] *S. M. Miller* und *H. Bryce*, Soziale Mobilität, wirtschaftliches Wachstum und Struktur, in: Kölner Zeitschrift für Soziologie und Sozialpsychologie, Sonderheft 5: Soziale Schichtung und Mobilität, Köln 1961, S. 303.

[44] Vgl. *S. M. Lipset* and *R. Bendix*, Social Mobility in Industrial Society, Berkeley and Los Angeles 1959; *N. J. Smelser* and *S. M. Lipset* (Hg.), Social Structure and Mobility in Economic Development, Chicago 1966.

[45] Der Text der zugrunde liegenden Fragen sowie die eindimensionale Verteilung sind den Grundauszählungen im Anhang, in diesem Falle also der Tab. 8, zu entnehmen. Die darüber hinaus referierten Ergebnisse wurden in den Korrelationsmatrizes für jedes einzelne Land zusammengefaßt; diesen liegen

einen beträchtlichen Anteil von Personen, die während ihrer beruflichen Laufbahn ihre Stelle entweder überhaupt nicht oder nur einmal gewechselt hatten. Die AUSPIK-Analysen lassen erkennen, daß der wirtschaftliche Beitrag dieser Wirtschaftssubjekte nicht so groß ist wie derjenige berufsmobiler Personen. Dies gilt allerdings nur unter der Voraussetzung, daß Notwendigkeit und Möglichkeit des Stellenwechsels gegeben waren, was auf Selbständige, für die die Aufgabe ihres Betriebes oder (bei freiberuflich Tätigen) ihrer Praxis bedeutend schwerer ist als der Stellungswechsel eines Unselbständigen, und auch auf Personen jüngeren Alters, die noch einen großen Teil ihrer Berufslaufbahn vor sich haben, nicht zuzutreffen braucht — Vermutungen, die durch das empirische Material nicht bestätigt werden. Es zeigt sich nämlich, daß zwischen der Berufsmobilität der Selbständigen und Unselbständigen in den USA und England keine signifikanten Unterschiede bestehen; in Spanien sind allerdings die Beharrungstendenzen der Selbständigen größer, ihre Mobilität liegt beträchtlich unter derjenigen der Unselbständigen.

Die Auszählung nach dem Lebensalter zeigt, daß junge Leute in den USA und bei den Selbständigen in England bereits fast ebenso häufig ihre Stelle gewechselt haben, wie Angehörige der älteren Gruppen. Dies ist ein Hinweis darauf, daß Berufs- und Stellenwechsel überwiegend bei Personen jüngeren Alters auftreten, deren relative Unabhängigkeit im familiären Bereich sich günstig auf die Mobilität auswirkt. Da diese Personen erst am Anfang ihrer beruflichen Laufbahn stehen, könnte man allerdings auch vermuten, daß ihre Gesamtmobilität letztlich größer sein wird als die der anderen Altersjahrgänge, eine Hypothese, die nur durch eine spätere Wiederholung der Umfrage zu testen wäre. Jüngere Unselbständige in England und die gesamte jüngste Altersgruppe der spanischen Befragten weisen demgegenüber bisher geringere Mobilität auf.

Bei der Auszählung nach der Schulbildung ergibt sich, daß die extremen Gruppen innerhalb des Faktors „Ausbildung“ mobiler sind: Personen mit der niedrigsten Schulbildung (Elementarschule) und solche mit abgeschlossener Hochschulbildung haben ihre Stelle häufiger gewechselt. Hier bietet sich folgende interessante These an[46]: Es gibt eine mobile Gruppe hochqualifizierter Personen, die ungeachtet aller anderen Faktoren (z. B. regionale oder familiäre Gesichtspunkte) ihre Arbeitskraft überall zur Verfügung stellt und während ihrer beruflichen Laufbahn ihre Stelle

---

dreidimensionale Auszählungen zugrunde, die sich in einem Archivband „Internationaler Vergleich produktiver Verhaltensweisen und Einstellungen“ in der Forschungsstelle für empirische Sozialökonomik befinden. Soweit in diesem Teil der Arbeit Prozentzahlen genannt werden, die nicht der Grundauszählung entnommen sind, entstammen sie diesem Materialband.

[46] Vgl. auch: US-Department of Commerce (Hg.), The Geographic Mobility of Labor, Washington 1964.

häufig wechselt. Bei den Leuten mit der geringsten Schulbildung ergibt sich die Mobilität aus der Notwendigkeit, wegen fehlender Möglichkeiten innerhalb einer Firma oder eines Ortes jeweils andere Stellen zu finden. Insbesondere die Unselbständigen in dieser Gruppe werden ihre Stellen in Zeiten der Vollbeschäftigung wechseln und an Orte ziehen, wo besondere Knappheit an Arbeitskräften herrscht, um so eine möglichst günstige Beschäftigung zu finden.

Eine an die Haushaltungsvorstände in den USA und England gestellte Frage, ob sie schon einmal daran gedacht hätten, ihren Beruf zu wechseln, bejahten 51 % der englischen und 40 % der amerikanischen Befragten (Tab. 9). In beiden Ländern sind es wieder die Unselbständigen, die sich als weitaus mobiler erweisen, während die Mobilität mit zunehmendem Alter sinkt. In den USA haben darüber hinaus Selbständige mit geringer Schulbildung häufiger mit dem Gedanken gespielt, ihre Stellung zu wechseln (65 %) als der Durchschnitt.

Bei der geographischen Mobilität, in deren Verlauf Arbeitskräfte aus Regionen geringerer in solche höherer Produktivität überführt werden[47], wurde die Anzahl der Orte erhoben, an denen eine Person gewohnt hat. Kuznets hat gezeigt, daß eine derartige regionale Umverteilung von Arbeitskräften mit wirtschaftlichem Wachstum verbunden ist[48]. In Spanien nannte der Befragte die Anzahl der Orte, in denen er seit seinem 16. Lebensjahr gewohnt hat. In den USA wurde die Anzahl der Regionen gezählt, in denen der Haushaltungsvorstand gelebt hat und die mehr als 100 Meilen von seinem jetzigen Wohnort entfernt sind (Tab. 10). Als immobil wurden in beiden Fällen diejenigen eingestuft, die immer an demselben Ort lebten. Aufgrund der unterschiedlichen Bezugspunkte der Fragen ist ein direkter Vergleich zwischen den beiden Ländern nicht möglich, so daß die Aufmerksamkeit in erster Linie den Wirkungen der Kontrollfaktoren zu gelten hat. Erneut sind es die Unselbständigen, bei denen ein größerer Grad an Mobilität zu verzeichnen ist, was natürlich auf die Hindernisse zurückgeführt werden kann, die bei Selbständigen mit einem eigenen Betrieb oder einer eigenen Praxis auftreten und ihre Mobilität hemmen. Bei der Auszählung nach dem Alter zeigen sich kaum spezifische Mobilitätsunterschiede; hier wiederholt sich das schon bei der Berufsmobilität aufgetretene Ergebnis, daß Leute bereits in jungen Jahren annähernd ebensoviel Mobilitätserfahrung besitzen wie ältere Personen.

In den USA ergeben sich Unterschiede bei der regionalen Mobilität zwischen Selbständigen und Unselbständigen mit hoher Ausbildung, und

[47] *J. B. Lansing, E. Mueller,* The Geographic Mobility of Labor, Ann Arbor 1968.

[48] *S. S. Kuznets,* Population, Redistribution and Economic Wealth: United States 1870—1950, Philadelphia 1957.

zwar sind 66 % der Arbeitnehmer ortsmobil (gegenüber 31 % der Selbständigen). Es ist daher zu vermuten, daß die aufgrund ihres Berufsstandes nicht an einen bestimmten Ort gebundenen Haushaltungsvorstände eine Verbesserung ihrer ökonomischen Lage nur durch einen hohen Grad an Ortsmobilität erreichen konnten. In dieser Gruppe dürften sich viele Arbeitnehmer befinden, die vom Land in die Stadt gezogen sind. — Auf ein interessantes Ergebnis aus der spanischen Analyse sei noch verwiesen: Selbständige mit geringer Schulbildung sind — was den Ortswechsel angeht — sehr immobil. In den meisten Fällen dürfte es sich hierbei um kleine Gewerbetreibende handeln, die sich mit ihrem Betrieb am Rande des Existenzminimums befinden und nicht die notwendige Flexibilität aufbringen, diesen entweder an einen günstigeren Standort zu verlagern oder ganz zu schließen.

Eine weitere Frage aus dem Bereich der Mobilität hatte die Bereitschaft zum Ortswechsel zum Gegenstand; sie bezieht sich nicht wie die bisher benutzten Indikatoren der Mobilität auf bereits abgeschlossene Prozesse, sondern mißt die Mobilität zum gleichen Zeitpunkt wie die anderen gegenwärtigen Verhaltensweisen und Einstellungen. Von Personen, die ihrer Bereitschaft zu einem Ortswechsel Ausdruck verleihen, kann angenommen werden, daß sie sich bietende ökonomische Chancen, die mit einem Ortswechsel verbunden sind, tatsächlich wahrnehmen werden. Im Gegensatz zur tatsächlichen Ortsmobilität ist diese Frage in den drei untersuchten Ländern unmittelbar vergleichbar (Tab. 11). Die Bereitschaft zum Ortswechsel ist in den USA am größten (64 %); England (44 %) und Spanien (38 %) folgen jeweils mit einem größeren Abstand. In allen Fällen sind Unselbständige — wie bei den Indikatoren für mobiles Verhalten — durch größere Mobilität gekennzeichnet als Selbständige. Die Auszählung gegen das Alter ergab in allen Befragtengruppen den Trend, daß jüngere Leute sich durch eine größere Mobilität auszeichnen. Ferner ist die große Mobilität der besser Ausgebildeten zu nennen, die besonders in England sehr stark ist. — Bei der Gegenüberstellung mit dem Einkommen ergeben sich Hinweise darauf, daß die Bereitschaft zum Ortswechsel bei niedrigen Einkommen tendenziell höher ist als bei mittleren Einkommen, um bei höheren Einkommen wieder anzusteigen (besonders in den USA, Ausnahme: Unselbständige in Spanien). Der Grund für diese Verhaltensweise ist bei den unteren Einkommensgruppen unmittelbar einsichtig: sowohl vom Standpunkt dessen, was sie ökonomisch erreicht haben, als auch unter dem Gesichtspunkt dessen, was sie ökonomisch erreichen möchten, müssen diese Haushalte alle Gelegenheiten ergreifen, ihre wirtschaftliche Position zu verbessern. — Die Bezieher höherer Einkünfte zeigen, daß ihre Bereitschaft zum Ortswechsel durch das bereits erzielte hohe Einkommen nicht gebremst wird und sie sich bewußt sind, daß sie ihre Mobilität erhalten müssen, um ihre wirtschaftliche Lage zu erhalten oder sogar noch zu verbessern. Dies gilt mit Ausnahme der spanischen Unselbständigen, die mit zunehmendem Einkommen kaum noch zu einem Wohnortwechsel bereit sind. Der mobile Teil dieser Befragtengruppe dürfte bereits einen Wechsel vom Land in die Stadt hinter sich haben, so daß er von einem zusätzlichen Ortswechsel kaum noch eine entscheidende ökonomische Besserstellung erwarten kann[49].

Zusammenfassend läßt sich sagen, daß einige Faktoren die Chancen tatsächlicher Mobilität und die Bereitwilligkeit zu einem Orts- oder Stellenwechsel erhöhen: Vor allen Dingen die jungen Leute sind mobil, doch auch die gut Ausgebildeten, soweit die ökonomische Lage der Haushalte mit dem geringsten Ausbildungsstand den Haushaltungsvorstand nicht zwingt, ökonomischen Chancen durch erhöhte Mobilität nachzulaufen. Auch für die Immobilen mögen die Gründe ihrer Verhaltensweise ökonomischer Art sein: Zufriedenheit mit dem erreichten sozioökonomischen Status, Hauseigentum oder die Furcht vor hohen Umzugskosten; teilweise sind sie auch sozialpsychologischer Natur und durch Bindung an die Familie, Freunde oder die Wohngemeinde verursacht.

Ein Aspekt der Mobilität, der für die betroffenen Bereiche negative Wirkungen mit sich bringt, soll hier nicht vergessen werden: Es hat sich gezeigt, daß sowohl die berufliche als auch die geographische Mobilität dadurch gekennzeichnet sind, daß meist relativ gut ausgebildete und jüngere Personen ihre Stelle oder den Ort wechseln und vermutlich aus Gebieten der Volkswirtschaft abwandern, in denen ihre ökonomische Lage manches zu wünschen übrig läßt; denn sonst würden Wanderungsgedanken gar nicht auftauchen. Hierdurch erhöht sich zweifellos die gesamtwirtschaftliche Produktivität, für den Einzelnen bedeutet dies in der Regel auch eine Verbesserung seiner ökonomischen Situation. Diese Prozesse bringen aber andererseits den „Export" von qualifizierten Arbeitskräften aus zurückbleibenden Gebieten oder Sektoren und ziehen von dort das in diese Arbeitskräfte investierte Kapital ab, das nun anderen Bereichen zugute kommt.

3. Ambition und Aspiration

Der Wunsch nach einem hohen Sozialstatus wird als wichtiger Antriebsfaktor für lange und intensive Arbeit angesehen; er fördert daneben die Bereitschaft, Neuerungen auf dem Arbeits- bzw. Konsumsektor aufzugreifen und im Beruf kalkulierte Risiken zu übernehmen[50]. „Die Ver-

[49] Zur Berufs- und Ortsmobilität in Spanien vgl. auch: *A. de Miguel,* Social and Geographic Mobility in Spain, in: International Affairs, Bd. 19, No. 2, 1965, S. 259—275.

[50] Vgl. *J. Morgan, I. Sirageldin, N. Baerwaldt,* Productive Americans, a.a.O., S. 268.

stärkung des Strebens nach Wohlstand ist ein wesentlicher Faktor für eine Industrialisierung (und stets dann unerläßlich, wenn das Bevölkerungswachstum abnimmt und damit dessen Impulse nachlassen)[51]." — Die Intensität dieser Bestrebungen ist abhängig von dem Ausmaß an Ambition und Aspiration, das eine Person besitzt. Hierunter sollen Ziele materieller Art verstanden werden, die sich eine Person setzt, an denen sie ihre Handlungen ausrichtet und die sich bei Erfolg oder Mißerfolg verändern können[52]. Nach den bisherigen Erfahrungen erhöht Erfolg das Ausmaß der Ansprüche: Nach Erreichen eines Zieles wird ein weitergestecktes, höheres Ziel verfolgt. So verstärkt z. B. das Vorhandensein dauerhafter Konsumgüter den Wunsch nach weiteren „durables". Eine wichtige Unterscheidung beim Anspruchsniveau geht dahin, ob der Einzelne mehr *von* sich oder *für* sich fordert. Im ersteren Falle kann dies zu einer quantitativen (Überstunden, Berufstätigkeit der Frau) oder qualitativen (Fortbildung) Ausdehnung der Arbeitsleistung führen. Fordern die Wirtschaftssubjekte hingegen mehr für sich, so geschieht die Befriedigung dieser Wünsche über Lohnerhöhungen, Subventionen usw.[53].

In diesem Abschnitt soll eine Reihe von Faktoren behandelt werden, die diesem Bezugsrahmen entstammt und von der angenommen werden kann, daß sie eine anspornende oder — in ihrer „negativen" Ausprägung — leistungshemmende Wirkung auf das wirtschaftliche Verhalten der Haushalte hat.

a) Berufsorientierung

Ein erster Indikator für Ambition und Aspiration soll die Triebkräfte im Berufsleben und somit letztlich die Motivation wirtschaftlichen Handelns aufzeigen. Wie bereits dargelegt, ist die (klassische) ökonomische Theorie monothematisch in dem Sinne, daß sie selbst heute noch entweder nur rationale, ökonomische Motive wirtschaftlichen Handelns oder — noch enger — Nutzen- oder Gewinnmaximierung annimmt und auch das Wachstum einer Volkswirtschaft auf diese zurückführt[54]. In vielen Fällen treffen diese Annahmen aber weder für einzelne Personen noch für größere Wirtschaftseinheiten noch für das gesamte marktwirtschaftliche System zu. Neben diese Orientierung treten andere Orientierungsfelder, die in der Wirklichkeit häufig anzutreffen sind: Streben nach Macht und Ansehen, Sicherheitsorientierung und immaterielle Orientierung. Als

---

[51] *S. Klatt*, Zur Theorie der Industrialisierung, a.a.O., S. 104.

[52] Vgl. *W. H. Starbuck*, Level of Aspiration, in: Psychological Review, 1963, Bd. 70, No. 1, S. 51—60, und *H. Reeb*, Die Konsumneigung als individuelle und als aggregative Funktion, Winterthur 1959.

[53] Vgl. Diskussionsbeiträge zu: *B. Strümpel*, Konsumentenverhalten und wirtschaftliche Entwicklung, a.a.O.

[54] Vgl. Abschnitt B. II.

gemeinsamen Nenner könnte man „Erfolg im Berufsleben" anführen, wobei der Inhalt dieses Erfolges durchaus verschiedene Formen annehmen kann. In der Wirtschaft schlägt sich dessen Bestätigung in Geldgrößen wie Kosten und Gewinn nieder, die einer regelmäßigen Überprüfung zugänglich sind. Im Falle des Strebens nach Sicherheit kommt es weniger auf ein kurzfristig erreichbares, möglichst hohes Einkommen als auf langfristig gesicherte Einkünfte und eine sichere Existenz an; immateriell orientierte Personen sehen im Wirtschaften zwar ein Mittel zum Gelderwerb, stellen jedoch andere Gesichtspunkte, wie eine interessante, abwechslungsreiche Tätigkeit oder ein möglichst großes Ausmaß an Freizeit, in den Vordergrund. — Ferner ist zu berücksichtigen, daß die in der Realität vorherrschenden Motive nicht immer in dem Maße „ich"-bezogen sind, wie dies die ökonomische Theorie vorgibt; sie können durchaus gruppenbezogen sein, sich z. B. auf die Familie, einen Wirtschaftsverband oder ein ganzes Land richten: *„Wirtschaften muß also auch ohne den Hintergrund des Handelns aus Eigennutz gedacht werden"*[55], eine Orientierung, die in der hochindustrialisierten Wirtschaft mit ihren großen Kapital- und verstaatlichten Gesellschaften immer häufiger anzutreffen ist.

Eine wichtige Rolle spielt in diesem Zusammenhang die von McClelland in die sozialpsychologische und ökonomische Theorie der Motivation eingeführte Leistungsmotivation (need for achievement)[56], die als Streben nach Erfolg in Situationen definiert ist, in denen man einen bestimmten Leistungsstandard für verbindlich hält. Die Theorie der Leistungsmotivation unterscheidet zwischen Erfolgs- und Mißerfolgsmotivierung[57], wobei erfolgsmotivierte Personen einen möglichst großen Erfolg zu realisieren versuchen, sich keine überhöhten, sondern durch Anstrengung erreichbare Ziele setzen, die ein mittleres Risiko bergen, während mißerfolgsorientierte Personen in die Nähe derjenigen rücken, die wir als sicherheitsorientiert bezeichneten. Hauptziel dieser Gruppe ist es, Mißerfolge als Ergebnis ihres Handelns zu verhindern und Erreichtes zu sichern.

Mit Hilfe der Variablen „Leistungsmotivation" ist es zum erstenmal gelungen, einen sozialpsychologischen Faktor mit makroökonomischen Wachstumsdaten zu verknüpfen. Der von McClelland gemessene Index beruht auf der Analyse von Schulbüchern. Die von deren Inhalt ausgehenden Impulse schlagen sich natürlich erst dann im Wirtschaftsleben nieder, wenn die jeweils untersuchte Schülergeneration im Beruf steht;

---

[55] *O. von Zwiedineck-Südenhorst,* Mensch und Wirtschaft, Bd. 1, Berlin 1955, Der Begriff homo oeconomicus und sein Lehrwert, S. 281. Vgl. auch *G. Schmölders,* Ökonomische Verhaltensforschung, a.a.O.

[56] *D. McClelland,* The Achieving Society, a.a.O.

[57] Vgl. *H. Heckhausen,* Hoffnung und Furcht in der Leistungsmotivation, Meisenheim 1963; *J. W. Atkinson,* An Introduction to Motivation, Princeton/N. J. 1964.

die Früchte einer hohen oder niedrigen Leistungsmotivation kommen daher erst nach ungefähr einem Jahrzehnt zum Tragen. McClellands These wird durch die jüngste Entwicklung in den hier untersuchten Ländern gestützt: Für 1950 wurde der höchste Leistungsmotivationsindex für Spanien gemessen (.44) und in der Zeit nach 1960 kann gegenüber England (—.44) und den USA (.32) die damals geringe Punktwerte auf dieser Skala aufzuweisen hatten, ein stärkeres Wachstum festgestellt werden[58].

Bis heute ist es leider nicht gelungen, für die Umfrageforschung ein Instrument zu entwickeln, das die Leistungsmotivation durch einen einzigen Indikator oder eine Batterie von Fragen mißt. Um nun wenigstens verschiedene Orientierungsfelder unterscheiden zu können, die von Personen als für ihren Beruf wichtig erachtet werden, hat man in einer Reihe von Umfragen mit Erfolg eine Frage angewandt, die sich danach erkundigt, welche Eigenschaft in einem Beruf als die wichtigste angesehen wird[59]. Dem Befragten wird dabei eine Liste mit einer Reihe von Berufseigenschaften vorgegeben (z. B. hohes Einkommen, sicheres Einkommen, viel Freizeit, von anderen unabhängig sein). Man kann dann zeigen, daß unterschiedliche Orientierungen im Beruf mit unterschiedlichen wirtschaftlichen Verhaltensweisen verbunden sind[60].

Bei den Antworten auf die Frage nach den im Beruf verfolgten Zielen tritt der Einfluß der gesellschaftlichen Wertskala im Subsystem Wirtschaft zutage. Wird dem Einkommen ein hoher Rang beigemessen und es als sozioökonomischer Wertmaßstab für Erfolg bzw. Mißerfolg anerkannt, so dürfen hiervon positive Einflüsse auf die Einkommensorientierung erwartet werden; liegt die Betonung dagegen eher auf der Freizeitorientierung oder „sein eigener Herr sein", so werden andere Orientierungen im Vordergrund stehen. In einer weniger entwickelten und relativ immobilen Gesellschaft ergibt sich die Einstufung des Einzelnen aus einer Reihe von Kriterien wie Familie, Beruf, religiöse Einstellung usw. In einer entwickelten Gesellschaft verlieren einige dieser Kriterien an Bedeutung, während die Berufsrolle sowie das Einkommen und seine Verwendung im Verhältnis sehr viel wichtiger werden (vgl. Parsons: achieved vs. ascribed status). Dieser Prozeß scheint jedoch nur vorübergehender Natur zu sein und in einer noch weiter entwickelten Volkswirtschaft mit zwar unterschiedlichen, doch relativ hohen Einkommen anderen Wertmaßstäben Platz zu machen: So verdrängt die Schulbildung in der nord-

---

[58] Vgl. *McClelland*, The Achieving Society, a.a.O., S. 462; der Index wurde durch eine Inhaltsanalyse von jeweils 21 Kinder- und Schulbüchern ermittelt.

[59] Vgl. *G. Katona*, Die Macht des Verbrauchers, a.a.O., S. 124 ff.; *J. N. Morgan*, *I. Sirageldin*, *N. Baerwaldt*, Productive Americans, a.a.O.

[60] Vgl. *B. Biervert*, La motivación profesional de los Españoles, in: Revista Española de la Opinión Pública, No. 5, Juli—September 1966, sowie die AUSPIK-Analysen I—VI.

amerikanischen Gesellschaft das Einkommen als Statussymbol immer mehr.

Ferner ist zu vermuten, daß bei der Beantwortung einer derartigen Frage auch die Höhe des erreichten sozioökonomischen Status eine Rolle spielen wird: Angehörige von Gesellschaften oder Gruppen mit vergleichsweise niedrigen Einkommen werden eher für eine kurzfristige Steigerung ihrer Einkünfte eintreten als solche mit höheren Einkünften. Die langfristige Sicherung des erreichten Status wird sich erst dann in einem gesteigerten Sicherheitsbedürfnis ausdrücken, wenn die „niederen" Bedürfnisse, in diesem Falle also ein zufriedenstellendes Einkommen, bereits erfüllt sind[61].

Die Haushaltungsvorstände in den drei Ländern sollten eine der ihnen vorgegebenen Berufseigenschaften als die für sie wichtigste heraussuchen[62], wobei hier das besondere Interesse der Einstufung von „hohem Einkommen" und „wirtschaftlicher Sicherheit" gelten soll (vgl. Tab. 12). Am häufigsten wurde der Wunsch nach einem hohen Einkommen von den befragten spanischen Haushaltungsvorständen geäußert (28 %), 22 % der englischen Befragten sahen ein hohes Einkommen als die wichtigste Eigenschaft im Beruf an, während in den USA nur 10 % „hohes Einkommen" auf den ersten Rang setzten. In England und den USA äußerten die Selbständigen überdurchschnittlich oft den Wunsch nach höherem Einkommen, während dies in Spanien in der Gruppe der Unselbständigen häufiger geschah. Starkes Interesse für hohes Einkommen korreliert in England und Spanien mit dem sozioökonomischen Status der Befragten, und zwar brachten Haushaltungsvorstände mit geringer Schulbildung und niedrigem Einkommen häufiger ihr Verlangen nach „hohem Einkommen" zum Ausdruck. In den USA war der Effekt umgekehrt: Hier waren es die Angehörigen höherer Einkommens- und Bildungsschichten, die häufiger für ein hohes Einkommen eintraten; in diesen Fällen bestätigt sich die Hypothese Katonas, daß ein hohes Aspirationsniveau zu einer weiteren Steigerung der Aspirationen führt. — Das Alter spielte bezüglich der hohen Einkommenswünsche in allen drei Ländern nur bei den Unselbständigen eine Rolle, indem die jüngeren Altersgruppen, die das ihnen in ihrem Beruf mögliche Höchsteinkommen meist noch nicht erreicht haben, überdurchschnittlich oft ihrem Streben nach hohem Einkommen Ausdruck verliehen.

Was den Wunsch nach einem „sicheren Einkommen" angeht, so überrascht hier zunächst die starke Sicherheitsorientierung in den USA (52 %),

---

[61] Vgl. *H. R. Lückert*, Konfliktpsychologie, a.a.O., S. 320.

[62] In Spanien und England mußten die Befragten sodann noch jeweils die zweitwichtigste bzw. die drittwichtigste Berufseigenschaft angeben und in USA eine vollständige Skala aufstellen, d. h. jedem einzelnen „Item" einen Rang zuteilen.

wobei der Prozentsatz mit höherem Einkommen und höherer Schulbildung abnimmt. Das Alter förderte insbesondere bei den Unselbständigen das zu erwartende Verhaltensmuster zutage, daß ältere Leute ein höheres Sicherheitsbedürfnis haben. — In Spanien traten 24 % für „sicheres Einkommen" ein, der Wunsch nach ökonomischer Sicherheit verstärkte sich deutlich mit steigendem Alter und steigendem Wohlstand; dies liefert Anhaltspunkte dafür, daß die Angehörigen dieser Gruppen den von ihnen erreichten Status sichern wollen. In England entschieden sich 32 % der Haushaltungsvorstände für wirtschaftliche Sicherheit als wichtigste Eigenschaft eines Berufs, wobei das Sicherheitsstreben in diesem Land mit dem Einkommen und dem Alter abnimmt. Hierbei dürfte die Vorsorge des Staates Einfluß darauf haben, daß die Sicherung der Einkommen nicht in so starkem Maße betont wird. In den USA dagegen dürfte das Fehlen einer Sozialversicherung europäischer Ausmaße, das ständige Bewußtsein um Arbeitslosigkeit und eventuelle Rezessionen in erster Linie für die starke Sicherheitsorientierung ausschlaggebend sein. Die vergleichsweise hohe Einstufung der ökonomischen Sicherheit darf freilich nicht vergessen lassen, daß sie bei den amerikanischen Haushaltungsvorständen auf einem hohen Aspirationsniveau aufbaut.

Nicht übersehen werden darf aber auch das Ergebnis, daß das Stereotyp des der wirtschaftlichen Betätigung abholden Spaniers, bei dem „offenbar ein außerordentlich geringer Bedarf zum Ökonomischen" besteht[63] — eine Behauptung, die historisch einmal richtig gewesen sein mag — einmal mehr widerlegt wurde; sind es doch die Spanier, die von den untersuchten Ländern am häufigsten ihrem Wunsch nach einem hohen Einkommen Ausdruck verleihen. Hier bestätigt sich außerdem die oben angeführte These, daß dieser Trend vom erreichten sozioökonomischen Status abhängt. So kommt in Spanien in diesem Ergebnis auch zum Ausdruck, daß durch verstärkte wirtschaftliche Anstrengungen, die letztlich zu einem höheren Einkommen führen, versucht werden muß, den Anschluß an den Entwicklungsstand anderer Länder herzustellen. Dieses Streben der am Wirtschaftsleben beteiligten Personen bietet daher günstige Voraussetzungen für einen hohen Beitrag der einzelnen Haushalte zum wirtschaftlichen Wachstum[64].

b) *Die Bereitschaft zur Mehrarbeit*

Die Frage nach der Bereitschaft einer Person, ihre Arbeitszeit auszudehnen, um dadurch mehr Geld zu verdienen, wurde bereits in den

---

[63] *H. H. Hergel*, Industrialisierungspolitik in Spanien seit Ende des Bürgerkrieges, Köln und Opladen 1963.

[64] Vgl. hierzu auch: *B. Biervert*, La contribución de los hogares privados en el desarrollo economico, in: Revista española de la Opinión Pública, Nr. 13, Juli—September 1968.

AUSPIK-Analysen benutzt und trat dort mit wechselnder Wirkung auf, was auf die unterschiedliche (zeitliche) Beanspruchung und einen gewissen Sättigungsgrad beim Einkommen zurückzuführen sein mag. An dieser Stelle soll darauf hingewiesen werden, in welchem Umfange bei den Haushaltungsvorständen auf der Ebene der Einstellungen die Voraussetzungen dafür gegeben sind, die Arbeitszeit evtl. auszudehnen und dadurch zu einem höheren Einkommen zu gelangen. Es muß dabei auf zwei unterschiedliche Aspekte dieser Variablen hingewiesen werden: Bei Personen in guten wirtschaftlichen Verhältnissen wird es sich bei dem Wunsch, mehr zu arbeiten, sicherlich um ein hohes Aspirationsniveau handeln, während bei Personen in weniger guten wirtschaftlichen Verhältnissen in diesem Zusammenhang mehr von ökonomischer Notwendigkeit gesprochen werden müßte. Einen Wunsch nach längerer Arbeitszeit und dem damit verbundenen höheren Einkommen könnte man in erster Linie von den Gruppen erwarten, die mit ihrer augenblicklichen wirtschaftlichen Lage unzufrieden sind, denn diese müßten versuchen, die angestrebten Ziele über verstärkte Anstrengungen zu erreichen. Die von (kollektiven) Arbeitsverträgen gesetzten institutionellen Grenzen bei Arbeitnehmern kann man in diesem Zusammenhang wiederum — wie schon bei der Analyse der Arbeitszeit — außer acht lassen, da sie sich zwar in einer Mindestarbeitszeit ausdrücken, die in der Regel nicht unterschritten werden kann, eine Überschreitung durch Überstunden, Ausübung einer Nebenbeschäftigung usw. scheint dagegen ohne weiteres leicht möglich.

Bei der Grundauszählung dieses Indikators zeigt sich in England (62 %) und Spanien (55 %) (Tab. 13), daß ein großer Teil der Haushaltungsvorstände durchaus zur Mehrarbeit bereit ist, während diese Bereitschaft in den USA nur bei etwas mehr als einem Drittel der Befragten auftritt (35 %). In Spanien ist der höchste Prozentsatz derjenigen anzutreffen, die ihre Arbeitszeit zumindest beibehalten wollen und der geringste Anteil von Haushaltungsvorständen, der seine Arbeitszeit einschränken möchte. Im internationalen Vergleich ergibt sich also ein deutlicher Unterschied zwischen den beiden europäischen Ländern und den USA, wo die durchschnittliche Länge der Arbeitszeit ohnehin bereits am kürzesten ist. Kein Anhaltspunkt findet sich auf dieser Betrachtungsebene dafür, daß ein hoher Standard zu noch größeren Ansprüchen führt, die mit einer längeren Arbeitszeit verbunden wären. Dagegen zeigt sich, daß in Spanien, dem Land mit der vergleichsweise längsten Arbeitszeit, eine außerordentlich große Neigung besteht, diese entweder noch auszudehnen oder sie aber zumindest beizubehalten, um so über ein höheres Einkommen mehr materielle Wünsche befriedigen zu können. Etwas Ähnliches gilt von England, wo die Arbeitskräfte durchaus bereit scheinen, die gesamtwirtschaftlichen Schwierigkeiten, die sich unmittelbar auch auf ihr privates Budget auswirken, wenigstens für den eigenen Bereich durch längere Arbeitszeiten wettzumachen.

Die Gegenüberstellung von Einkommen und der Variablen „Mehrarbeit“ ergab, daß in England und Spanien weder Leute mit extrem hohen noch mit extrem niedrigen Einkommen ihre Arbeitszeit häufiger als Angehörige anderer Einkommensgruppen einschränken oder ausdehnen möchten (Ausnahme: englische Unselbständige mit niedrigem Einkommen möchten mehr arbeiten). Anders reagieren die amerikanischen Haushaltungsvorstände mit hohem Einkommen: Bei ihnen liegt der Wunsch nach längerer Arbeitszeit weit unter dem Durchschnitt (Selbständige: 18 %, Unselbständige: 22 %) und überdurchschnittlich oft möchte man weniger arbeiten (25 %). Offensichtlich glaubt man, selbst bei geringerer Arbeitszeit und den damit verbundenen Einbußen an Einkommen seinen Lebensstandard aufrechterhalten zu können bzw. keine entscheidenden Verschlechterungen hinnehmen zu müssen. Dieses Ergebnis stützt demnach ebenfalls nicht die Vermutung, daß Leute, die sich bereits auf einem vergleichsweise hohen Aspirationsniveau befinden, dieses noch ständig um den Preis einer längeren Arbeitszeit auszudehnen wünschen.

Die Auszählung nach der Schulbildung ergibt, daß Personen in der jeweils höchsten Schulbildungsstufe seltener den Wunsch nach Mehrarbeit äußern als andere Befragte; in den meisten Fällen sind sie mit der augenblicklichen Arbeitszeit zufrieden. Die Gruppe mit geringer Schulbildung, deren ökonomische Lage durchweg schlechter ist, spricht sich demgegenüber in stärkerem Maße für eine Ausdehnung der Arbeitszeit aus, um somit vielleicht gegenüber den besser Ausgebildeten aufholen zu können. — Daneben sind es in allen drei Ländern die Angehörigen der unteren Altersgruppen — insbesondere die unter 35jährigen, aber auch 35- bis 44jährige, die den Wunsch nach Mehrarbeit und der damit verbundenen Einkommenssteigerung äußern (dieser Trend tritt bei den spanischen Selbständigen nicht auf).

c) Ausdehnung der gesamtberuflichen Arbeitsdauer (Pensionierungsstreben)

Für den einzelnen Haushaltungsvorstand mag es, vom ökonomischen Standpunkt aus betrachtet, nützlich oder häufig sogar notwendig sein, das Ausscheiden aus dem Berufsleben so lange wie möglich hinauszuschieben. Eine schlechte Altersvorsorge, besondere familiäre Umstände und ähnliche Dinge veranlassen viele Personen, ihre gesamtberufliche Arbeitszeit so lange wie möglich auszudehnen, um so durch eigene Arbeit ihre Einkommenssituation im Alter nicht zu verschlechtern. Für Selbständige mögen besonders häufig das Nachfolgeproblem und der Wunsch, noch nicht zum „alten Eisen“ zu gehören, für solche Überlegungen ausschlaggebend sein. Sieht man von diesen persönlichen Gründen ab und stellt gesamtbetriebliche bzw. gesamtwirtschaftliche Aspekte in den Vordergrund der Betrachtungen, so mag es im Interesse des Betriebes und damit letztlich auch der Entwicklung einer Volkswirtschaft eher notwendig sein, sich zu einem nicht zu späten Zeitpunkt aus dem Berufsleben zurückzuziehen und nicht so lange berufstätig zu sein, wie es aufgrund der gesundheitlichen Verfassung vielleicht möglich wäre. Hierdurch wird der Platz für jüngere und dynamischere Kräfte frei, die in der Lage sind, das Wachstum des Sozialproduktes stärker positiv zu beeinflussen, als es durch die rein numerische Vergrößerung des Arbeitskräftepotentials möglich ist, die durch das Verbleiben alter Arbeitskräfte in ihren Stellen entsteht. Auf breiter Basis beginnt sich diese Erkenntnis bereits in den USA durchzusetzen, wo ausdrückliche Wünsche, z. B. noch nach dem 60. Lebensjahr im Beruf zu bleiben, in den meisten Fällen nicht erfüllt werden. Die zwiespältigen Aspekte der Frage nach den Wünschen zur gesamtzeitlichen Ausdehnung des Berufslebens traten bereits in den AUSPIK-Analysen zutage: hier wirkten die Antworten auf die Einstellungsfrage, ob man sich mit einem bestimmten Alter zur Ruhe setzen oder lieber so lange arbeiten möchte, wie man gesundheitlich dazu in der Lage ist, nicht immer eindeutig in Richtung auf eine Erhöhung des wirtschaftlichen Beitrags des Haushaltungsvorstandes.

Das relativ geringe Einkommen und die mangelnde Altersvorsorge in Spanien lassen 70 % der Befragten den Wunsch äußern, so lange im Beruf zu bleiben, wie es eben geht. Dieser Prozentsatz liegt mit 83 % in den USA sogar noch beträchtlich höher, wobei ebenfalls mangelnde Altersvorsorge, aber auch der Wunsch nach möglichst langer Teilnahme am aktiven Wirtschaftsleben hierfür ausschlaggebend gewesen sein mögen (Tab. 14). Das Ergebnis in England — hier sprachen sich nur 51 % dafür aus, so lange zu arbeiten, wie sie gesundheitlich dazu in der Lage sind — dürfte eindeutig von der besseren Altersvorsorge für breite Schichten in diesem Land beeinflußt sein. Diese These wird dadurch gestützt, daß sich Unselbständige noch in weitaus stärkerem Maße für eine frühzeitige Pensionierung aussprechen als Selbständige.

Das Material läßt besonders bei den Selbständigen Tendenzen erkennen, sich mit zunehmendem Alter in stärkerem Maße gegen ein frühzeitiges Ausscheiden aus dem Berufsleben auszusprechen. Die Variable Einkommen wirkte in den oberen Gruppen meist dahingehend, daß man sich frühzeitig zurückziehen möchte, während die spanischen Selbständigen mit hohem Einkommen ein langes Verbleiben im Beruf befürworten. Der Faktor Schulbildung schließlich bringt das plausible Ergebnis, daß mit höherer formaler Ausbildung, die ein größeres Berufsinteresse und höhere Berufszufriedenheit zur Folge hat, auch der Wunsch nach einer möglichst langen Dauer des Berufslebens durchschnittlich höher wird.

Insgesamt kommt der Variablen „Pensionierungsstreben" im Zusammenhang dieser Arbeit kein großer Erklärungswert zu; eine weiterführende Frage an diejenigen, die sich mit einem bestimmten Alter aus dem Arbeitsleben zurückziehen möchten, wann sie dies zu tun gedenken, ergab mit zunehmendem Alter den Wunsch, diesen Zeitpunkt doch noch möglichst lange herauszuschieben, und offenbarte damit einen variierenden Planungshorizont der Befragten.

d) Routinearbeit oder Tätigkeit mit Problemen

Die Rezeption von Neuerungen in den Sektoren Produktion und Konsumtion ist ein Faktor, der sich wachstumsfördernd auswirkt und den man als eine besondere Form von Mobilität ansehen könnte. Die Übernahme von Neuerungen auf dem Gebiet der Produktion führt letztlich zu höherer Produktivität. Es ist nicht nur die kleine von Schumpeter herausgestellte Gruppe der Unternehmer, die Neuerungen einführt, sondern vielmehr ein großer und ständig wachsender Kreis von Personen, der damit beschäftigt ist, nach neuen Kombinationen zu suchen. In den fortgeschrittenen Industriegesellschaften sind Normen entstanden, die wirtschaftlichen Fortschritt als Wert festsetzen und Belohnungen dafür vorsehen[65]. — Theoretisch haben heutzutage alle Gesellschaften Zugang zu dem herrschenden Stand der Technik. In vielen Gesellschaften klafft jedoch eine mehr oder weniger große Lücke zwischen den technischen und organisatorischen Möglichkeiten und dem, was davon in der Wirtschaft tatsächlich angewandt wird[66]. In erster Linie sind hierfür natürlich die unterschiedlichen Grade der Entwicklung der einzelnen Volkswirtschaften, ihre Kapitalausstattung, daneben zu einem beträchtlichen Teil aber auch das Verhalten und die Einstellungen der Leute verantwortlich zu machen, die einer möglichen Anwendung von Neuerungen auf dem Produktionssektor aus dem Wege gehen oder sich dagegen sperren. Bisherige Untersuchungen zeigen, daß bei Innovationen, also dem zwischen Erfindung und Verbreitung einer (technischen) Neuerung liegenden Zeitraum, in dem eine Erfindung so weit heranreift, daß sie in der Wirtschaft gewinnbringend anwendbar wird, die USA weit vorne liegen[67]. Lücken bestehen dabei auf den Gebieten der Schulbildung, der Betriebsgrößen, der Auslandsinvestitionen, bei Forschung und Entwicklung sowie im Management.

---

[65] Vgl. *D. Lerner*, The Passing of Traditional Society, Modernizing the Middle East, Glencoe/Ill. 1958.

[66] Vgl. den Begriff „Embodiment of technical progress"; *R. M. Solow*, Technical Progress, Capital Formation and Economic Wealth, in: American Economic Review, Papers and Proceedings, Bd. 52, 1962.

[67] Vgl. *J. Richardson* und *F. Parker*, Warum Europa hinterherhinkt, in: Die Zeit, Nr. 30, 26. 7. 1968, S. 26; vgl. auch einen Hinweis auf diesbezügliche OECD-Untersuchungen, in: Die Zeit, Nr. 13, 29. 3. 1968, S. 37.

In diesem Zusammenhang treten nicht nur bei den Tätigkeiten der Selbständigen oder Manager, sondern bei einer immer größer werdenden Anzahl einfacher Arbeiter und Angestellter Probleme bei der Arbeit auf, die eine große Anpassungsfähigkeit erfordern. Weicht eine Person diesen Aufgaben aus und zieht die Besorgung täglicher Routinearbeit vor, so fehlt ihr eine wichtige Komponente dynamischen Handelns, die Fähigkeit nämlich, sich durch Veränderungen in ihrem Aufgaben- und Arbeitsbereich der wirtschaftlichen Entwicklung anzupassen, sie voranzutreiben bzw. ihr jeweils ein Stück voraus zu sein.

Mit Hilfe zweier Fragen wurde versucht, Personen herauszufiltern, von denen vermutet werden kann, daß sie in ihrem Beruf „innovationsorientiert" sind, eine aktive Anpassung an neue Situationen zeigen und eine schnelle Antwort auf wechselnde Problemstellungen wissen. König weist darauf hin, daß in dieser Hinsicht ein außerordentlich wichtiger Unterschied zwischen den wirtschaftlich unterentwickelten Gesellschaften und den Industriegesellschaften besteht: „In den letzteren steht Arbeit und wirtschaftliche Produktion mehr oder minder im Zeichen der angewandten Naturwissenschaften, während sich die Arbeit in den unterentwickelten Gesellschaften zumeist aus der täglichen Routine und der Tradition entwickelt[68]." Mag diese Routine auch eine Anwendung rationaler Produktionsweisen beinhalten, so wird sie in den meisten Fällen der Einführung von Neuerungen entgegenstehen.

Auf der Verhaltens- und Einstellungsebene wurde in der vorliegenden Untersuchung die Neigung gemessen, berufliche Befriedigung entweder in einem Beruf zu suchen, der lediglich Routinearbeit und somit letztlich gleichbleibende Entscheidungen erfordert, oder einer Tätigkeit nachzugehen, die den Betreffenden häufig vor neue Probleme stellt, deren Lösung nicht von vornherein klar darliegt und die Entscheidungen unter Unsicherheit von ihm verlangen. Die zugrunde liegenden Fragen sind wesentliche Indikatoren für das Denken und Handeln der Haushaltungsvorstände und haben in den AUSPIK-Analysen ihre Verknüpfung mit einem höheren bzw. niedrigeren wirtschaftlichen Beitrag gezeigt.

Die Frage an die Haushaltungsvorstände, ob sie einer Beschäftigung mit häufig auftauchenden Problemen oder überwiegend Routinearbeit nachgehen, ergab in England und in den USA (nur Unselbständige) ein knappes Drittel mit Routinearbeit, während in Spanien mehr als zwei Drittel der Personen angaben, eine derartige Arbeit zu haben (Tab. 15). In Spanien und England war der Prozentsatz der Selbständigen — eine Berufsgruppe, von der man im allgemeinen annimmt, daß sie in ihrer Tätigkeit häufig mit wechselnden Problemen konfrontiert wird — der angab, einer problemvollen Tätigkeit nachzugehen, im Durchschnitt nur

[68] *R. König*, Soziologische Orientierungen, a.a.O., S. 293.

um 7 % höher als bei den Unselbständigen. — Es muß darauf hingewiesen werden, daß bei dieser Frage im Falle Spaniens die Übersetzung der Formulierung im Vergleich zu den beiden anderen Ländern möglicherweise zu positiv ausgefallen und das Wort „Routine" nicht so negativ besetzt ist wie in den hochentwickelten Gesellschaften. Hierdurch mögen mehr Antworten in dem Sinne gekommen sein, daß der Befragte mit seiner Arbeit vertraut ist, daß er die an ihn in seinem Beruf gestellten Anforderungen erfüllen kann, selbst wenn mehr oder weniger häufig Probleme dabei auftauchen. Es bleibt jedoch die Tatsache, daß die Mehrzahl der Spanier einem Beruf nachgeht, in dem sie die gestellten Anforderungen routinemäßig erfüllen zu können glaubt; unter diesen Gesichtspunkten ist den englischen und amerikanischen Haushaltungsvorständen ein besseres Zeugnis auszustellen[69].

In Spanien verstärkt sich das Überwiegen der Routinearbeit noch mit zunehmendem Alter, während der gleiche Trend in den beiden anderen Ländern — bis auf die englischen Unselbständigen — nicht klar hervortrat. Das Ansteigen der Routinearbeit bei höherem Alter mag darauf zurückzuführen sein, daß die Befragten völlig mit ihrem Beruf vertraut sind und glauben, darin vor keine überraschenden Probleme mehr gestellt zu werden. — Der Indikator korrelierte daneben in allen drei Ländern stark mit Schulbildung und Einkommen, und zwar waren es überwiegend Personen mit geringer Schulbildung und niedrigem Einkommen, die ihre Arbeit als Routinetätigkeit ansahen.

Das auf der Verhaltensebene ermittelte Ergebnis wurde auch auf der Einstellungsebene bestätigt: In Spanien zieht eine starke Mehrheit Routinearbeit einer Tätigkeit mit Problemen, die sich nicht immer auf Anhieb lösen lassen, vor (Tab. 16 a), diese Mehrheit wird bei zunehmendem Alter sogar noch größer. Auch in England sind es die unteren Altersgruppen, die die vom ökonomischen Standpunkt aus günstigere Attitüde an den Tag legen, indem sie abwechslungsreicher Tätigkeit, die größere Anstrengungen und Anpassungsfähigkeit von ihnen erfordert, den Vorzug geben. Wiederum treten auch Einkommen und Schulbildung als starke Einflußgrößen auf: Je höher die Einkommens- und Schulbildungskategorie, desto häufiger wird dem Wunsch nach einer interessanten Tätigkeit Ausdruck verliehen.

Von der Formulierung her gab es in der amerikanischen Untersuchung keine direkt vergleichbare Frage, aber eine ähnliche erlaubte Hinweise auf die Einstellung, die in diesem Zusammenhang interessiert (Tab. 16 b). Bei den Selbständigen nimmt der Wunsch nach einer Arbeit, bei der alles glatt geht und wie am Schnürchen läuft, mit zunehmender Schulbildung ab und bei höherem Alter zu. Die Antworten der Unselbständigen weisen

---

[69] Vgl. auch *B. Biervert*, La contribución ..., a.a.O.

in dieselbe Richtung: Je niedriger das Alter und je höher die Schulbildung und das Einkommen, desto wichtiger wird es sein, einen Beruf zu haben, in dem die Tätigkeit Anpassungen an sich verändernde Situationen oder Wandel aus eigenem Antrieb heraus verlangt. Es sind dies somit auch die Gruppen, von denen man einen tendenziell höheren Beitrag zum wirtschaftlichen Fortschritt auf mikroökonomischer Ebene erwarten kann, der sich letztlich auch günstig auf die Entwicklung der gesamten Volkswirtschaft auswirken wird.

e) Der Wunsch nach neuen Gütern

Gebrauch und Verbrauch hochwertiger Konsumgüter werden zur Befriedigung physischer (ökonomischer) und sozialer Bedürfnisse angestrebt. In der amerikanischen Gesellschaft steht ein hoher Lebensstandard ganz oben auf der Wertskala[70]; das gleiche kann von England und in zunehmendem Maße wohl auch von Spanien gesagt werden. Diese Wertvorstellungen haben sich Personen der einzelnen Gesellschaften in unterschiedlichem Maße zu eigen gemacht; je nach der Höhe ihres Anspruchsniveaus verfolgen sie die damit verbundenen Ziele mehr oder weniger intensiv. Selbst in der „klassenlosen" amerikanischen Gesellschaft gilt der Besitz von — vor allen Dingen langfristigen — Konsumgütern als Differenzierungsmerkmal für soziale Schicht[71]. Jedes Individuum vergleicht seinen Lebensstandard mit einer Bezugsgruppe (eigene/höhere soziale Schicht); fällt dieser Vergleich für den Betreffenden ungünstig aus, so stellt dies für ihn einen Impuls dar, seinen Lebensstandard in diese Richtung hin „aufzubessern".

Der Wunsch, alte Gebrauchsgüter auszutauschen oder bislang noch nicht besessene Güter anzuschaffen, stellt einen starken Ansporn zu viel und intensiver Arbeit dar. Wenn eine Person in der Vorstellung lebt, daß sie noch viele Güter benötigt, bis sie den ihr angemessenen Lebensstandard erreicht hat, so muß sich das in verstärkten wirtschaftlichen Anstrengungen, wie längerer Arbeitszeit, Bemühen um Fortkommen im Beruf usw. äußern. — Auf die Frage, ob es viele Güter gäbe, die sie anschaffen oder ersetzen möchten oder ob sie die meisten Dinge besäßen, die sie benötigten, drückten die spanischen Haushaltungsvorstände (87 %) häufiger als die amerikanischen (64 %) ihren Wunsch nach neuen Gütern aus (Tab. 17). Der Unterschied in den Prozentsätzen im internationalen Vergleich mag mit dem unterschiedlichen Grad der Ausstattung mit „durables" in den beiden Ländern zusammenhängen; das Ergebnis zeigt aber auch, daß in den USA bei hohem Lebensstandard weiterhin der Wunsch besteht, diesen noch auszudehnen. Es gibt demnach in beiden

---

[70] *J. S. Duesenberry*, Income, Saving and the Theory of Consumer Behavior, New York 1949, S. 27.

[71] Ebenda, S. 27.

Ländern starke Gruppen mit hohem Anspruchsniveau, die sich mit der erreichten Situation nicht zufriedengeben.

Neben diesen Unterschieden zwischen den beiden Ländern waren es innerhalb der Länder jeweils die Unselbständigen, die sich gegenüber den Selbständigen zumeist in einer schwächeren ökonomischen Position befinden, die häufiger ihrem Wunsch nach neuen Gütern Ausdruck verleihen. In beiden Ländern hatten darüber hinaus die jüngeren Leute bedeutend mehr Anschaffungswünsche als die älteren. Hier drückt sich wohl in erster Linie die Stellung dieser Gruppen im Lebenszyklus aus: Da sie nämlich noch nicht all die Dinge erreicht haben, die sie für ihren Lebensstandard als notwendig erachten und die die Älteren bereits besitzen, sollten die Unterschiede zumindest nicht nur auf ein höheres Aspirationsniveau zurückgeführt werden. — Der Faktor Schulbildung machte sich dahingehend bemerkbar, daß die amerikanischen Befragten bei steigender Ausbildung eher dazu neigen, mehr Güter nachzufragen, während bei den spanischen Selbständigen genau das Umgekehrte der Fall war. In Spanien neigen die Angehörigen der obersten Einkommensgruppe dazu, in geringerem Maße neue Dinge anschaffen bzw. alte ersetzen zu wollen, das gleiche gilt für die USA. Ansonsten konnte in beiden Ländern in den oberen Einkommensgruppen kein Absinken des Anspruchsniveaus festgestellt werden.

f) Ausbildung der Kinder und Zufriedenheit im Berufsleben

Neben dem Hinweis auf das allgemeine Niveau der Schulbildung und seine theoretische Rolle[72] spielt im Zusammenhang mit der Betrachtung von Ambition und Aspiration die Einstellung der Haushaltungsvorstände zur Schulbildung als Ziel innerhalb der Familie eine wichtige Rolle. Diese Attitüde spiegelt sich in dem Bestreben wider, den Kindern ein mehr oder weniger großes Ausmaß an Schulbildung zukommen zu lassen. Auch diese Motivation steht in unmittelbarem Zusammenhang mit den Wertvorstellungen einer Gesellschaft und ihrer Gruppen, mit den Anreizen materieller und immaterieller Art, die vorherrschen, um eine bestimmte Bildung anzustreben[73]. Daneben ist Schulbildung — wie viele der hier behandelten Einstellungen und Verhaltensweisen — im Zuge der säkularen Einkommenssteigerungen in zunehmendem Maße in den Entscheidungsbereich des Einzelnen gestellt. Er kann das erzielte Einkommen neben Konsum und Sparen für die Ausbildung seiner Kinder ausgeben und damit auf eine kurzfristige Befriedigung von Konsum- und Sparwünschen verzichten.

---

[72] Vgl. Abschnitt D. III. a).

[73] Vgl. *F. Harbison* und *Ch. A. Myers*, Investitionen in den „Faktor Mensch" und wirtschaftliches Wachstum, in: G. Eisermann (Hg.), Soziologie der Entwicklungsländer, Stuttgart 1968.

Leider erlaubt das Material bei diesem Indikator keinen direkten Vergleich zwischen den europäischen Ländern und den USA. Roper schätzte vor einigen Jahren für die USA, daß ungefähr 70 % der damals unter 18jährigen — wenn es nach den Wünschen ihrer Eltern ginge — eine College-Ausbildung, also die höchste Stufe der Schulausbildung, erhalten würden[74]; auf einen ähnlich hohen Anteil kommt die Studie „Productive Americans“[75].

In Spanien und England wurden die Haushaltungsvorstände mit der Frage konfrontiert, bis zu welchem Alter sie ihre Kinder, wenn sie einen zehnjährigen Jungen bzw. ein zehnjähriges Mädchen hätten, zur Schule schicken würden. Diese hypothetische Fragestellung erlaubte es, auch die Einstellung derjenigen zu erfassen, die zum Zeitpunkt der Erhebung keine Kinder oder keine Kinder im schulpflichtigen Alter hatten und den Befragten statt abstrakter Schulbildungskategorien vor Augen zu führen, wie viele Jahre sie auf die Erwerbstätigkeit der Kinder im Rahmen ihres Haushaltes verzichten müßten. Insgesamt konnte man auf weitere Hinweise auf das Anspruchsniveau der Wirtschaftssubjekte in den beiden Ländern hoffen. Trotz der unterschiedlichen Altersvorgaben ergeben sich vergleichbare Ergebnisse, bei denen es überrascht, daß 57 bzw. 42 % der Spanier ihren Sohn bzw. ihre Tochter über das zwanzigste Lebensjahr hinaus in der Schulausbildung belassen wollen (England: 25 bzw. 17 % länger als 19 Jahre) (Tab. 18 a, b und 19 a, b). Dieser deutliche Unterschied zwischen den beiden Ländern zeigt, daß ein größerer Teil der Spanier bereit ist, Kindern eine Schulbildung zukommen zu lassen, die bei den vorliegenden Altersangaben noch über den Abschluß der Höheren Schule hinausreichen soll. Somit sieht es danach aus, als ob der in Spanien herrschende Nachholbedarf an Schulbildung sehr stark in das Bewußtsein der Befragten gedrungen sei. Auf der anderen Seite erscheinen die Angaben der spanischen Haushaltungsvorstände unter Berücksichtigung der sozioökonomischen Verhältnisse recht optimistisch, d. h. es muß bezweifelt werden, ob die von den (potentiellen) Eltern genannten Pläne tatsächlich realisiert werden könnten oder ob bei deren Verwirklichung die Betreffenden nicht doch feststellen würden, daß die durch den langen Schulbesuch an sie gestellten ökonomischen Anforderungen über ihre Möglichkeiten hinausgingen. — Die englischen Daten liegen demgegenüber extrem niedrig; sie stellen den Befragten bezüglich ihrer Bereitschaft, Kindern eine lange Schulausbildung zukommen zu lassen, trotz der gegenüber Spanien stärkeren Besetzung der Altersgruppe von 17—18 Jahren ein schlechtes Zeugnis aus.

[74] *E. Roper* et al., Parents' College Plans Study, o. O. 1959, S. 1.

[75] Vgl. *J. N. Morgan, I. Sirageldin, N. Baerwaldt,* Productive Americans, a.a.O., S. 402.

Die Daten ergaben im Durchschnitt einen höheren Anteil von Selbständigen, der sich für eine lange Schulbildungszeit der Kinder ausspricht. Angehörige der jüngsten und ältesten Altersgruppe befürworteten in Spanien ein lange Ausbildungszeit, während in England bei diesen Gruppen einem früheren Schulabgang der Vorzug gegeben wird. Schulbildung und Einkommen wirken überwiegend in dieselbe Richtung: Hohe Schulbildung und hohes Einkommen, die stark miteinander korrelieren, führen dazu, daß die Haushaltungsvorstände eine möglichst lange Schulzeit sowohl des Sohnes als auch der Tochter befürworten. Hier zeigt sich, daß diese Befragten, die zu den ökonomisch Bessergestellten gehören, bereit sind, alles zu tun, damit ihre Kinder zumindest den gleichen Status erlangen können wie sie selbst oder ihn sogar noch übertreffen, wozu Schulbildung die geeignete Vorbereitung ist. — Insgesamt kann man bei der Bereitschaft, seinen Kindern durch eine lange Schulbildung einen guten beruflichen Start zu ermöglichen, erkennen, daß sich die Spanier im internationalen Vergleich auf diesem Gebiet durchaus durch fortschrittliche Einstellungen auszeichnen.

Eine weitere Variable, an der sich Ambition und Aspiration ablesen lassen und die auch im Hinblick auf die schulische Vorbereitung der Kinder für ihren Beruf von Interesse ist, stellt die Zufriedenheit des Haushaltungsvorstandes mit seinem Beruf dar. Daneben ist dieser Faktor nach Meinung einer Reihe von Autoren in unmittelbarer Weise mit Arbeitsproduktivität verbunden, eine Ansicht, die jedoch nicht unwidersprochen bleibt[76]. In jedem Falle dürfte er jedoch zu einer höheren Leistungsbereitschaft im Beruf beitragen.

Bei unserem Indikator, der Zufriedenheit im Beruf an der Einstellung zu dem hypothetischen Tatbestand mißt, wie sich der Vater dazu stellen würde, wenn sein Sohn denselben Beruf ergreifen würde wie er selbst, gab es in Spanien und England eine relativ hohe Verweigerungsquote. Ungefähr ein Fünftel der Spanier und 15 % der Engländer sprachen sich für eine solche Berufswahl ihres Sohnes aus (Tab. 20), wobei in beiden Ländern die Selbständigen den Wunsch des Sohnes häufiger unterstützen würden. Schulbildung wirkt in die Richtung, daß gut Ausgebildete es im Durchschnitt häufiger gerne sehen, daß ihre Kinder denselben Beruf ergreifen wie sie selbst (in Spanien z. B. 74 % der Befragten mit abgeschlossener Hochschulbildung). Bei den Selbständigen beider Länder und den Unselbständigen in England führt ein hohes Einkommen, das den materiellen Erfolg in einem Beruf widerspiegelt, zu einer Befürwortung der Berufswahl des Sohnes, während die hochverdienenden Haushaltungsvorstände bei den Unselbständigen in Spanien in hohem Maße dagegen

---

[76] *R. L. Kahn*, Productivity and Job Satisfaction, in: Personnel Psychology, 1960, Bd. 13, Nr. 3, 1960, S. 275—287.

sind (90 %). Hier dürfte sich der Wunsch dieser Berufsgruppen (Arbeiter!) widerspiegeln, durch die guten materiellen Voraussetzungen, die sie geschaffen haben, ihren Kindern den Weg zu einer größeren beruflichen Zufriedenheit zu ebnen.

Für die USA liegt auch in diesem Falle kein direkt vergleichbares Material vor, doch gibt es eine ältere Umfrage, in der genau dieselbe Frage zu beantworten war[77]. In dieser Untersuchung befürworteten 51 % der Befragten die Wahl des gleichen Berufs durch ihren Sohn, 34 % sähen es lieber, wenn er eine andere Beschäftigung wählen würde, während 15 % meinten, daß dies ganz im Belieben des Sohnes stünde.

4. Einstellungen zu neuen Konsumgütern

Neben der Innovationsbereitschaft auf dem Sektor der Produktion kommt der Neuerungsbereitschaft der Haushaltungsvorstände auch auf dem Gebiet der Konsumtion große Bedeutung zu. Im theoretischen Teil dieser Arbeit wurde bereits erwähnt, daß in Volkswirtschaften, in denen die Verbraucher überwiegend stets die gleichen althergebrachten Güter und Dienstleistungen nachfragen und durch ihre starren Konsumgewohnheiten den Absatz neuer Produkte hemmen, eine weniger effiziente Konsumgüterindustrie entstehen wird, als in Ländern, in denen eine starke Nachfrage nach neuen Produkten herrscht. Neben den konjunkturellen und strukturellen Wirkungen einer neuerungsfreudigen Konsumnachfrage ist unter wachstumstheoretischen Aspekten von Bedeutung, daß viele der nachgefragten Konsumgüter relativ teuer sind[78], so daß die Leute, die sie zu besitzen wünschen, länger und härter arbeiten müssen, was tendenziell auf eine Vergrößerung des Sozialprodukts hinwirkt.

Die zunehmende Entscheidungsfreiheit der Haushalte in finanziellen Dingen hat selbstverständlich nicht zur Folge, daß die Betroffenen in der gleichen Weise Gebrauch davon machen. Es gibt hier eine ganze Skala möglicher Reaktionen, an deren Endpunkten der dynamische, fortschrittsfreudige bzw. der traditionsorientierte Konsument steht. Daneben haben auch nicht alle Güter die gleiche Chance, von den Konsumenten begehrt zu werden: „Die Chancen wechseln mit dem technischen Fortschritt, der wirtschaftlichen Entwicklung, der Mode und den Launen, mit tausend Wandlungserscheinungen in der Kultur. Auch je nach dem Grad ihrer Sichtbarkeit, je nach ihrer Fähigkeit, den Besitzer zu charakterisieren

[77] *A. D. Ward*, The American Economy — Attitudes and Opinions, New York 1955, S. 55.

[78] Die Entwicklung verlagert sich immer mehr von *Verbrauchs*- (perishable goods) zu *Gebrauchsgütern* (durable goods).

und zu unterscheiden, ist der soziale Kurswert der Güter größer oder geringer[79]."

Die Bereitschaft zur Annahme von neuen Konsumgütern hängt von dem Wunsch ab, den Lebensstandard zu verbessern und die Ausgaben für Gebrauchsgüter zu erhöhen. Ferner zeigte sich bei bisherigen empirischen Untersuchungen, daß Zufriedenheit mit der finanziellen Situation und positive Erwartungen bezüglich der Einkommensentwicklung einen günstigen Einfluß auf diese Haltung haben[80].

Als Indikatoren für die Einstellung gegenüber neuen Produkten standen die Antworten auf zwei Fragen zur Verfügung: In allen drei Ländern wurden die Haushaltungsvorstände gefragt, ob sie in der Regel neue Produkte selbst probieren oder damit warten, bis Bekannte dies getan haben und sie von diesen dann das Resultat erfahren. In Spanien und den USA galt eine weitere Frage der Meinung über neue Konsumgüter: Stellen diese wirklich einen Fortschritt oder lediglich ein Mittel dar, „um den Leuten das Geld aus der Tasche zu ziehen"?

Die Antworten auf die erste Frage brachten keine signifikanten Unterschiede zwischen den einzelnen Ländern (Tab. 21). Die Anzahl der „Probierfreudigen" ist überall ungefähr gleich hoch, doch verhalten sich die Engländer zu einem höheren Anteil abwartend und lassen erst ihre Bekannten und Freunde die neuen Güter ausprobieren. Im allgemeinen sind Selbständige eher bereit, neue Produkte zu versuchen, dasselbe gilt von der jeweils jüngsten Altersgruppe in den drei Ländern. Bei der Auszählung nach dem Alter ergibt sich der Trend, daß mit zunehmendem Alter die Bereitschaft abnimmt, neue Produkte zu versuchen. Bei der Gegenüberstellung mit den beiden anderen Kontrollvariablen, Einkommen und Schulbildung, konnten keine wichtigen Unterschiede gefunden werden, lediglich ein interessantes Ergebnis tritt hierbei hervor: Mit zunehmender Schulbildung ergibt sich die Tendenz, sich eher eine eigene Meinung zu neuen Produkten bilden zu wollen (probiert — manchmal — selbst), als sich dabei auf andere zu verlassen.

Die nur in Spanien und den USA gestellte Frage zur Einstufung neuer Produkte brachte in beiden Ländern eine Mehrheit für die uneingeschränkte Annahme der meisten neuen Güter (Spanien: 79 %, USA: 58 %) oder zumindest ihre teilweise Bejahung (Spanien: 11 %, USA: 29 %). Nur etwa jeder Zehnte hielt die auf den Markt kommenden neuen Güter für eine Möglichkeit, den Leuten das Geld aus der Tasche zu ziehen (Tab. 22).

---

79 *E. Zahn*, Soziologie der Prosperität, a.a.O., S. 122.

80 Vgl. *E. Mueller*, The Desire for Innovations in Household Goods, in: L. H. Clark (Hg.), Consumer Behavior, New York 1958.

Die allgemein äußerst positive Beurteilung neuer Konsumgüter tritt in Spanien ganz besonders stark hervor und kann wohl darauf zurückgeführt werden, daß in diesem Land der Sättigungsgrad bei dauerhaften Konsumgütern noch nicht so hoch ist wie in den USA. Die Güter, an die die spanischen Haushaltungsvorstände aufgrund der Fragestellung denken sollten (elektrische Haushaltsgeräte, Nahrungsmittel), sind solche, die bei den amerikanischen Haushalten schon seit langer Zeit in Gebrauch sind. So kann das Attribut einer positiven Einstellung gegenüber neuen Produkten wohl in beiden Ländern trotz der Differenzierung in der relativen Höhe großen Gruppen zugesprochen werden[81].

Während in Spanien Selbständige und Unselbständige ungefähr die gleiche Haltung gegenüber neuen Konsumgütern an den Tag legen, zeichnen sich die amerikanischen Unselbständigen durch eine deutlich fortschrittsgläubigere Attitüde aus. Das Alter brachte in den beiden Ländern unterschiedliche Ergebnisse: In den USA nimmt die positive Einstellung gegenüber neuen Produkten mit dem Alter zu, während sich in Spanien die unterste und die oberste Altersgruppe jeweils durch größere Skepsis auszeichnet. Schulbildung und Einkommen wirkten in die Richtung, daß mit zunehmender Schulbildung und höherem Einkommen die Zurückhaltung gegenüber neuen Produkten wächst (Ausnahme: Spanische Selbständige mit extrem hohen Einkommen sind fortschrittsgläubiger).

Nach der Bewährung der Variablen „Einstellung gegenüber neuen Konsumgütern" in den AUSPIK-Analysen gelang es bei der Gegenüberstellung mit den Kontrollfaktoren, Gruppen zu ermitteln, die sich vermutlich durch eine besonders hohe und fortschrittliche Konsumneigung auszeichnen und so zum Erfolg neuer Produkte oder Produktgruppen in einer Volkswirtschaft beitragen. Daneben sind diese Kreise vermutlich wirtschaftlich besonders aktiv, um so ihre Konsumwünsche befriedigen zu können.

5. Einstellungen im Bereich der Familie

Technische und ökonomische Veränderungen gibt es nicht nur im Bereich von Produktion und Konsum, Neuerungen spielen eine ebenso wichtige Rolle auf sozialem Gebiet. Für den Haushalt gehen derartige Veränderungen vor allen Dingen im Familienbereich vonstatten; darüber hinaus kommen sie in veränderten Schichtbeziehungen zum Ausdruck. Sozialstrukturen, die durch Großfamilien und/oder traditionale Einstellungen gekennzeichnet sind, üben einen hemmenden Einfluß auf die wirtschaftliche Entwicklung aus. So stellen z. B. im Falle wirt-

---

[81] An welchen Gütern sich die Probierfreudigkeit des amerikanischen Konsumenten dabei in den letzten Jahren ausrichtet, vgl. *J. N. Morgan, I. Sirageldin, N. Baerwaldt,* Productive Americans, a.a.O., S. 206 ff.

schaftlichen Mißerfolges enge Familienbande eine Art „Sozialversicherung“ dar, die dazu zwingen, dem in wirtschaftliche Not geratenen Familienmitglied zu helfen[82]. Eine konsequente Wahrnehmung der ökonomischen Chancen erfordert demgegenüber die Lösung traditionaler familiärer Bindungen. Moderne Wirtschaftssysteme neigen daher — zumindest langfristig — dazu, die Intensität verwandtschaftlicher Beziehungen abzubauen[83].

Im Ablauf sozialer Prozesse wie der Lockerung von Familienbindungen darf nicht vergessen werden, daß es eine der Aufgaben eines jeden Sozialsystems ist, das herrschende Normensystem und seine Institutionalisierung aufrechtzuerhalten, es gegen kulturellen und motivationalen Druck zu schützen. Unter dem Aspekt der wirtschaftlichen Entwicklung fortschrittliche Verhaltensweisen und Einstellungen — hier im Familienbereich — sind daher gegenüber dem institutionalisierten Wertesystem abweichende Vorstellungen, die erst nach und nach mehr Anhänger finden und sich auf breiter Basis durchzusetzen beginnen. Die Möglichkeit, Innovationen und ihre Träger, die beim Abbau veralteter sozialer Strukturen helfen, durch positive Sanktionen innerhalb des Gesellschaftssystems (etwa durch einen hohen Prestigewert) zu belohnen, bedroht die Existenz des gegenwärtig herrschenden Systems und ist daher — im Gegensatz zu technischen Neuerungen — auch in keiner Gesellschaft in größerem Umfange institutionalisiert worden.

Standen bei der Betrachtung der für die wirtschaftliche Entwicklung bedeutsamen Faktoren bislang Aspekte im Vordergrund, die sich vermutlich günstig auf wirtschaftliches Wachstum auswirken. so geht es in dem nun folgenden Zusammenhang eher darum, zu zeigen, von welchen Gruppen in den einzelnen Ländern Hemmnisse zu erwarten sind, soweit solche aus einer traditionellen Einstellung im Familienbereich herrühren. Ein erster Indikator dieser Betrachtungsweise ist die Einstellung der Haushaltungsvorstände zur Berufstätigkeit der Ehefrau. Insgesamt gibt die Familie immer mehr Funktionen an andere Institutionen der Gesellschaft ab[84], so daß der Handlungsspielraum der einzelnen Mitglieder des Haushaltes, insbesondere aber der Frau, erweitert wird. Wie groß dieser Handlungsspielraum im einzelnen ist, hängt von der gesamtgesellschaftlichen Bewertung der Frauenarbeit, der Familienstruktur und -größe, der Verbreitung dauerhafter Konsumgüter im Haushalt, der Dienstleistungssituation, der Möglichkeit zur Teilzeitbeschäftigung u. ä. ab. Durch die Arbeit der Frau

[82] Vgl. *G. M. Foster*, Traditional Cultures and the Impact of Technological Change, New York and Evanston 1962, S. 31 ff., S. 90 ff. et passim.

[83] Vgl. *N. J. Smelser and S. M. Lipset*, Social Structure ..., a.a.O.

[84] Vgl. *R. König*, Soziologische Orientierungen, a.a.O., S. 109, und *M. Dunckelmann*, Die erwerbstätige Ehefrau im Spannungsfeld von Beruf und Konsum, Tübingen 1961.

wird neben der Befriedigung individueller Bestrebungen gleichzeitig auch der Spielraum des gesamten ökonomischen Systems erweitert; die Motivation der einzelnen Person kann dabei von dem Wunsch nach Verbesserung der ökonomischen Situation bis zu einer Aufbesserung ihrer sozialen Rolle reichen[85].

Recht unterschiedlich ist der Anteil der Frauen an der Gesamtzahl der Arbeitskräfte in den einzelnen Ländern: Die Quote war in Spanien Anfang der sechziger Jahre von den drei Ländern mit 18,5 % am niedrigsten, während sie in England und den USA ungefähr die gleiche Höhe erreichte (34,4 bzw. 34,1 %)[86]. Diese Zahlen zeigen, daß beim gegenwärtigen Stand der wirtschaftlichen Entwicklung in Spanien die Frau ihre Arbeitskraft in erster Linie in den Haushalt einbringt, bei den berufstätigen Frauen dürfte es sich außerdem vielfach um Saisonbeschäftigungen (vor allem in der Landwirtschaft und in der Konservenindustrie) handeln. Für den niedrigen Stand der Berufstätigkeit der Frau kann man in gleicher Weise soziale Verhaltensmuster, die die Frau als „ruhenden Pol" in Haus und Familie fordern, sowie die noch starke Konzentration produktiver Tätigkeiten im Haushalt selbst ins Feld führen. Die unseren Untersuchungen zugrunde liegenden Variablen auf der Einstellungsebene bestätigen diese Vermutungen. Bei der Erhebung der Haltung gegenüber der Berufstätigkeit der Frau mußte nach Möglichkeit der Faktor ausgeschaltet werden, der einer Berufstätigkeit der Frau am stärksten im Wege steht: Kinder, die im schulpflichtigen Alter oder noch jünger sind und die Anwesenheit der Frau im Hause in den meisten Fällen unentbehrlich machen. Wegen der unterschiedlichen zeitlichen Aufteilung des Schulbesuchs in den einzelnen Ländern mußte bei der Fragestellung auf diese Voraussetzungen Rücksicht genommen werden (vgl. Tab. 23): In den beiden europäischen Ländern gingen die Fragen davon aus, daß die Kinder bereits erwachsen seien; in den USA war der Stimulus etwas schwächer, hier gab die Frage vor, daß sich die Kinder noch im schulpflichtigen Alter befinden, wobei dies in den USA jedoch eine Abwesenheit vom Elternhaus über die längste Zeit des Tages hinweg bedingt.

Trotz der positiven Formulierung der spanischen Frage, die es den Befragten leichter machen sollte, sich für die Frauenarbeit zu entscheiden, lehnten die Haushaltungsvorstände in diesem Land fast zu drei Vierteln die Berufstätigkeit der Frau ab, wobei die Einstellung der Selbständigen mit 23 % zustimmender Antworten günstiger ausfiel als bei den Unselbständigen (10 %). Überraschenderweise kamen die meisten zustimmenden Antworten in England (55 % befürwortende, 33 % ab-

---

[85] *F. E. Nye* and *L. W. Hoffmann* (Hg.), The Employed Mother in America, Chicago 1964.

[86] *V. Klein*, Women Workers, Paris 1965, S. 14.

lehnende Stimmen); vielleicht war der Stimulus „Kinder, die bereits im Beruf stehen" etwas zu positiv. Hier befürworteten die Unselbständigen die Frauenarbeit etwas häufiger als die Selbständigen. — In den USA sprach sich rund ein Drittel (34 %) für eine Berufstätigkeit der Frau aus, während immerhin knapp die Hälfte der Befragten eine ablehnende Haltung zeigte; wie in Spanien lehnen die Unselbständigen öfter das Geldverdienen der Frau ab. Als wichtigstes Ergebnis ist jedoch der Abstand zwischen Spanien und den beiden übrigen Ländern festzuhalten, der zeigt, daß in diesem Land das Wertsystem der Arbeit der Frau in einem Beruf noch Hindernisse entgegensetzt.

Mit einer Ausnahme bei den englischen Unselbständigen besteht eine enge Verbindung zwischen dem Alter und der Einstellung gegenüber der Frauenarbeit: junge Haushaltungsvorstände befürworten die Berufstätigkeit im Durchschnitt häufiger als ältere. Bessere Schulbildung führte zu mehr positiven Antworten in beiden spanischen Gruppen sowie im Falle der englischen Selbständigen und amerikanischen Unselbständigen. Bei der Gegenüberstellung mit dem Einkommen sprachen sich am ehesten die Spanier sowie die amerikanischen Selbständigen in den höheren Einkommensgruppen (!) für eine Berufstätigkeit der Frau aus; hier zeigt sich, daß eine Befürwortung der Frauenarbeit nicht immer und nicht ausschließlich aus ökonomischen Gründen zu erfolgen braucht.

Ein zweiter Indikator maß die Intensität der Familienbindungen, wiederum wurde in den einzelnen Ländern eine abweichende Fragestellung benutzt (vgl. Tab. 24). In Spanien und England wurde die Frage jeweils von einer anderen Warte aus gestellt; der benutzte Bezugspunkt „Geschwister" hätte gegenüber den USA mehr affektive Antworten hervorbringen können, eine Vermutung, die sich zumindest im Falle Großbritanniens nicht bestätigt hat. Als Hauptergebnis ist zu nennen, daß die Familienbindungen in Spanien erwartungsgemäß stärker waren als in den beiden entwickelteren Ländern. Während in Spanien die Berufsgruppierung bei dem starken Überwiegen traditionaler Einstellungen keine signifikanten Unterschiede erbringt, sind es in England die Unselbständigen und in den USA die Selbständigen, die in höherem Maße familiengebunden sind.

In Spanien gab es bei diesem Indikator keine starken Verbindungen mit dem Alter und der Schulbildung und nur eine leichte Verknüpfung mit dem Einkommen: Selbständige der höchsten Einkommensgruppe neigen vergleichsweise etwas weniger häufig zu starken Familienbindungen (75 %, Durchschnitt 86 %), während bei den Unselbständigen das Gegenteil der Fall ist (96 %).

Selbständige der unteren englischen Altersgruppen betonen häufiger die Notwendigkeit, daß eine Person in Notfällen auf die Hilfe ihrer Geschwister rechnen kann, eine Tendenz, die bei den Unselbständigen eher in die umgekehrte Richtung zeigt: Hier sind es die Älteren, die eine lockere Familienbindung vorziehen. Schulbildung und Einkommen spielten demgegenüber in England keine wesentliche Rolle bei der Erklärung dieser Variablen.

In den USA finden wir Hinweise, daß die extremen Altersgruppen besonders enge Beziehungen zur Familie haben; die Verbindung dieser Gruppen mit der Familie ist aus ökonomischen und emotionalen Gründen natürlich besonders stark.

Neben dem Ergebnis der stark traditionalen Familieneinstellung der Spanier, von der hemmende Wirkungen auf ökonomische Aktivitäten erwartet werden können, ist die geringe Rolle, die Schulbildung und Einkommen bei dieser Variablen spielen, festzuhalten; sie mißt demnach Beziehungen, die intervenierenden Variablen nur schwer zugänglich sind.

6. Planungshorizont

Planvolles Handeln ist eine Voraussetzung für rationales Verhalten in jedem Lebensbereich; dies gilt in besonderem Maße für wirtschaftliches Handeln. Manche Menschen denken länger und weiter voraus, sie versuchen, Probleme früher und systematischer in Angriff zu nehmen als andere. Vorausgeplantes Verhalten erhöht die Wahrscheinlichkeit, daß Veränderungen im Leben einer Person eher Fortschritt und Verbesserung bedeuten als nur durch die Umstände erzwungene Anpassungen. Im allgemeinen nehmen die Anforderungen an den Planungshorizont nicht nur der selbständig Berufstätigen zu, sondern alle am Wirtschaftsleben beteiligten Personen müssen Situationen in ihrer Tätigkeit oder bezüglich ihrer Berufskarriere in alternativen Denkmodellen zu erfassen suchen.

Dieser Erhebungstatbestand kann einmal an konkreten Vorgängen, wie Planung der beruflichen Laufbahn, ihres Abschlusses, dem Kauf bestimmter Güter, Umgang mit Geld, Familien- oder Ferienplanung, zum anderen als allgemeine Einstellung gemessen werden, die planvolles Verhalten einer Person mehr oder weniger wahrscheinlich erscheinen lassen. Die hier zur Verfügung stehenden Indikatoren messen kein tatsächliches Verhalten, weil die jeweils gegebenen Voraussetzungen in den einzelnen Ländern bei den verschiedenen Gruppen zu unterschiedlich sind, sondern stützen sich auf eine Selbsteinstufung der Befragten bezüglich ihres Verhaltens. Auf die Frage, ob sie ihr Leben nach einem festen Plan gestalten oder in den Tag hineinleben, antwortete in allen drei Ländern mehr als die Hälfte der Befragten, daß sie in ihrem Handeln einem festen Plan folgen. Die etwas negative Alternative des In-den-Tag-Hineinlebens konnte in England ungefähr ein Drittel und in Spanien und den USA ungefähr je 40 % der Befragten nicht davon abhalten, zuzugeben, daß sie dieser Lebensweise folgen (Tab. 25). Signifikante Unterschiede bei der Auszählung nach Berufsgruppen ergaben sich nur in Spanien, wo 67 % der Selbständigen (Gesamtdurchschnitt 55 %) gegenüber 53 % bei den Unselbständigen für sich in Anspruch nahmen, daß sie den Ablauf ihres Handelns im voraus zu planen versuchten. In allen Ländern waren es jeweils die gut Ausgebildeten und die Bezieher hoher Einkommen, die stärker planen als die anderen Bildungs- und Einkommensgruppen. In bezug auf das Alter läßt sich sagen, daß nach dem vorliegenden Material und den Aussagen der Befragten die Fähigkeit, das Leben nach einem Plan auszurichten, mit zunehmendem Alter nachläßt. Diese Beobachtung stimmt bezüglich der USA mit früheren Ergebnissen überein und kann vielleicht darauf zurückgeführt werden, daß die Leute mit zunehmendem Alter finden, daß sich ein Teil ihrer Pläne nicht realisiert hat und sie aus diesem Grunde unfähig seien, zu planen[87]. Daneben mögen die Weichen im Beruf und in der Familie zu diesem Zeitpunkt gestellt sein und die vorhandenen Alternativen nicht ausreichen, um noch von einer planvollen Gestaltung des eigenen Lebens sprechen zu können.

Dieselben Beziehungen zwischen den erklärenden Variablen und einem weiteren Indikator für den Planungshorizont ergaben sich für Spanien und Großbritannien, wo die Haushaltungsvorstände danach gefragt wurden, ob sie in ihrem Leben feste Ziele verfolgen oder ihr Handeln auf die jeweils sich ergebende Situation abstellen[88].

7. Syndrom fortschrittlicher Verhaltensweisen und Einstellungen

In den ersten Abschnitten des empirischen Teils wurden Arbeitszeit und Einkommen der Haushaltungsvorstände analysiert; es wurde versucht, hohe wirtschaftliche Beiträge auf fortschrittliche Verhaltensweisen und Einstellungen aus dem persönlichen Bereich zurückzuführen. Diese und einige andere Variable, von denen angenommen werden konnte, daß sie zu höheren Wachstumsbeiträgen führen, wurden dann in einem zweiten Teil als zu erklärende Tatbestände angesehen und den Kontrollfaktoren Alter, Schulbildung, Einkommen und der Stellung im Beruf gegenübergestellt. Dies ergab eine Fülle von Hinweisen darauf, welchen Einfluß die einzelnen Faktoren auf fortschrittliches Verhalten und die ihm vorgelagerten Einstellungen und Motive ausüben. Man darf annehmen, daß sich die Faktoren, die günstig auf wirtschaftliche Entwicklung einwirken, bei bestimmten Gruppen von Personen konzentrieren. Aus diesem Grunde wurde ein Syndrom fortschrittlicher Verhaltens-

[87] Vgl. *J. Morgan* et al., Income and Welfare, a.a.O., S. 432.
[88] Vgl. *B. Biervert*, La contribución ..., a.a.O.

weisen und Einstellungen gebildet, das dann in AUSPIK-Analysen unter Benutzung der genannten Kontrollfaktoren (zusätzlich wurde noch Arbeitszeit als Kontrollvariable eingegeben) daraufhin untersucht wurde, welche Gruppen als besonders dynamisch unter dem Gesichtspunkt wirtschaftlichen Wachstums angesehen werden können.

Folgende Variable wurden in dem Syndrom als Index zusammengefaßt:

— Berufsorientierung
— Wunsch nach Mehrarbeit
— Berufsmobilität
— Mobilitätsbereitschaft
— Routinearbeit
— Einstellung zu neuen Produkten
— Einstellung zur Berufstätigkeit der Frau
— Familienbindung
— Planleben.

Den „positiven" Besetzungen dieser Variablen, d. h. den Ausprägungen, von denen angenommen werden kann, daß sie mit dem Wachstumsbeitrag des Haushaltungsvorstandes korrelieren, wurden zwei Punkte, „bedingt positiven" (z. B. probiert ein neues Konsumgut *manchmal* selbst) ein Punkt in dem Index zugeteilt und für jeden Befragten addiert. Die Spannweite des Index reichte von 0 bis 18 Punkten; der für das spanische Sample errechnete Gesamtdurchschnitt belief sich auf 5,40 Punkte, in England ergaben sich 10,20 Punkte, und die amerikanischen Haushaltungsvorstände erzielten im Durchschnitt 11,81 Punkte. Der Index faßt den Eindruck der vorausgegangenen eingehenden Analysen in einer einzigen Zahl zusammen, wobei den Abständen zwischen den einzelnen Ländern keine zu große Bedeutung zugemessen werden sollte. Er zeigt, daß die Haushalte in den USA die günstigsten Voraussetzungen für wirtschaftliches Wachstum mitbringen, dann folgt England und schließlich Spanien. Wegen der überwiegend traditionalen Einstellung im Familienbereich sowie der starken Bevorzugung von Routinearbeit fällt das Ergebnis des Syndroms in Spanien im Vergleich schlecht aus und verdeckt die durchaus vorhandenen positiven Aspekte bei einer Reihe anderer Faktoren.

Mehr als diesem groben internationalen Vergleich sollte das Augenmerk den Schaubildern VII—IX gelten, die für das jeweilige Land zeigen, welche Faktoren zu einer besonders hohen Punktzahl in dem Syndrom führen. An erster Stelle steht in allen drei Ländern das Alter (in unterschiedlichen Gruppierungen) als wichtigste Einflußgröße, die ihre Wirkung auch auf den weiteren Stufen beibehält. Im einzelnen kann diesen

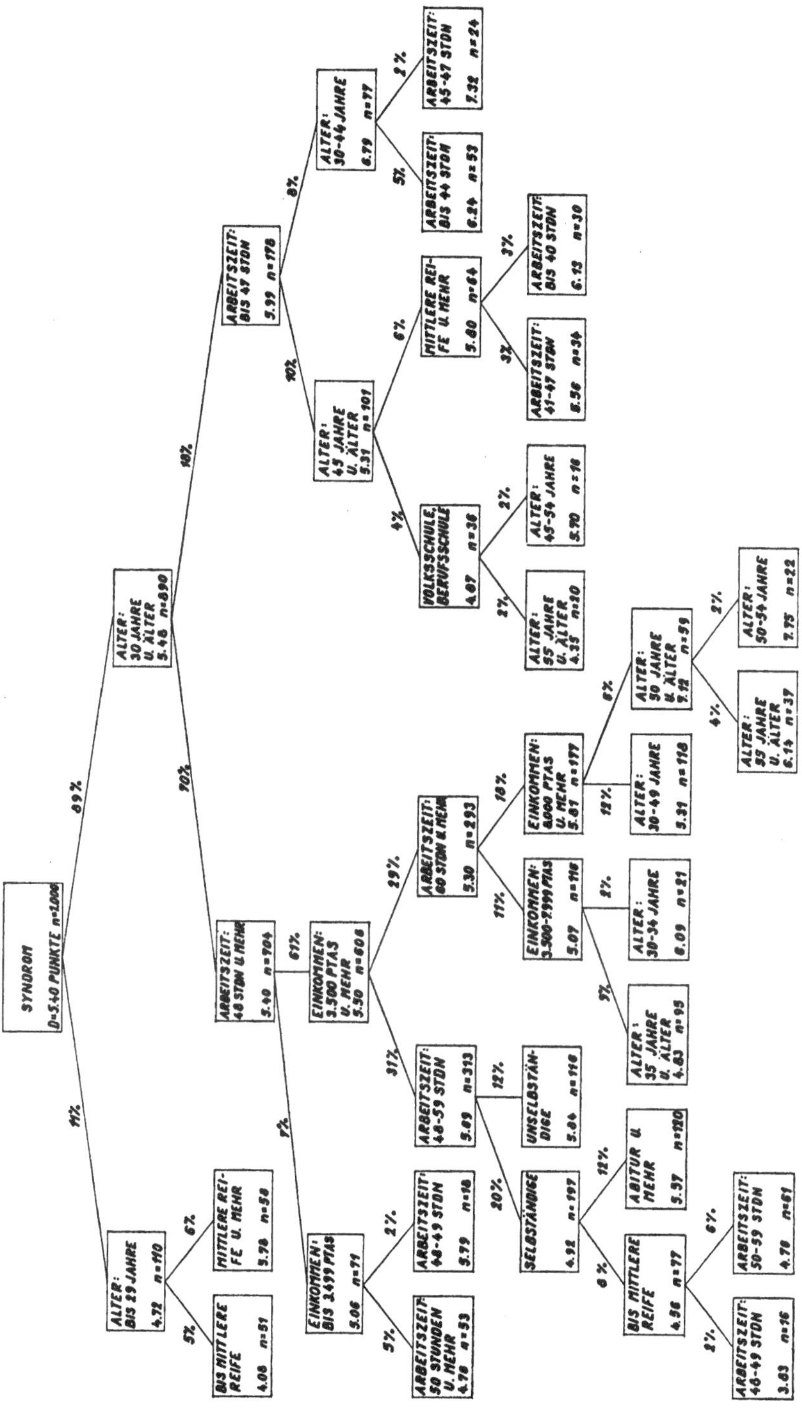

Schaubild VII: Syndrom Spanien

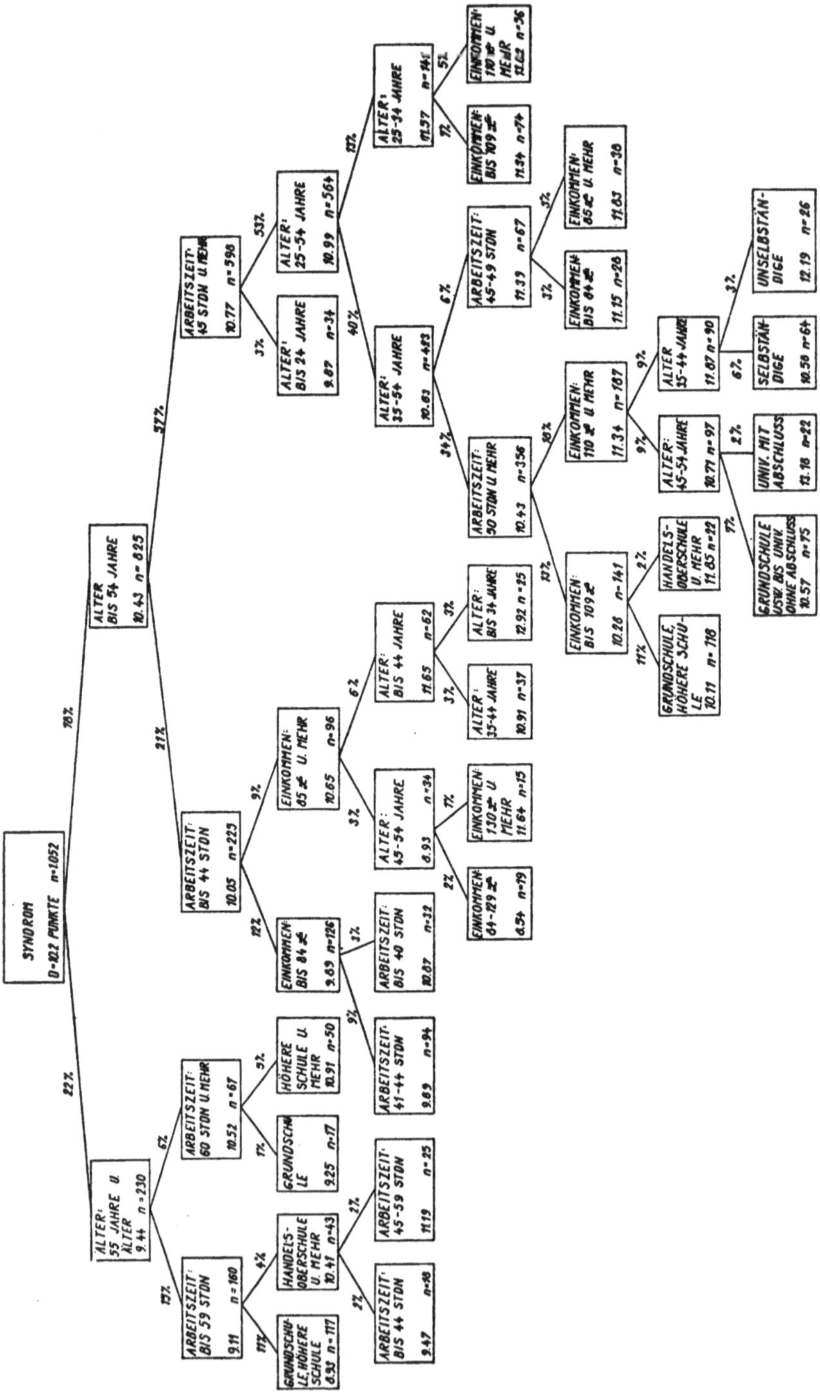

Schaubild VIII: Syndrom England

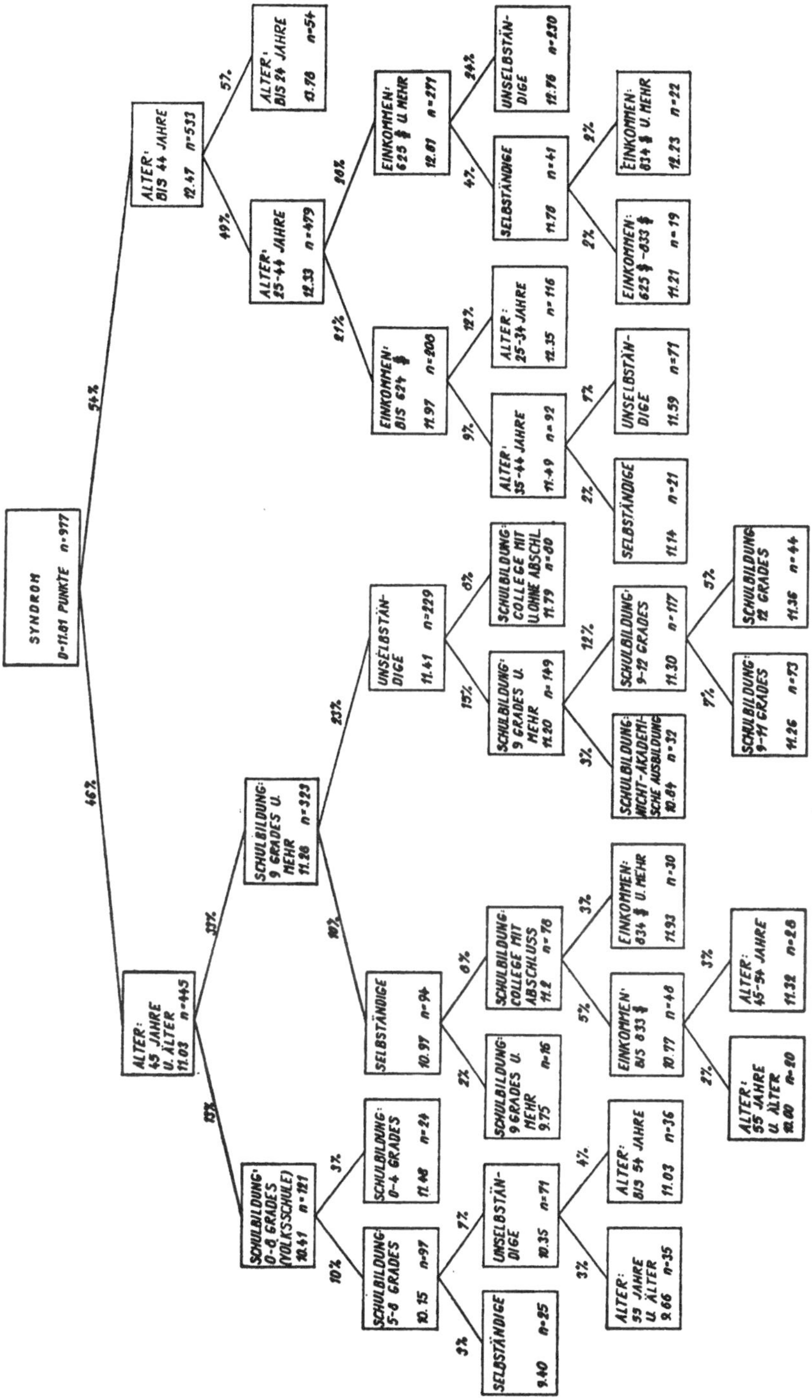

Schaubild IX: Syndrom USA

Schaubildern wie bei den AUSPIK-Analysen von Arbeitszeit und Einkommen entnommen werden, welche Untergruppen der drei Stichproben sich in welchen Gruppierungen durch besonders fortschrittliche Verhaltensweisen und Einstellungen auszeichnen und zu den „Pionierhaushalten" gezählt werden können.

E. Schlußbetrachtung

Hinter den Begriffen „Einkommenserzielung“ und „Einkommensverwendung“ verbergen sich zahlreiche wirtschaftliche Aktivitäten der privaten Haushalte, die es in dieser Arbeit unter dem theoretischen Gesichtspunkt des wirtschaftlichen Wachstums zusammenzufassen galt. Es ging dabei um die Bereitschaft zu Arbeitsleistungen, den Willen zum beruflichen Aufstieg, um Anpassungsfähigkeit im beruflichen Bereich, ferner um das Anspruchsniveau, die Neuerungsfreudigkeit im Konsumverhalten u. a. m. Der komplexe Charakter der Variablen, die einer empirischen Theorie der wirtschaftlichen Entwicklung zugrunde gelegt werden müssen, zwang zu einem breiten theoretischen Ansatz, in den Elemente einer Theorie sozialen Handelns und der „Wirtschaftskultur“ (Wirtschaftsmentalität) einbezogen werden mußten.

Ziel der empirischen Untersuchungen war es, an einigen Beispielen Wege zu zeigen, wie dieser im theoretischen Teil aufgestellte umfassende Bezugsrahmen getestet werden kann. Es gelang dabei, die angenommenen Beziehungen zwischen einer Reihe von Faktoren und dem wirtschaftlichen Beitrag der Haushalte inhaltlich zu bestimmen, ihr tatsächliches Vorhandensein empirisch nachzuweisen und in bestimmten Gruppen zu lokalisieren.

Fortschrittliche Verhaltensweisen und Einstellungen, die von Bedeutung für das wirtschaftliche Wachstum sind, finden sich in breiten Schichten der Haushalte in allen drei Ländern; die dabei gefundenen Beziehungen haben weitgehend interkulturelle Gültigkeit. Analog zum Schumpeterschen „Pionierunternehmer“, der seine wichtige Rolle nur in einem der drei Teilbereiche spielt, auf denen die hier skizzierte Wachstumstheorie aufbaut, kann man von „Pionierhaushalten“ sprechen. Unter einem Pionierhaushalt ist dabei ein in allen Berufsgruppen anzutreffender Real- und kein Idealtypus zu verstehen.

Ein solcher Haushalt legt hohe Mobilität, ein hohes Anspruchsniveau, einen weiten Planungshorizont und Bereitschaft gegenüber Neuerungen im Bereich der Produktion und Konsumtion an den Tag; er zeigt ferner durch fortschrittliche Einstellungen im Bereich der Familie, daß seine Mitglieder bereit sind, die sich ihnen bietenden ökonomischen Chancen zu nutzen. Dabei sind diese Verhaltensweisen und Einstellungen natürlich nicht alle jeweils gleichzeitig bei einem Haushaltungsvorstand vereint; so zeichnen sich z. B. in allen drei untersuchten Ländern besonders Personen der jüngeren Altersgruppen durch eine Reihe fortschrittlicher Attitüden aus. Zusammen mit der ältesten Gruppe haben sie andererseits jeweils die intensivsten Familienbeziehungen, von denen für den Wachstumsbeitrag eher hemmende Einflüsse zu erwarten sind.

Als stärkster Einflußfaktor hoher Einkommen, dynamischer Verhaltensweisen und Einstellungen erwies sich die Schulbildung, ein Faktor, dessen Fehlen man im Hinblick auf wirtschaftlichen Erfolg durch noch so harte Anstrengungen (z. B. überlange Arbeitszeiten) in der Regel nicht einholen kann. Die Konsequenzen liegen klar zutage: Investitionen auf dem Bildungssektor bringen die für die wirtschaftliche Entwicklung so wichtigen Verhaltensdispositionen hervor und versprechen eine unmittelbare Erhöhung des Wachstumsbeitrages einzelner Personen.

Beim Einkommen der Haushaltungsvorstände konnte ein starker Zusammenhang mit fortschrittlichen Einstellungen und Motiven gezeigt werden; nimmt man die Einkommenshöhe als Indikator für wirtschaftlichen Erfolg oder Mißerfolg in der Vergangenheit, so ergibt sich, daß ein hohes Einkommen die fortschrittlichen Aspekte wirtschaftlichen Handelns verstärkt. Hier bestätigt sich Katonas These, daß die Wünsche mit dem Einkommen weiter steigen.

Was die „Wirtschaftskultur" betrifft, so haben die Analysen gezeigt, wie wenig es angeht, einer ganzen Gesellschaft mangelnde Bereitschaft zum Fortschritt anzudichten, wie es im Falle Spaniens noch heute häufig geschieht; dies gilt auch für die gegenteilige Behauptung ausschließlich wachstumsfördernder Verhaltensweisen in anderen Ländern. Neben den Unterschieden in den Verhaltensdispositionen der Haushalte in zwei Ländern dürfen die Unterschiede im Handeln und den Einstellungen zwischen bestimmten Gruppen innerhalb einer Gesellschaft nicht vernachlässigt werden.

Die Klischees vom „faulen Spanier" und den in ihrem Handeln ausschließlich ökonomisch orientierten Angelsachsen mußten daher einer differenzierteren Betrachtung Platz machen; auch das sich in der ökonomischen Theorie trotz vieler Angriffe noch immer hartnäckig haltende Axiom der „rationalen menschlichen Natur" mußte einer wirklichkeitsnäheren Analyse weichen.

Das herausragende Ergebnis dürften die erheblichen Wachstumsreserven sein, die sich in Spanien durch weiterhin erhöhte Bildungsinvestitionen mobilisieren lassen, nachdem sich die Spanier den Wunsch nach einem höheren Ausbildungsstand bereits in hohem Maße innerlich zu eigen gemacht haben.

Die teilweise geringen Unterschiede in den Ergebnissen zwischen Spanien und den anderen beiden Ländern sind in erster Linie Verhaltensweisen wie der langen Arbeitszeit in Spanien und Verhaltensdispositionen zuzuschreiben, die zeigen, daß bei einer großen Anzahl von Haushaltungsvorständen materielle Orientierungen vorherrschen. Verstärkende positive Einflüsse dürften hierbei von der günstigen Entwicklung der letzten Jahre ausgegangen sein; vielleicht macht sich auch ein „Bias" bemerkbar, weil es sich bei der untersuchten Population um die städtische Bevölkerung handelt, deren Ansprüche — selbst in Regionen mit niedrigem Durchschnittseinkommen — höher sind als in ländlichen Gebieten.

Neben diesen positiven Aspekten ergaben sich in den Untersuchungen Hinweise darauf, daß der modernen „Leistungsgesellschaft" in Spanien noch eine Reihe partikularistischer Zuweisungskriterien im Wege steht, die bei der Analyse des Einkommens hervortraten und Hemmnisse für fortschrittliche wirtschaftliche Verhaltensweisen anderer Bevölkerungsschichten (Unselbständige!) darstellen. Ferner ist der Weg der spanischen Gesellschaft zur affektiven Neutralität im wirtschaftlichen Handeln noch weit, wie die für den Bereich der Familie erhobenen Einstellungen zeigten.

Die untersuchten englischen Haushaltungsvorstände sind in dieser Hinsicht progressiver als die spanischen. Sie unterscheiden sich nur wenig von den amerikanischen Befragten, deren Einstellungen und Verhalten erwartungsgemäß am dynamischsten ausfallen. Immerhin lassen einige Faktoren in England erkennen, daß der Wachstumsbeitrag durch verstärkte Anstrengungen höher ausfallen könnte; in einigen Fällen (z. B. den Wünschen nach möglichst frühzeitiger Pensionierung) mögen sich auch Einflüsse des Wohlfahrtsstaates bemerkbar machen. Für die weitere Entwicklung bedenklich erscheint, daß die jüngsten Altersgruppen nicht immer so dynamisch auftreten wie die betreffenden Gruppen in den beiden anderen Ländern, wenn sie auch durchweg einen höheren Wachstumsbeitrag erwarten lassen als die älteren. Entscheidende Fehler mögen hier im Erziehungssystem liegen, das zu wenig auf die Erfordernisse einer modernen Leistungsgesellschaft abgestellt ist[1].

An dem Beispiel der USA wurde deutlich, wie stabil dynamische Verhaltensweisen, Einstellungen und Motive sind. Sie ermöglichen den hohen Stand der wirtschaftlichen Entwicklung dieses Landes und versprechen durch ihre fortdauernde Dynamik weiterhin starke positive Impulse für das wirtschaftliche Wachstum. In den Fällen, in denen die Verhaltensdispositionen nicht so fortschrittlich ausgeprägt waren, ließ sich dies auf spezifische Eigenheiten der amerikanischen Gesellschaft und Wirtschaft zurückführen.

Die Ergebnisse zeigen, daß das Bild der Wirtschaftsmentalität differenzierter ist, als bisher meist angenommen worden ist. Nimmt man die

---

[1] Vgl. *A. Sampson*, An Anatomy of Britain, London 1962.

für eine bestimmte Gruppe von Wirtschaftssubjekten ermittelten Verhaltensweisen und Einstellungen unter Berücksichtigung der Besonderheiten der jeweiligen Gesellschaft, so scheint es zumindest theoretisch denkbar, daß sie trotz ihrer Komplexheit konkret bestimmbar sind und daß sich ihre Konsequenzen, die von großer Wichtigkeit für die wirtschaftliche Entwicklung sind, ermitteln lassen. Am Beispiel Spaniens wurde deutlich, daß diese Verhaltensdispositionen in einigen Bereichen (z. B. materielle Orientierung) unter dem Gesichtspunkt des wirtschaftlichen Wachstums progressiver sind als auf anderen Gebieten (cultural lag).

Alles in allem konnten Ansatzpunkte für eine empirische Theorie der wirtschaftlichen Entwicklung und der Wirtschaftskultur gewonnen, an einigen Punkten überprüft und anhand des vorliegenden Materials bestätigt werden. Dies ist ein kleiner Schritt in Richtung auf eine empirische Wachstumstheorie im Bereich der privaten Haushalte. Die Überprüfung unserer Hypothesen gilt es jetzt an weiteren Beispielen zu wiederholen, um einen größeren Grad an Sicherheit auf dem Wege zu einer realitätsnäheren Wachstumstheorie zu erreichen, die mittels einer Aggregation der mikroökonomischen Ergebnisse und daraus abgeleiteter Prognosen eines Tages vielleicht Ansatzpunkte für eine realistische Wachstumspolitik bieten könnte.

Anhang

Anhang A: Tabellen

Tabelle 1: Zahlen zum Entwicklungsstand der untersuchten Länder

	Zivile Erwerbspersonen in % der Bevölkerung (Mitte 1966)a)	Anteil der Erwerbspersonen in der Landwirtschaft in % (1966)b)	Bruttosozialprodukt zu Marktpreisen pro Kopf der Bevölkerung in DM (1966)c)	Volkseinkommen pro Kopf der Bevölkerung in DM (1964)d)	Industrielle Produktionskraft je Einwohner e)	Schulbesuch (Schüler in % der Bevölkerung) (1964)f)	Pkw je 1000 Einwohner (1967)g)	Fernsehen je 1000 Einwohner (1965)h)	Fernsprechanschlüsse je 1000 Einwohner (1966)i)	Einwohner je Arzt k)
Spanien	39	31	3 088	2 012	35	14,1	33	27	87	800
England	47	3	7 660	5 557	100	17,6	172	238	193	833
USA	38	5	15 368	11 100	168	28,0	397	327	475	654

Quellen: a) Statistische Grundzahlen der Gemeinschaft, Brüssel 1967, S. 23. — b) Ebd., S. 24. — c) Errechnet aus: Ebd., S. 15 und 38. — d) Statistisches Jahrbuch der Bundesrepublik Deutschland 1965, S. 16. — e) Errechnet aus: Der Volkswirt, 22. Jahrgang, Nr. 44 vom 1. 11. 1968, S. 51. — f) Errechnet aus: The Statesman's Year-Book 1966—67, London 1966, S. 79, 590, 993, 1184, 1428. — g) Statistische Grundzahlen der Gemeinschaft, a.a.O., S. 151. — h) Statistisches Jahrbuch der Bundesrepublik Deutschland 1966, S. 20—21. — i) Statistische Grundzahlen der Gemeinschaft, a.a.O., S. 153. — k) Errechnet aus: Ebd., S. 151, 193.

Tabelle 2: Durchschnittliche wöchentliche Arbeitszeit

„Wie viele Stunden arbeiten Sie durchschnittlich in der Woche?"

	Spanien %	England %	USA %
Bis 40 Stunden	6	8	49
41—49 Stunden	29	53	22
50—59 Stunden	27	26	18
60 Stunden und mehr	38	14	11
Insgesamt	100	101[a)]	100
Basis	1024	1058	984

a) Abweichungen von 100 ergeben sich durch Rundungen.

Tabelle 3: Durchschnittliches Nettoeinkommen im Monat

a) *Spanien*

	%
Bis 4999 ptas	21
5000—7999 ptas	22
8000—11 999 ptas	30
12 000 ptas und mehr	27
Weiß nicht, keine Antwort	1
Insgesamt	101[a)]
Basis	1024

b) *England*

	%
Bis 84 £	73
85 £ — 149 £	20
150 £ und mehr	5
Weiß nicht, keine Antwort	2
Insgesamt	100
Basis	1058

c) *USA*[b)]

	%
Bis 416 $	18
417 $ — 624 $	35
625 $ — 832 $	24
833 $ und mehr	23
Insgesamt	100
Basis	984

a) Abweichungen von 100 ergeben sich durch Rundungen.

b) In den USA wurden die Einkommensgruppen aus dem jährlichen Nettoeinkommen errechnet.

Tabelle 4: Schulbildung

a) *Spanien*

	%
Ohne	5
Volksschule	63
Berufsschule, Mittlere Reife	19
Abitur, Universität ohne Abschluß	6
Universität mit Abschluß	7
Insgesamt	100
Basis	1024

b) *England*

	%
Grundschule	16
Höhere Schule (Secondary School)	69
Handelsoberschule, Ingenieurschule, Universität ohne Abschluß	13
Universität mit Abschluß	2
Insgesamt	100
Basis	1058

c) *USA*

	%
0—11 Grades[a)]	37
12 Grades	18
12 Grades und nichtakademische Ausbildung, College ohne Abschluß	30
College mit Abschluß	16
Insgesamt	101[b)]
Basis	984

a) 1 Grade entspricht einem Schuljahr.
b) Abweichungen von 100 ergeben sich durch Rundungen.

Tabelle 5: Schulbildung und Einkommen

a) *Spanien*

Einkommen	bis 4999 ptas		5000—7999 ptas		8000—11 999 ptas		12 000 ptas und mehr		Insgesamt		Basis
Schulbildung	Selbst. %	Unselb. %	Selbst. %	Unselb. %	Selbst. %	Unselb. %	Selbst. %	Unselb. %	Selbst. %	Unselb. %	
Ohne, Volksschule	35	59	38	30	21	9	6	2	100	100	414
Berufsschule, mittl. Reife	15	17	28	39	20	33	37	11	100	100	185
Abitur, Universität ohne Abschluß	16	20	9	24	32	33	43	23	100	100	112
Universität mit Abschluß	2	0	6	23	21	59	71	18	100	100	309

b) *England*

Einkommen	bis 84 £		85 £ — 149 £		150 £ und mehr		Insgesamt		Basis
Schulbildung	Selbst. %	Unselb. %	Selbst. %	Unselb. %	Selbst. %	Unselb. %	Selbst. %	Unselb. %	
Grundschule	74	84	17	16	9	0	100	100	144
Höhere Schule (Secondary School)	40	80	37	19	23	1	100	100	606
Handelsoberschule, Ingenieurschule, Universität ohne Abschluß	28	69	46	28	26	3	100	100	188
Universität mit Abschluß	2	31	13	17	85	52	100	100	115

Tabelle 5 (Fortsetzung)

c) *USA*											
Einkommen	bis 416 $		417 $ — 624 $		625 $ — 832 $		833 $ und mehr		Insgesamt		Basis
Schulbildung	Selbst. %	Unselb. %	Selbst. %	Unselb. %	Selbst. %	Unselb. %	Selbst. %	Unselb. %	Selbst. %	Unselb. %	
0—11 Grades	31	27	26	48	20	16	23	9	100	100	359
12 Grades	10	16	29	48	28	27	33	9	100	100	177
12 Grades und nicht-akadem. Ausbildg., College o. Abschluß	22	14	27	35	18	31	33	20	100	100	288
College mit Abschluß	0	4	4	15	4	32	92	49	100	100	155

Tabelle 6: Alter und Schulbildung

a) *Spanien*

Schulbildung	Ohne, Volksschule		Berufsschule, mittl. Reife		Abitur, Universität ohne Abschl.		Universität mit Abschluß		Insgesamt		Basis
Alter	Selbst. %	Unselb. %	Selbst. %	Unselb. %	Selbst. %	Unselb. %	Selbst. %	Unselb. %	Selbst. %	Unselb. %	
unter 35 Jahren	28	59	27	26	19	5	26	10	100	100	255
35—44 Jahre	51	73	17	19	13	4	19	4	100	100	266
45—54 Jahre	49	74	19	18	13	6	19	2	100	100	259
55 Jahre und älter	61	86	19	5	4	6	16	3	100	100	229

b) *England*

Schulbildung	Grundschule		Höhere Schule (Secondary School)		Handelsoberschule, Ingenieurschule, Universität ohne Abschluß		Universität mit Abschluß		Ingesamt		Basis
Alter	Selbst. %	Unselb. %	Selbst. %	Unselb. %	Selbst. %	Unselb. %	Selbst. %	Unselb. %	Selbst. %	Unselb. %	
unter 35 Jahre	7	1	61	81	22	17	10	1	100	100	271
35—44 Jahre	19	25	58	62	14	11	9	2	100	100	262
45—54 Jahre	21	31	58	63	16	6	5	0	100	100	293
55 Jahre und älter	32	20	46	67	18	11	4	2	100	100	229

Tabelle 6 (Fortsetzung)

c) *USA*

Schulbildung	0—11 Grades		12 Grades, abgeschlossene High School		12 Grades und nichtakademische Ausbildg., College ohne Abschluß		College mit Abschluß		Insgesamt		Basis
Alter	Selbst. %	Unselb. %	Selbst. %	Unselb. %	Selbst. %	Unselb. %	Selbst. %	Unselb. %	Selbst. %	Unselb. %	
unter 35 Jahre	32	22	18	23	36	38	14	17	100	100	274
35—44 Jahre	31	28	29	16	27	36	13	20	100	100	260
45—54 Jahre	44	44	18	16	25	25	13	15	100	100	260
55 Jahre und älter	50	60	20	11	17	18	13	11	100	100	185

Tabelle 7: Alter und Einkommen

a) *Spanien*

Einkommen	bis 4999 ptas		5000—7999 ptas		8000—11 999 ptas		12 000 ptas und mehr		Insgesamt		Basis
	Selbst. %	Unselb. %	Selbst. %	Unselb. %	Selbst. %	Unselb. %	Selbst. %	Unselb. %	Selbst. %	Unselb. %	
Alter											
unter 35 Jahre	28	37	29	41	22	15	21	7	100	100	255
35—44 Jahre	15	50	31	25	27	20	27	5	100	100	266
45—54 Jahre	20	44	28	26	16	23	36	7	100	100	259
55 Jahre und älter	31	59	15	29	23	8	31	4	100	100	229

b) *England*

Einkommen	bis 84 £		85 £ — 149 £		150 £ und mehr		Insgesamt		Basis
	Selbst. %	Unselb. %	Selbst. %	Unselb. %	Selbst. %	Unselb. %	Selbst. %	Unselb. %	
Alter									
unter 35 Jahre	47	86	36	13	17	1	100	100	271
35—44 Jahre	30	69	36	28	34	3	100	100	262
45—54 Jahre	34	74	33	24	33	2	100	100	293
55 Jahre und älter	56	81	29	16	15	3	100	100	229

Tabelle 7 (Fortsetzung)

c) *USA*											
Einkommen	bis 416 $		417 $ — 624 $		625 $ — 832 $		833 $ und mehr		Insgesamt		Basis
Alter	Selbst. %	Unselb. %	Selbst. %	Unselb. %	Selbst. %	Unselb. %	Selbst. %	Unselb. %	Selbst. %	Unselb. %	
unter 35 Jahre	27	23	27	44	23	24	23	9	100	100	274
35—44 Jahre	13	12	29	33	27	29	31	26	100	100	260
45—54 Jahre	17	10	22	39	15	26	46	25	100	100	260
55 Jahre und älter	30	25	19	36	15	20	36	19	100	100	185

Tabelle 8: Berufsmobilität[a)]

	Spanien %	England %	USA %
Berufsmobil	40	49	54
Nicht berufsmobil	58	51	45
Weiß nicht, keine Antwort	2	0	1
Insgesamt	100	100	100
Basis	1024	1058	984

a) Die Frage lautete:
„Wie viele Stellen oder Tätigkeiten haben Sie seit Ihrem 18. Lebensjahr* gehabt?"
Nicht berufsmobil: keinen oder 1 Stellenwechsel
Berufsmobil: 2 Stellenwechsel und mehr

* In den USA wurde die Frage ohne Altersangabe gestellt.

Tabelle 9: Bereitschaft zur Berufsmobilität

„Haben Sie jemals daran gedacht, Ihre berufliche Tätigkeit zu wechseln?"

	England %	USA %
Ja	51	40
Nein	49	59
Weiß nicht, keine Antwort	0	1
Insgesamt	100	100
Basis	1058	984

Tabelle 10: Ortsmobilität[a)]

	Spanien %	USA %
Ortsmobil	55	49
Nicht ortsmobil	40	49
Weiß nicht, keine Antwort	5	2
Insgesamt	100	100
Basis	1024	984

a) Die Frage lautete in Spanien:
„An wie vielen Orten haben Sie seit Ihrem 16. Lebensjahr gewohnt?"
USA: Anzahl der Orte, in denen der Befragte gewohnt hat, die mehr als 100 Meilen von seinem jetzigen Wohnort entfernt sind.
Als nicht ortsmobil wurden dabei diejenigen Befragten eingestuft, die immer an demselben Ort lebten.

Tabelle 11: Bereitschaft zum Ortswechsel

„Denken Sie daran, vielleicht eines Tages in eine andere Stadt zu ziehen?"

	Spanien %	England %	USA %
Ja	28	44	64
Nein	67	52	35
Weiß nicht, keine Antwort	5	4	1
Insgesamt	100	100	100
Basis	1024	1058	984

Tabelle 12: Wichtigste Eigenschaft im Beruf[a)]

	Spanien %	England %	USA %
Hohes Einkommen	28	22	10
Wirtschaftliche Sicherheit	24	32	52
Basis	1024	1058	984

a) In die AUSPIK-Analysen ging diese Variable wie folgt ein:
Hohes Einkommen an 1. und 2. Stelle = einkommensorientiert;
Wirtschaftl. Sicherheit an 1. oder 2. Stelle = sicherheitsorientiert;
Zwei der folgenden Angaben jeweils an 1. *und* 2. Stelle: eine interessante Arbeit, eine Arbeit, bei der man anderen helfen kann, ..., die einem genügend Freizeit läßt = immateriell orientiert.
Die Variablen der Tab. 12, 13 und 15 wurden zu dem Index „Ambition" zusammengefaßt, und zwar führen die Antworten „hohes Einkommen", „Mehrarbeit: Ja" und „Arbeit mit Problemen" zu „Hoher Ambition".

Tabelle 13: Die Bereitschaft zur Mehrarbeit

„Es gibt Leute, die gern mehr arbeiten würden, wenn sie dadurch mehr Geld verdienen könnten, andere würden es vorziehen, weniger zu arbeiten, selbst wenn sie weniger verdienen würden. Zu welcher Gruppe gehören Sie?"

	Spanien %	England %	USA %
Würde gern mehr arbeiten	55	62	35
Mit augenblicklicher Arbeitszeit zufrieden	40	23	37
Würde gern weniger arbeiten	4	13	15
Weiß nicht, keine Antwort	2	1	13
Insgesamt	101[a)]	99[a)]	100
Basis	1024	1058	984

a) Abweichungen von 100 ergeben sich durch Rundungen.

Tabelle 14: Die Ausdehnung der gesamtberuflichen Arbeitszeit

„Wenn es nur von Ihnen abhinge, würden Sie dann solange arbeiten, wie Sie gesundheitlich dazu in der Lage sind, oder würden Sie es vorziehen, sich mit einem bestimmten Alter zur Ruhe zu setzen?"

	Spanien %	England %	USA %
Solange arbeiten, wie man dazu in der Lage ist	70	51	83
Mit einem bestimmten Alter zur Ruhe setzen	27	46	12
Weiß nicht, keine Antwort	3	3	5
Insgesamt	100	100	100
Basis	1024	1058	984

Tabelle 15: Routinearbeit

„Stellen sich Ihnen bei Ihrer Arbeit häufig Probleme, die sich nicht routinemäßig lösen lassen, oder kennen Sie Ihre Tätigkeit und sind völlig an sie gewöhnt?"

	Spanien %	England %	USA[a)] %
Arbeit mit Problemen	29	62	59
Völlig an seine Tätigkeit gewöhnt	70	32	32
Weiß nicht, keine Antwort	1	4	9
Insgesamt	100	98[b)]	100
Basis	1024	1058	782

a) Die Frage wurde in den USA nur an Unselbständige gerichtet.
b) Abweichungen von 100 ergeben sich durch Rundungen.

Tabelle 16: Vorzug von Routinearbeit

a) *Spanien* und *England*

„Was ziehen Sie vor: eine bekannte Tätigkeit, an die Sie vollständig gewöhnt sind, oder eine Arbeit, die Sie häufig vor Probleme stellt, die sich nicht routinemäßig lösen lassen?"

	Spanien %	England %
Tätigkeit mit häufigen Problemen	21	76
Routinearbeit	73	22
Weiß nicht, keine Antwort	6	2
Insgesamt	100	100
Basis	1024	1058

b) *USA*

„Was ziehen Sie vor: eine Arbeit, bei der alles seinen normalen Gang geht, oder sind Sie eher daran interessiert, bei Ihrer Arbeit neue Dinge auszuprobieren?"

	USA %
Daran interessiert, neue Dinge auszuprobieren	21
Arbeit, bei der alles seinen normalen Gang geht	68
Weiß nicht, keine Antwort	11
Insgesamt	100
Basis	984

Tabelle 17: Der Wunsch nach neuen Gütern

„Gibt es viele Dinge, die Sie kaufen oder erneuern möchten, oder besitzen Sie alles, was Sie brauchen?"

	Spanien %	USA %
Möchte viele Dinge kaufen	87	64
Besitzt alles, was er braucht	11	36
Weiß nicht, keine Antwort	2	0
Insgesamt	100	100
Basis	1024	984

Tabelle 18: Angestrebte Schulbildung des Sohnes

„Wenn Sie einen 10jährigen Sohn hätten, mit wieviel Jahren sollte er seine Ausbildung beendet haben?"

a) *Spanien*

	%
Bis zum 16. Lebensjahr	17
Mit 17—19 Jahren	19
Mit 20 Jahren und mehr	57
Weiß nicht, keine Antwort	7
Insgesamt	100
Basis	1024

b) *England*

	%
Bis zum 16. Lebensjahr	32
Mit 17—18 Jahren	35
Mit 19 Jahren und mehr	25
Weiß nicht, keine Antwort	7
Insgesamt	99[a)]
Basis	1058

a) Abweichungen von 100 ergeben sich durch Rundungen.

Tabelle 19: Angestrebte Schulbildung der Tochter

(Text der Frage vgl. Tab. 18)

a) *Spanien*

	%
Bis zum 16. Lebensjahr	25
Mit 17—19 Jahren	25
Mit 20 Jahren und mehr	42
Weiß nicht, keine Antwort	7
Insgesamt	99[a)]
Basis	1024

b) *England*

	%
Bis zum 16. Lebensjahr	41
Mit 17—18 Jahren	35
Mit 19 Jahren und mehr	17
Weiß nicht, keine Antwort	6
Insgesamt	99[a)]
Basis	1058

a) Abweichungen von 100 ergeben sich durch Rundungen.

Tabelle 20: Die Berufswahl der Kinder

„Würden Sie es gerne sehen, wenn Ihre Kinder denselben Beruf wählen würden wie Sie?"

	Spanien %	England %
Ja	21	15
Nein	67	76
Weiß nicht, keine Antwort	13	8
Insgesamt	101[a)]	99[a)]
Basis	1024	1058

a) Abweichungen von 100 ergeben sich durch Rundungen.

Tabelle 21: Die Bereitschaft, neue Produkte auszuprobieren

„Probieren Sie im allgemeinen gern neue Konsumgüter aus oder warten Sie lieber, bis Ihre Bekannten sie erprobt haben und Sie etwas über deren Erfahrung gehört haben?"

	Spanien %	England %	USA %
Probiert selbst	40	35	41
Probiert manchmal selbst	15	7	16
Läßt Bekannte probieren	42	51	40
Weiß nicht, keine Antwort	4	7	3
Insgesamt	101[a)]	100	100
Basis	1024	1058	984

a) Abweichungen von 100 ergeben sich durch Rundungen.

Tabelle 22: Die Einstufung neuer Produkte

„Stellen Ihrer Meinung nach die meisten neuen Produkte, die auf den Markt kommen (z. B. elektrische Haushaltsgeräte, Nahrungsmittel)[a] wirklich einen Fortschritt dar oder sind sie lediglich ein Mittel, um den Leuten das Geld aus der Tasche zu ziehen?"

	Spanien %	USA %
Ein Mittel, um das Geld aus der Tasche zu ziehen	9	10
Fortschritt	79	58
Teils — teils	11	29
Weiß nicht, keine Antwort	1	4
Insgesamt	100	101[b]
Basis	1024	984

a) Die Frage wurde in den USA ohne den eingeklammerten Zusatz gestellt.
b) Abweichungen von 100 ergeben sich durch Rundungen.

Tabelle 23: Die Einstellung zur Frauenarbeit

a) *Spanien*

„Angenommen, alle Kinder in einer Familie sind bereits erwachsen: Halten Sie es dann für richtig, daß die Frau arbeitet oder nicht?"

b) *England*

„Angenommen, eine Familie hat Kinder, die zu Hause leben, aber bereits berufstätig sind: Halten Sie es dann für richtig, daß die Frau arbeitet oder nicht?"

c) *USA*

„Angenommen, eine Familie hat Kinder, aber sie sind alle in der Schule: Halten Sie es dann für richtig, daß die Frau arbeiten geht oder nicht?"

	Spanien %	England %	USA %
Ist richtig	12	55	34
Kommt darauf an	14	9	19
Ist nicht richtig	72	33	46
Weiß nicht, keine Antwort	2	3	1
Insgesamt	100	100	100
Basis	1024	1058	984

Die Variablen der Tab. 23 und 24 wurden zu dem in den AUSPIK-Analysen benutzten Index „Familieneinstellung" zusammengefaßt:

Befürwortet (bedingt) Berufstätigkeit der Frau, lehnt Familienhilfe in Notfällen ab = fortschrittliche Familieneinstellung

Lehnt Berufstätigkeit der Frau ab, für Familienhilfe in Notfällen = traditionale Familieneinstellung

Tabelle 24: Die Einstellung zur Familienhilfe in Notfällen

a) *Spanien* und *England*

„Glauben Sie, daß man verpflichtet ist, einen verheirateten Bruder (England: verheiratete Geschwister) im Notfall zu unterstützen, oder glauben Sie, daß man zu dieser Hilfe nicht verpflichtet ist?"

	Spanien %	England %
Ist verpflichtet	86	38
Ist nicht verpflichtet	13	59
Weiß nicht, keine Antwort	1	3
Insgesamt	100	100
Basis	1024	1058

b) *USA*

„Sollte eine Person auf finanzielle Unterstützung ihrer Familie rechnen können, wenn sie diese benötigt?"

	%
Ja	44
Kommt darauf an	2
Nein	52
Weiß nicht, keine Antwort	2
Insgesamt	100
Basis	984

Tabelle 25: Leben nach Plan

„Zu welcher Gruppe von Personen zählen Sie sich: Zu denjenigen, die ihr Leben nach einem festen Plan gestalten, der die Zukunft umfaßt, oder leben Sie eher in den Tag hinein?"

	Spanien %	England %	USA %
Nach festem Plan	55	62	55
Lebt in den Tag hinein	39	35	43
Weiß nicht, keine Antwort	6	2	3
Insgesamt	100	99[a)]	101[a)]
Basis	1024	1058	984

a) Abweichungen von 100 ergeben sich durch Rundungen.

Tabelle 26: Korrelationsmatrix Spanien
(Anmerkungen s. Seiten 131 und 134)

Variable Nr.

		(2)		(3)		(4)		(5)		(6)		(7)		(8)		(9)		(10)		(11)	
		S*	U*	S	U	S	U	S	U	S	U	S	U	S	U	S	U	S	U	S	U
Alter	(1)	0,21	0,33	0,09	0,20	0,13	0,13	–	–	0,17	0,22	0,06	0,34	0,14	0,17	0,05	0,02	0,34	0,25	0,21	0,28
Schulbildung	(2)	–	–	0,59	0,60	0,35	0,21	–	–	0,24	0,05	0,17	0,14	0,31	0,44	0,14	0,04	0,26	0,23	0,39	0,34
Einkommen	(3)	–	–	–	–	0,08	0,14	–	–	0,12	0,16	0,22	0,03	0,19	0,19	0,14	0,01	0,23	0,20	0,33	0,34

Variable Nr.

		(12)		(13)		(14)		(15)		(16)		(17)		(18)		(19)		(20)		(21)	
		S	U	S	U	S	U	S	U	S	U	S	U	S	U	S	U	S	U	S	U
Alter	(1)	0,27	0,46	0,12	0,35	0,02	0,01	0,04	0,02	0,24	0,46	0,20	0,20	0,04	0,01	0,27	0,32	0,08	0,08	0,17	0,18
Schulbildung	(2)	0,49	0,58	0,24	0,07	0,46	0,46	0,39	0,37	0,24	0,33	0,13	0,18	0,13	0,17	0,38	0,35	0,06	0,23	0,27	0,50
Einkommen	(3)	0,48	0,45	0,20	0,12	0,26	0,34	0,25	0,33	0,12	0,11	0,17	0,15	0,06	0,11	0,20	0,15	0,22	0,32	0,12	0,34

*S = Selbständige *U = Unselbständige

Tabelle 27: Korrelationsmatrix England
(Anmerkungen s. Seiten 131 und 134)

Variable Nr.

		(2)		(3)		(4)		(5)		(6)		(7)		(8)		(9)		(10)		(11)	
		S	U	S	U	S	U	S	U	S	U	S	U	S	U	S	U	S	U	S	U
Alter	(1)	0,21	0,35	0,08	0,22	0,16	0,27	0,13	0,13	—	—	0,29	0,41	0,16	0,18	0,29	0,29	0,18	0,16	0,03	0,21
Schulbildung	(2)	—	—	0,47	0,48	0,04	0,03	0,12	0,14	—	—	0,58	0,35	0,38	0,10	0,09	0,04	0,37	0,49	0,26	0,43
Einkommen	(3)	—	—	—	—	0,01	0,14	0,05	0,14	—	—	0,19	0,17	0,28	0,23	0,02	0,27	0,14	0,23	0,18	0,41

Variable Nr.

		(12)		(13)		(14)		(15)		(16)		(17)		(18)		(19)		(20)		(21)	
		S	U	S	U	S	U	S	U	S	U	S	U	S	U	S	U	S	U	S	U
Alter	(1)	0,11	0,28	—	—	0,15	0,05	0,12	0,02	0,02	0,30	0,12	0,13	—	—	0,14	0,01	0,19	0,14	0,23	0,26
Schulbildung	(2)	0,30	0,35	—	—	0,23	0,18	0,29	0,23	0,89	0,49	0,20	0,24	—	—	0,25	0,17	0,07	0,05	0,19	0,17
Einkommen	(3)	0,25	0,29	—	—	0,26	0,20	0,30	0,25	0,15	0,43	0,19	0,11	—	—	0,05	0,08	0,08	0,02	0,28	0,34

Anmerkungen zu Tabelle 26:

Altersgruppen	*Schulbildung*
Unter 35 Jahre	Ohne, Volksschule
35—44 Jahre	Berufsschule, Mittlere Reife
45—54 Jahre	Abitur, Universität ohne Abschluß
55 Jahre und älter	Universität mit Abschluß

Einkommen

Bis 4999 ptas
5000—7999 ptas
8000—11 999 ptas
12 000 ptas und mehr

Anzahl der Fälle

Selbständige	615
Unselbständige	409
Insgesamt	1024

Anmerkungen zu Tabelle 27:

Altersgruppen	*Schulbildung*
Unter 35 Jahre	Grundschule
35—44 Jahre	Höhere Schule (Secondary School)
45—54 Jahre	Handelsoberschule, Ingenieurschule
55 Jahre und älter	Universität ohne Abschluß
	Universität mit Abschluß

Einkommen

Bis 84 £
85 £ — 149 £
150 £ und mehr

Anzahl der Fälle

Selbständige	557
Unselbständige	501
Insgesamt	1058

Tabelle 28: Korrelationsmatrix USA
(Anmerkungen s. Seiten 133 und 134)

Variable Nr.

		(2)		(3)		(4)		(5)		(6)		(7)		(8)		(9)		(10)		(11)	
		S	U	S	U	S	U	S	U	S	U	S	U	S	U	S	U	S	U	S	U
Alter	(1)	0,19	0,21	0,13	0,24	0,11	0,16	0,27	0,37	0,02	0,06	0,24	0,46	0,09	0,21	0,31	0,35	0,33	0,29	0,17	0,07
Schulbildung	(2)	—	—	0,47	0,45	0,23	0,26	0,05	0,14	0,09	0,11	0,11	0,19	0,08	0,21	0,05	0,07	0,15	0,13	0,38	0,41
Einkommen	(3)	—	—	—	—	0,30	0,27	0,12	0,21	0,18	0,08	0,09	0,15	0,14	0,23	0,20	0,30	0,15	0,20	0,97	0,63

Variable Nr.

		(12)		(13)		(14)		(15)		(16)		(17)		(18)		(19)		(20)		(21)	
		S	U	S	U	S	U	S	U	S	U	S	U	S	U	S	U	S	U	S	U
Alter	(1)	0,25	0,10	0,39	0,35	—	—	—	—	—	—	0,13	0,14	0,18	0,15	0,27	0,23	0,21	0,23	0,04	0,06
Schulbildung	(2)	0,13	0,38	0,04	0,08	—	—	—	—	—	—	0,10	0,07	0,18	0,05	0,33	0,28	0,01	0,13	0,14	0,24
Einkommen	(3)	0,71	0,43	0,28	0,14	—	—	—	—	—	—	0,26	0,23	0,14	0,07	0,19	0,16	0,29	0,18	0,38	0,27

Anmerkungen zu Tabelle 28:

Altersgruppen	*Schulbildung*
Unter 35 Jahre	0—11 grades
35—44 Jahre	12 grades
45—54 Jahre	12 grades und nicht-akademische Ausbildung, College ohne Abschluß
55 Jahre und älter	College mit Abschluß

Einkommen (errechnet aus dem Nettojahreseinkommen)

Bis 416 $

417 $ — 624 $

625 $ — 832 $

833 $ und mehr

Anzahl der Fälle

Selbständige	202
Unselbständige	782
Insgesamt	894

Als Korrelationskoeffizient wurde g (gamma) benutzt; der Koeffizient ist beschrieben bei: *M. Zelditch,* A Basic Course in Sociological Statistics, New York - Chicago - San Francisco - Toronto - London 1966, Seite 180—187.

Variablenliste für die Korrelationsmatrizes (Tab. 26—28)

Variable Nr.	Bezeichnung	Fragestellung und Grundauszählung Tab. Nr.
(1)	Alter	—[a]
(2)	Schulbildung	4[a]
(3)	Einkommen	3[a]
(4)	Berufsmobilität	8
(5)	Bereitschaft zur Berufsmobilität	9
(6)	Ortsmobilität	10
(7)	Bereitschaft zum Ortswechsel	11
(8)	Berufsorientierung	12
(9)	Die Bereitschaft zur Mehrarbeit	13
(10)	Der Wunsch nach frühzeitiger Pensionierung	14
(11)	Routinearbeit	15
(12)	Vorzug von Routinearbeit	16
(13)	Der Wunsch nach neuen Gütern	17
(14)	Angestrebte Schulbildung des Sohnes	18
(15)	Angestrebte Schulbildung der Tochter	19
(16)	Berufswahl der Kinder	20
(17)	Die Bereitschaft, neue Produkte auszuprobieren	21
(18)	Die Einstufung neuer Produkte	22
(19)	Die Einstellung zur Frauenarbeit	23
(20)	Die Einstellung zur Familienhilfe in Notfällen	24
(21)	Leben nach Plan	25

a) Vgl. auch die Tab. 5—7.

Anhang B: Technisches zu den Untersuchungen

Die Untersuchungen in Spanien (Herbst/Winter 1965) und England (Frühjahr 1966) wurden von der Forschungsstelle für empirische Sozialökonomik (Prof. Dr. G. Schmölders) e. V. in Zusammenhang mit Meinungsforschungsinstituten in den einzelnen Ländern durchgeführt. Bei den Stichproben handelt es sich um mehrstufige disproportional geschichtete Wahrscheinlichkeitsauswahlen, Kriterien der Selektion waren Geschlecht (nur männliche Haushaltungsvorstände), die Stellung im Beruf und das Pro-Kopf-Einkommen in einzelnen städtischen Regionen des betreffenden Landes. Die regionale Auswahl erfolgte unter dem Gesichtspunkt, Gebiete mit unterschiedlichem Einkommensniveau in die Stichprobe einzubeziehen. Aus einem weiteren Ziel der Studien, Erkenntnisse über Einstellung und Verhalten der Zensiten bei der Besteuerung zu gewinnen[1], ergab sich eine notwendige Überrepräsentation der Selbständigen, da die angeschnittenen Probleme entweder überhaupt oder zumindest überwiegend nur bei dieser Berufsgruppe auftreten. Um über die Analyse der einzelnen Berufsgruppen hinaus Aussagen machen zu können, wurden Gewichtungskoeffizienten (g = Anteil in der Population : Anteil in der Stichprobe) benutzt, so daß die Ergebnisse repräsentativ für die jeweilige städtische Bevölkerung (über 18 Jahre) sind. Bei den in den Tabellen und Schaubildern wiedergegebenen Prozentwerten handelt es sich um gewichtete Daten.

Das Material aus den USA entstammt einer 1965 vom Survey Research Center (SRC) des Institute for Social Research in Ann Arbor/Mich. durchgeführten Untersuchung[2]. Bei dem der Untersuchung zugrunde liegenden Sample handelt es sich um die Grundstichprobe des SRC, die 74 „sampling points" umfaßt (Gebietsauswahl) und repräsentativ für die Haushaltungsvorstände in den Vereinigten Staaten ist[3]. Da die Ergebnisse der beiden europäischen Länder sich nur für städtische Haushalte mit einem männlichen Haushaltungsvorstand verallgemeinern ließen, mußten aus der ursprünglichen amerikanischen Stichprobe (2214 Personen) alle weiblichen sowie alle in ländlichen Gebieten lebenden Befragten ausgeschieden werden. Durch diese Operation reduzierte sich die amerikanische Stichprobe auf 984 Befragte.

---

[1] *B. Beichelt, B. Biervert, J. Daviter, G. Schmölders, B. Strümpel,* Steuernorm und Steuerwirklichkeit, Bd. II, Steuermentalität und Steuermoral in Großbritannien, Frankreich, Italien und Spanien, Köln und Opladen 1969.

[2] Vgl. *J. N. Morgan, I. Sirageldin, N. Baerwaldt,* Productive Americans, a.a.O.

[3] *L. Kish* and *I. Hess,* The SRC's National Sample of Dwellings, Ann Arbor/Mich. 1965.

Anhang C: Das AUSPIK-Verfahren[1]

Bei dem zur Analyse des Datenmaterials benutzten AUSPIK-Verfahren (vgl. Schaubilder I—IX) handelt es sich um eine Methode zur Bestimmung von Einflußfaktoren, die die Variabilität einer abhängigen Variablen und deren Untergruppen optimal erklärt. Das zugrunde liegende statistische Modell lehnt sich weitgehend an einen der Aufgabenkomplexe der Varianzanalyse an[2], in einem System von Beziehungen zwischen einer abhängigen Variablen und einer Vielzahl von Einflußfaktoren die einzelnen Faktoren hierarchisch nach ihrem Erklärungswert für die abhängige Variable zu ordnen. Die Varianzanalyse bietet grundsätzlich zwei Möglichkeiten zur Lösung dieser Aufgabe: Die Ordnung der Einflußfaktoren nach der Höhe der Varianzen zwischen den Gruppen der abhängigen Variablen, die durch die Klassifikationsmerkmale des jeweiligen Einflußfaktors gebildet werden, oder den entsprechenden Q-Werten, i. e. die Relation zwischen den Varianzen zwischen den Gruppen und den Variationen innerhalb der Gruppen. Das AUSPIK-Verfahren läßt beide Wege offen, in der Regel erscheinen die Q-Werte jedoch als geeigneter, da sie als relatives Maß die Homogenität der Gruppen berücksichtigen und darüber hinaus auch nicht — wie die Zwischengruppenvarianzen — gleiche Besetzungszahlen für den Vergleich aller Einflußfaktoren voraussetzen.

Die AUSPIK-Analyse bedient sich somit zwar des Modells der einfachen Varianzanalyse, ihre Zielsetzung erschöpft sich jedoch nicht in einer schlichten hierarchischen Ordnung der Erklärungsfaktoren (x_i) für die Variabilität einer abhängigen Variablen (Y), sie geht vielmehr darüber hinaus und will bei einer großen Anzahl von x_i Y sukzessiv nach den einzelnen x_i gruppieren, hierbei eine Maximierung der Varianz zwischen den Gruppen oder des Q-Wertes anstreben und durch den Vergleich der Zwischengruppenvarianzen oder der Q-Werte die Bedeutung einer jeden erklärenden Variablen x_{ij} für Y auch in den sich ergebenden Untergruppen bestimmen.

Zu diesem Zweck wird zunächst eine Dichotomisierung der Klassifikationsmerkmale aller Einflußfaktoren x_i vorgenommen. Diese Dichotomisierung ist aus zwei Gründen erforderlich: zum ersten, um denjenigen Variablen x_i, die eine Vielzahl von Klassifikationen aufweisen, nicht einen vom Ziel der Analyse gesehenen ungerechtfertigten Vorteil gegenüber solchen Variablen zu verschaffen, die von ihrer Natur her nur eine dichotome Aufteilung vorweisen können (dummy variables)[3]. Zum zweiten kommt hinzu, daß die geometrisch mit der Zahl der zugelassenen Klassifikationen steigende Rechenzeit eine solche Beschränkung erforderlich macht. Jede der möglichen Dichotomisierungen der Klassifikationsmerkmale einer jeden Variablen x_{ij} wird dann auf

---

[1] Vgl. *B. Biervert, M. Dierkes, A. Walzel*, Automatischer Split ..., a.a.O.

[2] Vgl. *J. Pfanzagl*, Allgemeine Methodenlehre der Statistik, Bd. 2, Berlin 1966, S. 248; *A. Linder*, Statistische Methoden, Stuttgart 1960, S. 100, 138.

[3] Vgl. *J. A. Sonquist, J. N. Morgan*, The Detection of Interaction Effects, Ann Arbor/Mich. 1964.

die Höhe ihres Erklärungswertes für die abhängige Variable Y überprüft, es wird also der jeweilige Q-Wert bzw. die Varianz zwischen den dichotomen Gruppen bestimmt. In die weitere Analyse wird dann diejenige Dichotomie der Klassifikationen eines jeden Einflußfaktors aufgenommen, die den optimal möglichen Erklärungswert erreicht, die also den höchsten Q-Wert oder die größte Zwischengruppenvarianz aufweist.

Im weiteren Schritt der Analyse werden die Q-Werte bzw. Zwischengruppenvarianzen der einzelnen Variablen x_{ij} gegenübergestellt und hierarchisch geordnet. Bei der in dieser Hierarchie als erste erscheinenden Variablen handelt es sich dann um den Einflußfaktor, dem bei Dichotomisierung seiner Klassifikationen der höchste Erklärungswert für die Variation von Y zukommt.

Dieser so beschriebene Vorgang wird anschließend in den beiden Untergruppen der optimal erklärenden Variablen wiederholt. Als Ergebnis erhält man eine Dichotomie derjenigen Variablen, die die Variation von Y in den jeweiligen Untergruppen optimal erklärt, die also bezogen auf Y den höchsten Q-Wert oder die größte Zwischengruppenvarianz in dieser Untergruppe aufweist. Hierbei muß hervorgehoben werden, daß auch die Variable, die als höchsterklärende die Untergruppen determiniert, mit in die weitere Analyse aufgenommen wird. Voraussetzung ist jedoch, daß die jeweiligen Untergruppen noch mindestens zwei Klassifikationen der ursprünglichen Einteilung enthalten. Der Informationsverlust durch die Dichotomisierung wird also weitgehend durch die Chance der Variablen, in späteren Ebenen der Analyse noch mit weiteren Klassifikationen zu erscheinen, aufgehoben.

Dieses Verfahren wird nun weiter fortgesetzt, bis eine vom Forscher festgelegte Endbesetzungszahl in den Untergruppen erreicht wird bzw. bis eine Dichotomisierung der verbleibenden Variablen keinen von 1 wesentlich verschiedenen Q-Wert oder keine bedeutende Zwischengruppenvarianz ergibt[4] oder bis in einzelnen Untergruppen keine Varianz von Y mehr vorhanden ist, also alle Werte in der Gruppe mit $\overline{Y}$ identisch sind.

Als Ergebnis der so beschriebenen automatisch von der Datenverarbeitungsanlage durchgeführten Analyse erhält man demnach dichotome Gruppen und Untergruppen, die einen maximalen Erklärungswert für die abhängige Variable haben. In der graphischen Darstellung ergibt sich eine verzweigte Aufteilung von Y, aus der sich die englische Bezeichnung dieses Verfahrens „tree-analysis“ ableitet.

[4] Vgl. zu diesen Grenzen ebenda, S. 114—121.

Literaturverzeichnis

Abramovitz, A.: Resource and Output Trends in the United States since 1870, National Bureau of Economic Research, Occasional Papers, No. 52, New York 1956

Albert, H.: Probleme der Theoriebildung, in: Albert, H. (Hg.), Theorie und Realität, Tübingen 1964

— Modell-Platonismus, in: Topitsch, E. (Hg.), Logik der Sozialwissenschaften, Köln 1965

— Marktsoziologie und Entscheidungslogik, Neuwied 1967

Adelmann, J. and C. *Taft-Morris:* Factor Analysis of the Interrelationship between Social and Political Variables and per Capita Gross National Product, in: Quarterly Journal of Economics, Bd. 79, 1965

Almond, G. A. und S. *Verba:* The Civic Culture, Princeton/N.J., 1963

Anuario estadistico de España, Edición manual, Madrid 1965

Arndt, E.: Zur Anatomie kumulativer Prozesse, in: Der Volkswirt, 27. Jg., Nr. 25 vom 21. 6. 1968

Atkinson, J. W.: Thematic Apperceptive Measurement of Motives Within the Context of a Theory of Motivations, in: Atkinson, J. W. (Hg.), Motives in Fantasy, Actions and Society, Princeton/N.J., 1964

— An Introduction to Motivation, Princeton/N.J., 1964

Banco de Bilbao (Hg.): Renta nacional de España y su distribución provincial, Bilbao 1962

Becker, K. O.: Die wirtschaftlichen Entscheidungen des Haushalts, Berlin 1967

Beckerath, E. von: Spaniens wirtschaftliches und politisches Gleichgewicht, in: Weltwirtschaftliches Archiv, Bd. 34, 1931

Beichelt, B., B. *Biervert*, J. *Daviter*, G. *Schmölders*, B. *Strümpel:* Steuernorm und Steuerwirklichkeit, Bd. II, Steuermentalität und Steuermoral in Großbritannien, Frankreich, Italien und Spanien, Köln und Opladen 1969

Biervert, B.: Die marxistisch-leninistische Theorie der Klassen und des Klassenkampfes für die Phase des Sozialismus und Kommunismus, Kölner Diplomarbeit 1965.

— La motivación profesional de los Españoles, in: Revista Española de la Opinión Pública, Nr. 5, Juli — September 1966

— La contribución de los hogares privados en el desarrollo económico, in: Revista Española de la Opinión Pública, Nr. 13, Juli — September 1968

Biervert, B. und M. *Dierkes:* Ein Modellentwurf für Empiriker, in: Der Volkswirt, 22. Jg., Nr. 23 vom 7. Juni 1968

Biervert, B., M. *Dierkes* und A. *Walzel*: Automatischer Split zur optimalen Kombination erklärender Faktoren, AUSPIK — ein Vorschlag zur Analyse sozialwissenschaftlicher Daten, in: Kölner Zeitschrift für Soziologie und Sozialpsychologie, 21. Jahrgang, 1969, Heft 2

Bilenski, H. L.: The Moonlighter: A Product of Relative Deprivation, in: Industrial Relations, Bd. 3, Nr. 1, Oktober 1963

Bombach, G.: Artikel: „Wirtschaftswachstum", in: HdSW, Bd. 12, Stuttgart, Tübingen, Göttingen 1965

Braibanti, R. and J. *Spengler* (Hg.): Traditions, Values and Socioeconomic Development, Durham 1961

Briefs, G.: Über den Wirtschaftsgeist Spaniens, in: Finke, H. (Hg.), Gesammelte Aufsätze zur Kulturgeschichte Spaniens, 1. Reihe, 3. Band, Münster 1931

Brinkmann, G.: Berufsausbildung und Arbeitseinkommen, Berlin 1967

Castro, A.: The Structure of Spanish History, Princeton 1954

Cattell, R. B.: The Dimensions of Culture Patterns by Factorization of National Character, in: Journal of Abnormal and Social Psychology, Bd. 44, 1949

Clark, C.: The Conditions of Economic Progress, London 1957

Cole, A.: Durable Consumer Goods and American Economic Growth, in: Quarterly Journal of Economics, Bd. 76, 1962

Daheim, J.: Der Beruf in der modernen Gesellschaft, Köln und Berlin 1967

Denison, E. F.: Why Growth Rates Differ — Post-War Experience in Nine Western Countries, The Brookings Institution, Washington 1967

— Sources of Post-War Growth in Nine Western Countries, American Economic Review, Papers and Proceedings, Bd. 57, No. 2, May 1967

Der Volkswirt: 21. Jg., Nr. 31 vom 4. August 1967; 22. Jg., Nr. 29 vom 19. Juli 1968; 22 Jg., Nr. 44 vom 1. November 1968

Dierkes, M.: Produktivität und Expansion — ein Beitrag zur mikroökonomischen Analyse des wirtschaftlichen Wachstums, Kölner Diss. 1969

Die Zeit, Nr. 13 vom 29. 3. 1968

Domar, E. D. (Hg.): Essays in the Theory of Growth, London 1957

Duesenberry, J. S.: Income, Saving and the Theory of Consumer Behavior, New York 1949

Dunckelmann, M.: Die erwerbstätige Frau im Spannungsfeld von Beruf und Konsum, Tübingen 1961

Egner, E.: Der Haushalt, Berlin 1952

— Artikel „Haushalt", in: HdSW, Bd. 5, Stuttgart, Tübingen, Göttingen 1956, S. 65 ff.

Eisermann, G.: Wirtschaftstheorie und Soziologie, Tübingen 1957

Foster, G. M.: Traditional Cultures and the Impact of Technological Change, New York und Evanston 1962

Fourastié, J.: Die große Hoffnung des 20. Jahrhunderts, Köln 1954

Fürst, H.: Einkommen, Nachfrage, Produktion und Konsum des privaten Haushalts in der Volkswirtschaft, Stuttgart 1956

Gäfgen, G.: Theorie der wirtschaftlichen Entscheidung, Tübingen 1963

Garcia-Echevarria, S.: Spanien und die wirtschaftliche Integration Europas unter besonderer Berücksichtigung des Gemeinsamen Marktes, Köln und Opladen 1962

Gehlen, A.: Probleme einer soziologischen Handlungslehre, in: Brinkmann, C. (Hg.), Soziologie und Leben, Tübingen 1952

— Soziologie als Verhaltensforschung, in: Zeitschrift für die gesamte Staatswissenschaft, Bd. 115, 1959

Giersch, H.: Strategien der Wachstumspolitik, in: Zeitschrift für die gesamte Staatswissenschaft, Bd. 119, 1963

Giménez Caballero, E.: El genio intieconomico de España, in: De economia, Jan.-Apr. 1954

Haberler, G.: Prosperität und Depression, Tübingen und Zürich 1955

Hagen, E. E.: On the Theory of Social Change, How Economic Growth Begins, Hamilton/Ill. 1962

Hamilton, D.: The Consumer in Our Economy, Cambridge/Mass. 1962

Harbison, F. und Ch. A. *Myers:* Investitionen in den „Faktor Mensch" und wirtschaftliches Wachstum, in: Eisermann, G. (Hg.), Soziologie der Entwicklungsländer, Stuttgart 1968

Harrod, R. F.: An Essay in Dynamic Theory, in: Economic Journal, No. 49, 1939

Hayes, C. J. H.: The United States and Spain, New York 1951

Heckhausen, H.: Hoffnung und Furcht in der Leistungsmotivation, Meisenheim 1963

Heinrich, K.: Strukturwandlungen und Nachkriegsprobleme der Wirtschaft Spaniens, Kiel 1954

Heintz, P.: Die Struktur der spanischen Persönlichkeit, in: Kölner Zeitschrift für Soziologie und Sozialpsychologie, 7. Jg., 1955, Heft 1

— Interkultureller Vergleich, in: König, R. (Hg.), Handbuch der empirischen Sozialforschung, Bd. I, Stuttgart 1962

Helmstätter, E.: Komponenten des Wachstums, in: Der Volkswirt, Nr. 36, 1967

Henderson, J. M. and R. E. *Quandt:* Microeconomic Theory. A Mathematical Approach, New York 1958

Hergel, H. H.: Industrialisierungspolitik in Spanien seit Ende des Bürgerkrieges, Köln und Opladen 1963

Hirschmann, A. O.: The Strategy of Economic Development, Yale University Press 1958

Hoffmann, W.: Stadien und Typen der Industrialisierung, Jena 1931

Holzner, B.: Völkerpsychologie, Würzburg, o. J.

Hoselitz, B. F. (Hg.): The Progress of Underdeveloped Areas, Chicago 1952

Inkeles, A. and D. J. *Levinson:* National Character: The Study of Modal Personality and Sociocultural Systems, in: Lindzey, G. (Hg.), Handbook of Social Psychology, Bd. II, Reading/Mass. 1954

Kahn, R. L.: Productivity and Job Satisfaction, in: Personnel Psychology, Bd. 13, Nr. 3, 1960.

Kantzenbach, E.: Die Funktionsfähigkeit des Wettbewerbs, Göttingen 1968

Kardiner, A.: The Concept of Basic Personality Structure as an Operational Tool in the Social Sciences, in: Haring, G. (Hg.), Personal Character and Cultural Milieu, Syracuse 1948

Katona, G.: Rational Behavior and Economic Behavior, in: Psychological Review, Bd. 60, No. 5, 1953

— Die Macht des Verbrauchers, Düsseldorf 1961

— Der Massenkonsum. Eine Psychologie der neuen Käuferschichten, Wien, Düsseldorf 1965

Kindleberger, Ch. P.: Economic Development, New York 1965

Kish, L. and I. *Hess*: The SRC's National Sample of Dwellings, Ann Arbor/Mich. 1965

Klatt, S.: Zur Theorie der Industrialisierung, Köln und Opladen 1959

Klein, V.: Women Workers, Paris 1965

König, H.: Ansätze und Probleme der Wachstumstheorie, in: König, H. (Hg.), Wachstum und Entwicklung der Wirtschaft, Köln 1968

König, R.: Soziologische Orientierungen, Vorträge und Aufsätze, Köln, Berlin 1965

Külp, B.: Grundfragen der Wirtschaft — eine Einführung in die Sozialökonomie, Köln 1967

Kuznets, S. S.: Population, Redistribution and Economic Wealth: United States 1870—1950, Philadelphia 1957

Kyrk, H.: A Theory of Consumption, Boston and New York 1923

Lansing, J. B., and E. *Mueller*: The Geographic Mobility of Labor, Ann Arbor 1968

Lauterbach, A.: Psychologie des Wirtschaftslebens, Hamburg 1962

Leibenstein, H.: Economic Backwardness and Economic Growth, New York 1957

Lerner, D.: The Passing of Traditional Society, Modernizing the Middle East, Glencoe/Ill. 1958

Lettiche, J. M.: Adam Smith and David Ricardo on Economic Growth, in: Hoselitz, B. F. (Hg.), Theories of Economic Growth, Glencoe/Ill. 1960

Lewis, A.: Theorie des wirtschaftlichen Wachstums, Tübingen und Zürich 1956

Linder, A.: Statistische Methoden, Stuttgart 1960

Linz, J. J. und A. de *Miguel*: Estructura ocupacional de España, Conferencia sobre la Ordinación profesional de la juventud, o. O. 1964

Lipset, S. M. and R. *Bendix*: Social Mobility in Industrial Society, Berkeley and Los Angeles 1959

Lückert, H. R.: Konfliktpsychologie, München und Basel 1957

Lutz, B. und F. *Weltz*: Der zwischenbetriebliche Arbeitsplatzwechsel. Zur Soziologie und Sozialökonomie der Berufsmobilität, Frankfurt 1966

Machinek, P.: Behandlung und Erkenntniswert der Erwartungen in der Wirtschaftstheorie, Berlin 1968

Machlup, F.: Der Wettstreit zwischen Mikro- und Makrotheorien in der Nationalökonomie, Tübingen 1960

McClelland, D.: The Achieving Society, Princeton 1961

Meade, J. E.: The Growing Economy. Being Volume Two of a Principals of Potential Economy, London 1968

Michel, R. M.: „Ökonomische" und „außerökonomische" Determinanten des Arbeitsangebotes, Kölner Dissertation 1967

Miguel, A. de: Social and Geographic Mobility in Spain, in: International Affairs, Bd. 19, No. 2, 1965

Miguel, A. de und J. J. *Linz:* Nivel de Estudios del empresariado español, in: Revista Arbor, Nr. 219, März 1964

Miller, S. M. und H. *Bryce:* Soziale Mobilität, wirtschaftliches Wachstum und Struktur, in: Kölner Zeitschrift für Soziologie und Sozialpsychologie, Sonderheft 5: Soziale Schichtung und Mobilität, Köln 1961

Moore, W. E.: Der soziale Rahmen der ökonomischen Entwicklung, in: Eisermann, G. (Hg.), Soziologie der Entwicklungsländer, Stuttgart 1968

Morgan, J. N., M. H. *David*, W. J. *Cohen* and H. E. *Brazer:* Income and Welfare in the United States, New York 1962

Morgan, J. N. and M. *David:* Education and Income, in: Quarterly Journal of Economics, Bd. 57, August 1963

Morgan, J. N., J. *Sirageldin* and N. *Baerwaldt:* Productive Americans, Ann Arbor/Mich. 1966

Moser, U.: Psychologie der Arbeitswahl und der Arbeitsstörungen, Bern und Stuttgart 1953

Mueller, E.: The Desire for Innovations in Household Goods, in: Clark, L. H. (Hg.), Consumer Behavior, New York 1958

— Ten Years of Consumer Attitude Surveys — Their Forecasting Record, in: Journal of the American Statistical Association, Dezember 1964

Müller-Armack, A.: Genealogie der Wirtschaftsstile, Stuttgart 1944

Nagel, E.: Über die Aussage: „Das Ganze ist mehr als die Summe seiner Teile", in: Topitsch, E. (Hg.), Logik der Sozialwissenschaften, Köln 1965

Nash, G. D. (Hg.): Issues in American Economic History, Boston 1964

Neuhauser, G.: Grundfragen wirtschaftswissenschaftlicher Methodik, in: Enzyklopädie der geisteswissenschaftlichen Arbeitsmethoden, 8. Lieferung, Methoden der Sozialwissenschaften, München und Wien 1967

Neumann, M.: Kapitalbildung, Wettbewerb und ökonomisches Wachstum, Berlin 1968

Newcomb, Th. M., R. H. *Turner* and Ph. E. *Converse:* Social Psychology, New York 1965

Ogburn, W. F.: Social Change, New York 1966

Oppenländer, K.: Die moderne Wachstumstheorie, Berlin und München 1963

Parsons, T.: Beiträge zur soziologischen Theorie, Neuwied 1964

— The Social System, London 1965

Parsons, T. and N. J. *Smelser:* Economy and Society, A Study in the Integration of Economy and Social Theory, London 1957

Pfanzagl, J.: Allgemeine Methodenlehre der Statistik, Bd. 2, Berlin 1966

Pollard, S.: The Development of the British Economy 1914 to 1950, London 1962

Popper, K.: The Logic of Scientific Discovery, London 1959

— Das Elend des Historizismus, Tübingen 1965

Reeb, H.: Die Konsumneigung als individuelle und als aggregative Funktion, Winterthur 1959

Richardson, J. und F. *Parker:* Warum Europa hinterherhinkt, in: Die Zeit, Nr. 30 vom 26. 7. 1968

Robinson, J.: Essays in the Theory of Economic Growth, London 1962

Roper, E. et al.: Parents' College Plans Study, o.O. 1959

Rose, K.: Der Erkenntniswert der Wachstumsmodelle, in: Jahrbücher für Nationalökonomie und Statistik, Bd. 168, Stuttgart 1956

Rostow, W. W.: The Process of Economic Growth, Oxford 1960

— (Hg.): The Economics of Take-off into Sustained Growth. Proceedings of a Conference held by the International Economics Association, London 1963

Rothschild, K. W.: Lohntheorie, Berlin und Frankfurt 1963

Russett, B. M., R. *Olker* Jr., K. W. *Deutsch* and H. D. *Lasswell:* World Handbook of Political and Social Indicators, New Haven and London 1965

Sampson, A.: An Anatomy of Britain, London 1962

Scherhorn, G.: Bedürfnis und Bedarf, Sozialökonomische Grundbegriffe im Lichte der neueren Anthropologie, Berlin 1959

— Verhaltensforschung und Konsumtheorie, in: Schmollers Jahrbuch, 80. Jg., Heft 1, 1960

— Empirische Theorie der Nachfrage, Kölner Habilitationsschrift 1964

Scheuch, E. K.: Nationale Vorurteile unausrottbar, Vortrag im Hessischen Rundfunk am 21. Dezember 1967

Schmölders, G.: Ökonomische Verhaltensforschung, in: Ordo, Bd. V, 1953.

— Volkswirtschaftslehre und Psychologie, Berlin 1962.

— Der Beitrag der Verhaltensforschung zur Theorie der wirtschaftlichen Entwicklung, in: Systeme und Methoden in den Wirtschafts- und Sozialwissenschaften, Festschrift für Erwin von Beckerath, Tübingen 1964

— Volkswirtschaftslehre als Sozialwissenschaft, Rektoratsrede Köln 1965

— Psychologie des Geldes, Hamburg 1966

— Der private Haushalt als Gegenstand der Verhaltensforschung, in: Die Finanzen des privaten Haushalts, Festschrift für Walter Kaminsky, Frankfurt 1969

Schneider, E.: Einige Bemerkungen zur Theorie des wirtschaftlichen Wachstums, in: Money, Growth and Methodology, Festschrift für Johan Åkerman, Lund 1961

— Das Spiel mit den Wachstumsraten, in: Frankfurter Allgemeine Zeitung vom 3. 4. 1967

— Einführung in die Wirtschaftstheorie, Teil I, 13. Aufl.; Teil II, 11. Aufl., Tübingen 1967

Schultz, T. W.: The Economic Value of Education, New York 1963

Schumpeter, J.: Theorie der wirtschaftlichen Entwicklung — Eine Untersuchung über Unternehmer, Gewinn, Kapital, Kredit, Zins und den Konjunkturzyklus, 5. Aufl., Berlin 1952

Sirageldin, I. A.: Non-Market National Income, Ph. D. Diss., University of Michigan, 1967

Slichter, S. M.: Economic Wealth in the US, Louisiana State University Press 1961

Smelser, N. J.: Social Change in the Industrial Revolution, An Application to the British Cotton Industry, Chicago 1959

Smelser, N. J. and S. M. *Lipset* (Hg.): Social Structure and Mobility in Economic Development, Chicago 1966

Solow, R. M.: Technical Change and the Aggregate Production Function, in: Review of Economics and Statistics, No. 39, 1957

— Technical Progress, Capital Formation and Economic Wealth, in: American Economic Review, Papers and Proceedings, Bd. 52, 1962

Sonquist, J. A. and J. N. *Morgan*: The Detection of Interaction Effects, Ann Arbor/Mich. 1964

Sorokin, P. A.: Social and Cultural Mobility, Glencoe/Ill. 1959

Starbuck, W. H.: Level of Aspiration, in: Psychological Review, Bd. 70, No. 1, 1963

Statistisches Jahrbuch der Bundesrepublik Deutschland 1965, 1966

Statistische Grundzahlen der Gemeinschaft, Brüssel 1967

Strümpel, B.: Wirtschaftliche Entwicklung als menschliches Verhalten, Berlin 1962

— Konsumentenverhalten und wirtschaftliche Entwicklung, in: Wirtschaftstheorie als Verhaltenstheorie — Ein Symposion der Forschungsstelle für empirische Sozialökonomik, Berlin 1969

Strümpel, B. und B. *Biervert*: Konjunkturprognosen aus Konsumentenstimmungen, in: Der Volkswirt, 23. Jg., Nr. 34 vom 22. 8. 1969

Survey of Consumer Finances, Survey Research Center, Ann Arbor/Mich. (jährlich)

Tautscher, A.: Lebensstandard und Lebensglück, Berlin 1963

Thomas, M. W. (Hg.): A Survey of English Economic History, London and Glasgow 1957

Tinbergen, J. and H. *Correa*: Quantitative Adaptation of Education to Accelerated Growth, in: Kyklos, Bd. 15, 1962

US-Department of Commerce (Hg.): The Geographic Mobility of Labor, Washington 1964

Ward, A. D.: The American Economy - Attitudes and Opinions, New York 1955

Weber, M.: Soziologische Grundbegriffe, Tübingen 1960

Widmaier, H. P. und B. *Frey*: Wachstumstheorie und Bildungsökonomik, in: Konjunkturpolitik, Zeitschrift für angewandte Konjunkturforschung, 13. Jg., 3. Heft, Berlin 1967

Wiesbrock, H.: Über Ethnocharakterologie, in: Kölner Zeitschrift für Soziologie und Sozialpsychologie, 9. Jg., Heft 4, 1957.

Williamson, H. F. (Hg.): The Growth of the American Economy, New York 1953

Wölker, H.: Die Bedeutung der empirischen Verhaltensforschung für die ökonomische Theorie, Meisenheim am Glan 1961

Worswick, G. D. N. and P. H. *Ady:* The British Economy in the 1950 ies, Oxford 1962

Zahn, E.: Soziologie der Prosperität, Wirtschaft und Gesellschaft im Zeichen des Wohlstandes, München 1964

— Wirtschaftliche Entwicklung und gesellschaftliche Erwartungen, in: Kölner Zeitschrift für Soziologie und Sozialpsychologie, 19. Jg., Heft 2, 1967.

Zelditch, M.: A Basic Course in Sociological Statistics, New York - Chicago - San Francisco - Toronto - London 1966

Zimmermann, C. C.: Consumption and Standards of Living, London 1936

Zwiedineck-Südenhorst, O. von: Mensch und Wirtschaft, Bd. 1, Berlin 1955

FSC
www.fsc.org
MIX
Papier | Fördert gute Waldnutzung
FSC® C083411

Kolibri 360 GmbH
Ferdinand-Jühlke-Straße 7
99095 Erfurt, Deutschland
produktsicherheit@kolibri360.de

Druck:
CPI Druckdienstleistungen GmbH
im Auftrag der
Kolibri 360 GmbH
Ferdinand-Jühlke-Str. 7
99095 Erfurt

Contents

Contributors

THE AUTHOR

Linda Chadderton is a solicitor, fellow of Advance HE and Director of Professional Legal Education at the University of Lancashire. As a practising solicitor she specialised in defendant litigation. She has responsibility for the professional legal courses at the University of Lancashire and teaches on the postgraduate programmes specialising in the SQE. Her experience of working in the legal profession for over 20 years and subsequently teaching the next generation of legal professionals means she is ideally placed to understand the issues and application involved in preparing for the SQE.

SERIES EDITORS

Dr Amy Sixsmith is associate professor in law at the University of Sunderland and a senior fellow of Advance HE.

Dr David Sixsmith is assistant professor in law at Northumbria Law School and a senior fellow of Advance HE.

Introduction to Revise SQE

Welcome to *Revise SQE*, a series of revision guides designed to help you in your preparation for, and achievement in, the Solicitors Qualifying Examination 1 (SQE1) assessment. SQE1 is designed to assess what the Solicitors Regulation Authority (SRA) refers to as 'functioning legal knowledge' (FLK); this is the legal knowledge and competencies required of a newly qualified solicitor in England and Wales. The SRA has chosen single best answer multiple-choice questions (MCQs) to test this knowledge, and *Revise SQE* is here to help.

PREPARING YOURSELF FOR SQE

The SQE is the relatively new route to qualification for aspiring solicitors, introduced in September 2021 as one of the final stages towards qualification as a solicitor. The SQE consists of two parts:

SQE1

- **Functioning legal knowledge (FLK)**
  - two x 180 MCQs
  - closed book; assessed by two sittings, over 10 hours in total.

SQE2

- **Practical legal skills**
  - 16 written and oral assessments
  - assesses six practical legal skills, over 14 hours in total.

In addition to the above, any candidate will have to undertake two years' qualifying work experience. More information on the SQE assessments can be found on the SRA's dedicated SQE website; this revision guide series will focus on FLK and preparation for SQE1.

It is important to note that the SQE can be perceived to be a 'harder' set of assessments than the Legal Practice Course (LPC). The reason for this, explained by the SRA, is that the LPC is designed to prepare candidates for 'day one' of their training contract; the SQE, on the other hand, is designed to prepare candidates for 'day one' of being a newly qualified solicitor. Indeed, the SRA has chosen the SQE1 assessment to be 'closed book' (ie without permitting use of any materials) on the basis that a newly qualified solicitor would know all of the information being tested, without having to refer to books or other sources.

With that in mind, and a different style of assessments in place, it is understandable that many readers may feel nervous or wary of the SQE. This is especially so given that this style of assessment is likely to be different from what readers will have experienced before. In this *Introduction* and revision guide series, we hope to alleviate some of those concerns with guidance on preparing for the SQE assessment, tips on how to approach single best answer MCQs and expertly written guides to aid in your revision.

What does SQE1 entail?

SQE1 consists of two assessments, containing 180 single best answer MCQs each (360 MCQs in total). The table below breaks down what is featured in each of these assessments.

Assessment	Contents of assessment ('functioning legal knowledge')
FLK assessment 1	• Business law and practice • Dispute resolution • Contract • Tort • The legal system (the legal system of England and Wales and sources of law, constitutional and administrative law and European Union law and legal services)
FLK assessment 2	• Property practice • Wills and the administration of estates • Solicitors accounts • Land law • Trusts • Criminal law and practice

Please be aware that in addition to the above, ethics and professional conduct will be examined pervasively across the two assessments (ie it could crop up anywhere).

Each substantive topic is allocated a percentage of the assessment paper (eg 'legal services' will form 12–16% of the FLK1 assessment) and is broken down further into 'core principles'. Candidates are advised to read the SQE1 Assessment Specification in full (available on the SQE website). We have also provided a *Revise SQE checklist* to help you in your preparation and revision for SQE1 (see below).

HOW DO I PREPARE FOR SQE1?

Given the vastly different nature of SQE1 compared to anything you may have done previously, it can be quite daunting to consider how you could possibly prepare for 360 single best answer MCQs, spanning 11 different substantive topics (especially given that it is 'closed book'). The *Revise SQE FAQs* below, however, will set you off on the right path to success.

Revise SQE FAQs

Question	Answer
1. Where do I start?	We would advise that you begin by reviewing the assessment specification for SQE1. You need to identify what subject matter can be assessed under each substantive topic. For each topic, you should honestly ask yourself whether you would be prepared to answer an MCQ on that topic in SQE1. We have helped you in this process by providing a *Revise SQE checklist* on our website (revise4law.co.uk) that allows you to read the subject matter of each topic and identify where you consider your knowledge to be at any given time. We have also helpfully cross-referenced each topic to a chapter and page of our *Revise SQE* revision guides.
2. Do I need to know legal authorities, such as case law?	In the majority of circumstances, candidates are not required to know or use legal authorities. This includes statutory provisions, case law or procedural rules. Of course, candidates will need to be aware of legal principles deriving from common law and statute. There may be occasions, however, where the assessment specification does identify a legal authority (such as *Rylands v Fletcher* in tort law). In this case, candidates will be required to know the name of that case, the principles of that case and how to apply that case to the facts of an MCQ. These circumstances are clearly highlighted in the assessment specification and candidates are advised to ensure they engage with those legal authorities in full. In each of our texts in the *Revise SQE* series, we detail clearly which authorities are required for that subject. Any authorities provided in addition are designed to assist in your revision by acting as an aide-mémoire.

Revise SQE FAQs (continued)

Question	Answer
3. Do I need to know the history behind a certain area of law?	While understanding the history and development of a certain area of law is beneficial, there is no requirement for you to know or prepare for any questions relating to the development of the law (eg in criminal law, candidates will not need to be aware of the development from objective to subjective recklessness). SQE1 will be testing a candidate's knowledge of the law as it stands four calendar months prior to the date of the first assessment in an assessment window. The SRA on the SQE website has helpfully provided the exact cut off date for each assessment in the cycle; it is worth checking this when you are preparing for your assessment.
4. Do I need to be aware of academic opinion or proposed reforms to the law?	Candidates preparing for SQE1 do not need to focus on critical evaluation of the law, or proposed reforms to the law either.
5. How do I prepare for single best answer MCQs?	See our separate *Revise SQE* guide on preparing for single best answer MCQs below.

Where does *Revise SQE* come into it?

The *Revise SQE* series of revision guides is designed to aid your revision and consolidate your understanding; the series is not designed to replace your substantive learning of the SQE1 topics. We hope that this series will provide clarity as to assessment focus, useful tips for sitting SQE1 and act as a general revision aid.

There are also materials on our website to help you prepare and revise for the SQE1, such as a *Revise SQE checklist*. This *checklist* is designed to help you identify which substantive topics you feel confident about heading into the exam - see below for an example.

Revise SQE checklist

Tort Law

SQE content	Corresponding chapter	*Revise SQE checklist*		
Negligence (duty of care)	Chapter 1	I do not know this subject and I am not ready for SQE1 ☐	I partially know this subject, but I am not ready for SQE1 ☐	I know this subject and I am ready for SQE1 ☐

Tort Law (continued)

SQE content	Corresponding chapter	*Revise SQE checklist*		
Negligence (breach)	Chapter 1	I do not know this subject and I am not ready for SQE1 ☐	I partially know this subject, but I am not ready for SQE1 ☐	I know this subject and I am ready for SQE1 ☐

PREPARING FOR SINGLE BEST ANSWER MCQS

As discussed above, SQE1 will be a challenging assessment for all candidates. This is partly due to the quantity of information a candidate must be aware of in two separate sittings. In addition, however, an extra complexity is added due to the nature of the assessment itself: MCQs.

The SRA has identified that MCQs are the most appropriate way to test a candidate's knowledge and understanding of fundamental legal principles. While this may be the case, it is likely that many candidates have little, if any, experience of MCQs as part of their previous study. Even if a candidate does have experience of MCQs, SQE1 will feature a special form of MCQs known as 'single best answer' questions.

What are single best answer MCQs and what do they look like?

Single best answer MCQs are a specialised form of question, used extensively in other fields such as in training medical professionals. The idea behind single best answer MCQs is that the multitude of options available to a candidate may each bear merit, sharing commonalities and correct statements of law or principle, but only one option is absolutely correct (in the sense that it is the 'best' answer). In this regard, single best answer MCQs are different from traditional MCQs.

A traditional MCQ will feature answers that are implausible in the sense that the distractors are 'obviously wrong'. Indeed, distractors in a traditional MCQ are often very dissimilar, resulting in a candidate being able to spot answers that are clearly wrong with greater ease.

In a well-constructed single best answer MCQ, on the other hand, each option should look equally attractive given their similarities and subtle differences. The skill of the candidate will be identifying which, out of the options provided, is the single best answer. This requires a much greater level of engagement with the question than a traditional MCQ would require; candidates must take the time to read the questions carefully in the exam.

How are single best answer MCQs structured?

For SQE1, single best answer MCQs will be structured as follows:

A woman is charged with battery, having thrown a rock towards another person intending to scare them. The rock hits the person in the head, causing no injury. The woman claims that she never intended that the rock hit the person, but the prosecution allege that the woman was reckless as to whether the rock would hit the other person.

The factual scenario. First, the candidate will be provided with a factual scenario that sets the scene for the question to be asked (known as the 'stem').

Which of the following is the most accurate statement regarding the test for recklessness in relation to a battery?

The lead in. Next, the candidate will be provided with the question that they must find the single best answer to.

A. There must have been a risk that force would be applied by the rock, and that the reasonable person would have foreseen that risk and unjustifiably taken it.
B. There must have been a risk that force would be applied by the rock, and that the woman should have foreseen that risk and unjustifiably taken it.
C. There must have been a risk that force would be applied by the rock, and that the woman must have foreseen that risk and unjustifiably taken it.
D. There must have been a risk that force would be applied by the rock, and that both the woman and the reasonable person should have foreseen that risk and unjustifiably taken it.
E. There must have been a risk that force would be applied by the rock, but there is no requirement that the risk be foreseen.

The possible answers. Finally, the candidate will be provided with **five** possible answers. There is only one single best answer that must be chosen. The other answers, known as 'distractors', are not the 'best' answer available.

It will be beneficial to guide you through each aspect of the MCQ to further your understanding of the writing process.

The stem

The stem (ie scenario) will differ according to each MCQ and what it is seeking to test. If the MCQ is seeking simply to test a candidate's basic knowledge of the law, without application, then the stem is likely to be short. Where, however, the MCQ is seeking to have a candidate analyse a factual pattern, and apply it to the options available, the stem will be significantly longer.

In general, however, a stem should be a concise and clear introduction to the issue at hand. A well written stem should contain all material facts relevant to answering the question about to be asked (new facts should not be introduced in the lead in or the distractors). The stem should not be ambiguous or open to interpretation.

The lead in

The lead in will be a short question and can be phrased in a variety of ways. The lead in should provide the candidate with everything they need to answer the question. There should be no ambiguity or double meanings.

The length and nature of the lead in will vary dependent on the type of question being asked. These categories of MCQ are detailed in the table below.

Categories of MCQs	Explanation and example
'Knows' MCQs	To *recall* a specific answer (eg the author of X is Y)
'Shows How' MCQs	To *analyse* a fact pattern and *apply* (eg the application of X in this case is Y)
'Knows How' MCQs	To *know* the answer, and *show* the reason *why* (eg the purpose of X is Y because ...)

Most commonly, a lead in may be phrased as:

- Which of the following statements best describes ...?
- Which of the following statements best summarises ...?
- Which of the following best explains ...?

A lead in will not, however, be phrased as:

- Which of the following is true?
- What is the rule for X?
- Which one of the following is not correct?

The options

You will be provided with five possible answers and only one is correct (whether that be outright correct, or the single best).

The options will not ask a candidate to identify multiple options as being correct (eg 'A, C and D are correct; B and E are wrong'). Nor will the options feature an 'all of the above' option.

A well written MCQ will avoid vague language in the options. Words such as 'rarely', 'usually' etc should be avoided as they present too much ambiguity. On the other hand, absolute words such as 'only', 'always' and 'never' should equally be avoided because they are often obvious distractors (there rarely being a circumstance in English and Welsh law where the legal position is absolute without exception).

If written well, each option should be plausible (meaning that some candidates would choose it). Plausibility can come from drawing on faulty reasoning and common misconceptions. It may be the case that some options share identical wording save for one word (eg a change from 'may' to 'must'). You therefore need to pay close attention to the wording of the options.

To achieve that, all options will be of a fairly equal length to ensure that they are consistent with one another. It is often said that the correct answer is likely to be the longest; so the writers of the MCQs will have that in mind.

In addition, to ensure plausibility, each option is either likely to be a variation of the other, or each option will be entirely different to the others. MCQ drafters will often rely on the rule of 'Three and Two'. The idea behind this rule is that three options will be fairly similar to each other (eg starting with 'Yes'), whilst the remaining two answers will be equally similar to each other (eg starting with 'No'). If you know the answer is definitely 'Yes', that therefore removes the 'No' options immediately. If the MCQ has not adopted the rule of Three and Two, it is likely that you will be able to pick out the 'obvious' distractor.

Now that you know what the MCQs will look like on SQE1, let us talk about how you may go about tackling an MCQ.

How do I tackle single best answer MCQs?

No exact art exists in terms of answering single best answer MCQs; your success depends on your subject knowledge and understanding of how that subject knowledge can be applied. Despite this, there are tips and tricks that may be helpful for you to consider when confronted with a single best answer MCQ.

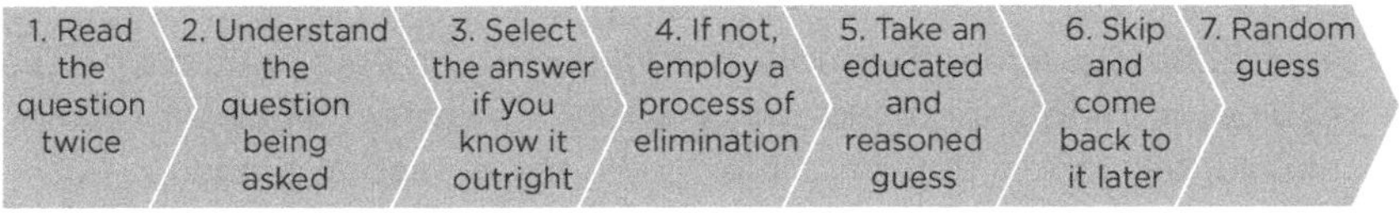

These tips and tricks are essential for preparing you to sit the SQE1 assessment. Each session will involve 90 MCQs, to be answered over 2 hours, 33 minutes. Answering 90 MCQs in that timescale allows *1 minute, 42 seconds per question,* under exam conditions. Of course, some questions will take more or less time to answer than others.

Please take a moment to think about that: on average, within 1 minute and 42 seconds you will have to:

- read the MCQ, including the various answers
- distil from that MCQ what the question is assessing
- work out which of the five possible answers is the correct (or 'single best') answer.

This will be an intensive assessment. You must ensure that you are properly prepared for it, in terms of your subject knowledge and also your mental resilience and time management. Your ability to navigate MCQs will also assist greatly.

1. Read the entire question at least twice

This sounds obvious but is so often overlooked. You are advised to read the entire question once, taking in all relevant pieces of information, understanding what the question is asking you and being aware of the options available. Once you have done that, read the entire question again and this time pay careful attention to the wording that is used.

- **In the factual scenario:** Does it use any words that stand out? Do any words used have legal bearing? What are you told, and what are you not told?
- **In the lead in:** What are you being asked? Are there certain words to look out for (eg 'should', 'must', 'will', 'shall')?
- **In the answers:** What are the differences between each option? Are they substantial differences or subtle differences? Do any differences turn on a word or a phrase?

You should be prepared to give each question at least two viewings to mitigate any misunderstandings or oversights.

2. Understand the question being asked

It is important first that you understand what the question is asking of you. The SRA has identified that the FLK assessments may consist of single best answer MCQs that, for example:

- require the candidate to simply identify a correct legal principle or rule
- require the candidate to not only identify the correct legal principle or rule, but also apply that principle or rule to the factual scenario
- provide the candidate with the correct legal principle or rule, but require the candidate to identify how it should be properly applied and/or the outcome of that proper application.

By first identifying what the question is asking you to do, you can then understand what the creators of that question are seeking to test and how to approach the answers available. Many candidates actually find it beneficial to start with the lead in, before reading the scenario. This gives them the opportunity to understand what the scenario will likely entail. You need to decide what works best for you, so take the opportunity to try both ways.

3. Select the answer if you know it outright

You may feel as though a particular answer 'jumps out' at you, and that you are certain it is correct. It is very likely that the answer is correct. While you should be confident in your answers, do not allow your confidence (and perhaps overconfidence) to rush you into making a decision. Review all of your options one final time before you move on to the next question.

4. If you do not know the answer outright, employ a process of elimination

There may be situations in which the answer is not obvious from the outset. This may be due to the close similarities between different answers. Remember, it is the 'single best answer' that you are looking for. If you keep this in your mind, it will thereafter be easier to employ a process of elimination. Identify which answers you are sure are not correct (or not the 'best') and whittle down your options. Get rid of the distractors. Once you have only two options remaining, carefully scrutinise the wording used in both answers and look back to the question being asked. Identify what you consider to the be the best answer, in light of that question. Review your answer and move on to the next question.

5. Take an educated and reasoned guess

There may be circumstances, quite commonly, in which you do not know the answer to the question. In this circumstance, you should try as hard as possible to eliminate any distractors that you are positive are incorrect and then take an educated and reasoned guess based on the options available. 'Always select C' will not work in this assessment; the correct answers will be randomly distributed amongst the MCQs as options A–E.

6. Skip and come back to it later

If time permits, you may think it appropriate to skip a question that you are unsure of and return to it before the end of the assessment. The assessment portal will highlight any questions that have not been answered, and you are also able to 'flag' questions for your review later on in the assessment (time permitting). If you do so, we would advise that you:

- make a note of what question you have skipped or click 'Flag for Review' on your screen, and
- ensure you leave sufficient time for you to go back to that question before the end of the assessment.

The same advice is applicable to any question that you have answered but for which you remain unsure.

7. Random guess

As a matter of absolute last resort, being unable even to take an educated and reasoned guess, you should simply choose an answer. There is no negative marking in the SQE1 assessments, so it is better for you to select an answer with the possibility, by sheer luck, of answering it correctly than it is to leave the answer blank and have no chance of scoring a point. The advice is simple: answer all of the questions, even if you have to guess at the end.

We hope that this brief guide will assist you in your preparation towards, and engagement with, single best answer MCQs.

GUIDED TOUR

Each chapter contains a number of features to help you revise, apply and test your knowledge.

Make sure you know Each chapter begins with an overview of the main topics covered and why you need to understand them for the purpose of the SQE1 assessments.

SQE assessment advice This identifies what you need to pay particular attention to in your revision as you work through the chapter.

What do you know already? These questions help you to assess which topics you feel confident with and which topics you may need to spend more time on (and where to find them in the chapter).

Key term Key terms are highlighted in bold where they first appear and defined in a separate box.

Exam warning This feature offers advice on where it is possible to go wrong in the assessments.

Revision tip Throughout the chapters are ideas to help you revise effectively and be best prepared for the assessment.

Summary This handy box brings together key information in an easy to revise and remember form.

Practice example These examples take a similar format to SQE-type questions and provide an opportunity to see how content might be applied to a scenario.

Procedural link Where relevant, this element shows how a concept might apply to another procedural topic in the series.

Key point checklist At the end of each chapter there is a bullet-point summary of its most important content.

Key terms and concepts These are listed at the end of each chapter to help ensure you know, or can revise, terms and concepts you will need to be familiar with for the assessments.

SQE-style questions Five SQE-style questions on the chapter topic give you an opportunity to test your knowledge.

Answers to questions Check how you did with answers to both the quick knowledge test from the start of the chapter and the SQE-style questions at the end of the chapter.

Key cases, rules, statutes and instruments These list the key sources candidates need to be familiar with for the SQE assessment.

SQE1 TABLE OF LEGAL AUTHORITIES

The SQE1 Assessment Specification states the following in respect of legal authorities and their relevance to SQE1:

> On occasion in legal practice a case name or statutory provision, for example, is the term normally used to describe a legal principle or an area of law, or a rule or procedural step (eg *Rylands v Fletcher*, CPR Part 36, Section 25 notice). In such circumstances, candidates are required to know and be able to use such case names, statutory provisions etc. In all other circumstances candidates are not required to recall specific case names, or cite statutory or regulatory authorities.

This *SQE1 table of legal authorities* identifies the legal authorities you are required to know for the purpose of the SQE1 Functioning Legal Knowledge assessments for *Tort Law*.

Legal authority	Corresponding *Revise SQE* chapter/pages
Occupiers' Liability Act 1957	Chapter 6, pages 115–122
Occupiers' Liability Act 1984	Chapter 6, pages 122–125
Consumer Protection Act 1987	Chapter 7, pages 141–144
Rylands v Fletcher [1868] LR 3 HL 330 (HL)	Chapter 8, pages 167–170

TABLE OF CASES

TABLE OF STATUTES

1

Negligence: Duty of care and breach

MAKE SURE YOU KNOW

This chapter will cover two of the main elements of negligence - duty of care and breach of duty. You are required to know the elements of negligence and apply the legal principles and rules appropriately and effectively to realistic client-based ethical problems and situations for your SQE1 assessment.

When the courts consider whether there is liability in negligence, they use a six-stage test (see the table below). This chapter will cover two of the elements of negligence - duty of care (encompassing actionability and scope of duty) and breach of duty.

Step	Question	Legal Focus
1	Is the harm (loss, injury or damage) actionable in negligence?	Actionability
2	Does the law impose a duty to protect the claimant from this type of harm?	Scope of duty
3	Did the defendant breach that duty by act or omission?	Breach
4	Was the harm factually caused by the defendant's conduct?	Factual causation
5	Is the harm within the scope of the duty identified in step 2?	Duty nexus
6	Is the harm legally recoverable (ie not too remote, not due to another cause, and not avoidable)?	Legal responsibility

SQE ASSESSMENT ADVICE

As you work through this chapter, remember to pay particular attention in your revision to:

- the steps required in establishing negligence
- situations where there is an established duty of care

- situations where there is no established duty of care
- what breach of duty entails and the standard of care applied.

■ WHAT DO YOU KNOW ALREADY?

Have a go at these questions before reading this chapter. If you find some difficult or cannot remember the answers, make a note to look more closely at that during your revision

1) What are the necessary elements to successfully bring a claim in negligence?

   [Introduction to negligence, page 2]

2) In which of the following examples is there an established duty of care?

   a) doctor and patient

   b) driver and pedestrian

   c) teacher and pupil

   d) solicitor and client

   [Establishing a duty of care, pages 5–8]

3) What are the two approaches the courts use when they are considering whether a duty of care is owed?

   [Establishing a duty of care, pages 5–8]

4) What test do the courts use in establishing the general standard of care?

   [Standard of care, pages 15–16]

5) What are the special situations where the court applies a different standard of care?

   [Standard of care: special situations, pages 19–21]

INTRODUCTION TO NEGLIGENCE

The everyday use of the word **negligence** conjures up the notion of a failure to take proper care of something. The law recognises this concept and seeks to provide a remedy to those that are caused injury by a wrongdoer failing to take proper care. The tort of negligence concentrates on the link between the wrongdoer's act or omission and whether that risk ought to have been foreseen.

Negligence is a large topic and will be covered in three chapters. This first chapter will deal with duty and breach. The second chapter will deal with causation, remoteness and loss. The third chapter will deal with remedies, claims for economic loss and psychiatric injury.

Key term: negligence

Negligence relates to an act or omission which breaches a duty of care owed by one party (defendant) to another (claimant) and as a consequence causes loss and damage to that party (claimant).

Revision tip

The SQE1 Assessment Specification does not require you to know case names but it will assist with your understanding and revision if you know the case name and the legal principle.

DUTY OF CARE

When looking at negligence as part of your SQE revision, the first element you need to prove in establishing a claim in negligence is to show that there was a legal **duty of care** owed by the defendant to the claimant. **Figure 1.1** shows the steps involved in establishing liability in negligence.

Was the claimant owed a duty of care?

↓

Has the defendant breached that duty by falling below the required standard of care?

↓

Was the defendant's breach of duty the factual cause of the claimant's injury?

↓

Was the damage suffered not too remote?

Figure 1.1: Duty of care

There are established categories of relationships where a duty of care exists and there are situations where the common law has developed duties of care. **Table 1.1** highlights some examples of situations where a duty of care has been established.

Table 1.1: Examples of established duty of care situations

Duty owed by:	Duty owed to:
Doctor	Patient
Dentist	Patient

Table 1.1: (continued)

Duty owed by:	Duty owed to:
Road user (motorists, cyclists etc)	Road user (pedestrians, motorists, cyclists etc)
Teacher	Pupil
Lecturer	Student
Employer	Employee
Manufacturer	Consumer

Key term: duty of care

Duty of care relates to the obligation owed by the defendant to the claimant to take care to avoid causing the claimant injury or loss.

Look at **Practice example 1.1** below and think about whether a duty of care exists here.

Practice example 1.1

You and your friend decide to meet for a drink in a café. You order and pay for both drinks. The café owner brings you the drinks. Your friend's drink is in an opaque bottle and the café owner pours half of the drink into your friend's glass. As your friend finishes the glass, she pours the residue of the bottle into her glass. It is then she sees what appears to be the remains of a snail and realises she has ingested whatever was in the bottle already. She becomes ill with gastroenteritis.

Do you think the café owner or the manufacturer of the drink owes your friend a duty to take care, namely a duty not to allow the bottled drink to become contaminated and make her ill?

These were the facts in *Donoghue v Stevenson* [1932] AC 562 (HL). Mrs Donoghue could not bring a claim in contract against the café owner as she had no contract with him as her friend paid for the drink. She brought an action against Stevenson, the manufacturer of the ginger beer drink. The House of Lords had to decide whether a duty of care existed. Did the manufacturer owe a duty to ensure the drink did not contain elements that would make the ultimate consumer ill? The House of Lords found that the manufacturer owed a duty to ensure that the drink did not contain material which would make the consumer of the drink ill. Donoghue was able to successfully seek damages for her injuries.

Donoghue v Stephenson established the **neighbour principle**. Lord Atkin stated that:

> You must take reasonable care to avoid acts or omissions which you can reasonably foresee would be likely to injure your neighbour. Who, then, in law is my neighbour? The answer seems to be persons who are so closely and directly affected by my act that I ought reasonably to have them in contemplation as being so affected when I am directing my mind to the acts or omissions which are called in question.

Each case which comes before the courts turns on its own facts, meaning that the court will look at the facts and decide whether as a starting point there is a duty of care.

Establishing a duty of care

In 1990 the courts developed a legal principle for establishing whether a duty of care exists following the case of *Caparo Industries plc v Dickman* [1990] 2 AC 605 (HL). The case involved investors (Caparo) relying upon accounts prepared by auditors (Dickman) relating to Fidelity plc. Once Caparo had bought shares in Fidelity they realised that Fidelity's accounts were in a poor state, which caused Caparo to incur financial losses. The Court had to decide whether Dickman owed a duty of care to Caparo.

The House of Lords stated that courts should use two approaches when considering whether there was a duty of care owed:

a) incrementally and by analogy, or
b) a three-stage test.

Incrementally and by analogy

This first approach taken by the courts means that if a duty of care has been found to exist previously, looking to precedents decided by the courts, or where the situation is analogous to one in which a duty of care has been found to exist, the court will use that to decide the case without any need to refer to the *Caparo* three-stage test.

Caparo three-stage test

The second approach to establishing a duty of care means you must establish the following:

- Reasonable foresight that the defendant's failure to take care could cause damage to the claimant; and

- That there was a relationship of proximity (ie, some connection) between the claimant and the defendant; and
- It is fair, just and reasonable that the law should recognise a duty on the defendant to take reasonable care not to cause that damage to the claimant.

Table 1.2 gives an overview of the *Caparo* three-stage test and highlights examples of how the courts have considered the test. In considering whether there is a duty of care, these examples will help you to understand how the test can be applied.

The *Caparo* three-stage test will only be used in a small number of cases where the court will have to decide whether a new category of duty of care exists. It is not a prescriptive test but it allows the courts to consider whether it is fair to impose a duty of care.

Table 1.2: Overview of Caparo three-stage test

Legal principle	Examples of cases to demonstrate the principle
Reasonable foreseeability The claimant must fall within a class of individuals put at foreseeable risk by the defendant's action	Children playing in the loading bay of the defendant's premises and developing mesothelioma in adult life. It was reasonably foreseeable that the plaintiffs would be exposed to the risk of lung damage. *Evelyn Margereson v JW Roberts Ltd* [1996] 4 WLUK 21 A pregnant pedestrian suffering shock and stillbirth following the sight of the aftermath of a cycling accident. It was not reasonably foreseeable that all people on the street where the negligent driver drove would suffer injury. *Bourhill v Young* [1943] AC 92
Proximity Before a duty of care can arise, there needs to be a certain type of relationship or connection between the parties	A boxer collapsed during the final round of a fight. Resuscitation equipment was not available at the ring side and as a result he suffered brain damage. The Board, as the only body in the UK which could license professional boxing matches and control what medical assistance was available at the ringside, had a relationship of sufficient proximity. Boxers should be able to rely on the defendant to look after their safety. *Watson v British Boxing Board* [2001] 2 WLR 1256

Table 1.2: (continued)

Legal principle	Examples of cases to demonstrate the principle
	A surveyor employed by a landlord of shop premises (Maison Blanc) failed to notify the owners who were renting the shop that the sign above the shop was defective. When the sign fell and injured the claimant the surveyors were not liable. There was insufficient proximity between the surveyor and Maison Blanc (shop proprietor), or between the surveyor and the general public, to establish a duty of care. *Harrison v Technical Sign Co Ltd and Active Commercial Interiors v Cluttons* [2013] EWCA Civ 1569
Fair, just and reasonable Policy considerations are taken into account to prevent a 'flood' of claims	A claim for compensation for wrongful birth following a negligently performed sterilisation operation on the father failed. Whilst it is fair and reasonable to impose a duty of care on the doctor performing the operation it was unfair to extend it to the costs of raising the child (pure economic loss). The pleasure of raising a child outweighed the financial burden. *McFarlane v Tayside Health Board* [2000] 2 AC 59 It was fair, just and reasonable to impose a duty of care on a rugby referee in an amateur adult match to minimise dangers to players as players' safety was dependent upon the rules of the game being enforced. *Vowles v Evans* [2003] 1 WLR 1607

Figure 1.2 explains the steps the court can consider when dealing with new cases and establishing whether a duty of care exists.

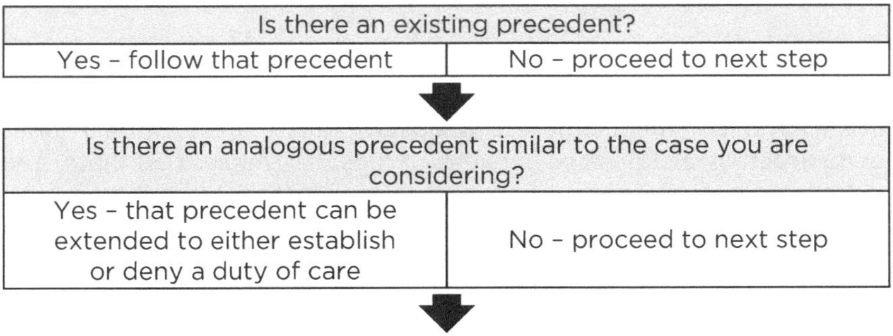

Figure 1.2: Establishing a duty of care – new cases

Figure 1.2: (continued)

Is there reasonable foreseeability of harm? (*Caparo* three-stage test)	
Yes – go to next step	No – no duty of care owed

Is there a relationship of proximity between the claimant and defendant? (*Caparo* three-stage test)	
Yes – go to next step	No – no duty of care owed

Is it fair, just and reasonable to impose a duty of care? (*Caparo* three-stage test)	
Yes – duty of care owed	No – no duty of care owed

Revision tip

Remember that if you are presented with a series of facts where there is an established duty of care you will not need to consider the three-stage test.

Special duty of care problems (omissions and third parties)

In considering whether there is a duty of care, there will be occasions when the harm has been caused due to:

- a party failing to act (omissions) or
- where the incident has been caused by a third party.

The courts have developed these 'special duty' problem areas by modifying the *Caparo* test in certain situations. What follows is a consideration of these special areas.

Omissions

In the law of negligence there is no positive duty to act outside tortious or contractual relationships between parties. This means that there is no duty owed in respect of omissions (failing to act) and the law does not impose liability. If you walk past a person choking on food and do not stop and perform first aid you will not be held liable in negligence. There is no positive duty to stop and perform first aid. **Practice example 1.2** considers omissions and failure to positively act.

Practice example 1.2

A local authority is aware of a dangerous obstruction at a junction. It has discretionary statutory power (Highways Act 1980, s 79) to have the obstruction removed and there have been three previous accidents at the same junction. The local authority fails to remove the obstruction and a further serious accident occurs.

Would the local authority be liable for their failure/omission to positively act and remove the obstruction?

These were the facts in *Stovin v Wise* [1996] AC 923 (HL). The Court found that a statutory power did not give rise to a common law duty of care and the local authority had not acted unreasonably in failing to proceed under that power. Even if the work ought to have been carried out, it could not be found that a public law duty gave rise to an obligation to compensate those suffering loss due to its non-performance. The creation of a duty of care in the circumstances posed an unacceptable risk to local authority budgetary decision making in an area where road users themselves were subject to compulsory insurance requirements.

Remember that the law does impose obligations for omissions where there is an established relationship. These 'relationships' are the exceptions to the rule that there is no positive duty to act to prevent harm. **Table 1.3** shows some examples where a duty of care is imposed for omissions due to an established relationship.

Table 1.3: Examples of liability for omissions

Relationship	Case example
Control Situations where the defendant exercises control over the claimant and as such a duty of care for omissions should be imposed.	A teacher who had allowed a child to run onto the road (causing the death of a lorry driver when he swerved and hit a telegraph pole in trying to avoid the child) in the process of attending to another pupil owed the same duty of care as a careful parent. The teacher was not to blame for the accident, but the school (Council) was liable for their omission – in not having a precaution to prevent the child getting onto the street. *Carmarthenshire County Council v Lewis* [1955] AC 549 (HL)

Table 1.3: (continued)

Relationship	Case example
Assumptions of responsibility Situations where the defendant has assumed responsibility for the claimant's safety/wellbeing.	A naval pilot celebrating his birthday became so drunk he collapsed and the officer in charge ordered he be put to bed. He later died due to choking on his own vomit. The Court found that the duty was not owed to prevent the deceased from drinking too much. The duty was however owed for a different omission, namely, the officer on duty's failure to have someone stationed to watch him whilst he slept. *Barrett v Ministry of Defence* [1995] 1 WLR 1217 (CA)
Creating/adopting risks Where the defendant creates a dangerous situation there will be a positive duty to act to deal with the danger.	A tree was stuck by lightning and caught fire (in Western Australia). The owner of the land had a tree-feller cut the tree down but omitted to extinguish the fire and allowed it to burn out. The fire spread to neighbouring land. The landowner was negligent in omitting to extinguish the fire with water. In omitting to take any further steps to prevent the fire from spreading he had adopted the risk of it spreading and was liable when it did. *Goldman v Hargrave* [1967] 1 AC 645 (PC)

Third parties

There is no general duty of care in relation to the acts of third parties. The law does not recognise a duty to prevent other people from causing harm. However, there are exceptions to this rule, similar to the exceptions discussed in respect of omissions. The exceptions originate from a relationship between the parties. **Practice example 1.3** highlights one of these exceptions.

Practice example 1.3

A supermarket chain purchases a cinema with a view to demolishing it and building a supermarket. A few weeks after purchase a fire breaks out, thought to be started by the act of a third party – intruders. The fire destroys the cinema and adjoining properties. Is the supermarket chain liable to the owners of the adjoining properties? Did the supermarket owners owe a duty of care to the property owners to ensure that the cinema was kept locked, preventing vandals from breaking in and starting a fire?

These were the facts in *Smith v Littlewoods; Maloco v Littlewoods* [1987] AC 241 (HL) 271. The supermarket owners had no knowledge of any previous attempts and as such the court found that it was not reasonably foreseeable by them that the fire would be started nor that it would engulf the building.

In *Smith* Lord Goff stated that a duty of care could arise in four circumstances:

- where there was a special relationship between the claimant and defendant
- where there is a special relationship between the defendant and a third party, such as a relationship of control or supervision
- where someone creates a source of danger and it is reasonably foreseeable that the third party would interfere
- where there is a failure to take steps to stop the danger created by a third party.

Table 1.4 gives examples of cases where liability for third parties was established by the court.

Table 1.4: Examples of liability for third parties

Exceptions	Examples
Special relationship between claimant and defendant A relationship such that there is 'proximity' between the parties.	Defendant (decorator) and claimant (homeowner). Duty on defendant to lock premises when he left. *Stansbie v Troman* [1948] 2 KB 48 (CA)
Special relationship between defendant and third party The more 'proximate' the relationship between the parties the more likely there will be a duty of care imposed.	Supervisors of young offenders (who escaped and caused damage to boats) owed a duty of care to owners of the boats. *Home Office v Dorset Yacht Co Ltd* [1970] AC 1004 (HL)

Table 1.4: (continued)

Exceptions	Examples
Creation of a source of danger A duty of care may be imposed on the defendant where the third party's actions make the situation worse.	Defendant owed a duty of care to a police officer who was injured in the process of trying to control the defendant's untethered horses after they bolted due to children (third party) throwing stones. *Haynes v Harwood* [1935] 1 KB 146 (CA)
Failure to prevent a known danger A duty of care may be imposed where the third party creates the danger (as opposed to where the defendant creates the danger).	Defendant (local authority) liable to owners of adjoining premises in failing to prevent the spread of fire by third party intruders. The local authority knew of the danger and failed to prevent it. *Clark Fixing Ltd v Dudley Metropolitan Borough Council* [2001] EWCA Civ 1898

Revision tip

Remember that if you are presented with a series of facts relating to an act or an omission in one of these special categories the duty of care will be modified.

The courts have also considered whether there should be liability for criminal acts of third parties. For example, the courts have decided that the owner of a hotel with adequate security would not owe an absolute duty to prevent an attack on one of the hotel guests (*Al-Najar and others v The Cumberland Hotel (London) Ltd* [2019] 1 WLR 5953).

Consider **Practice example 1.4**.

Practice example 1.4

Following neighbour disputes in local authority housing, a resident repeatedly behaving in an anti-social manner is advised by the local authority that they have commenced eviction proceedings against him. The resident then returns home and attacks and kills the person whom he believes to be the cause of the complaint.

Did the local authority have a duty of care to warn or protect the deceased from the criminal acts of a third party?

These were the facts in the case of *Mitchell v Glasgow City Council* [2009] UKHL 11. The court applied the test of fairness and public policy (*Caparo*) and held that it was not just, fair and reasonable that the local authority should be held liable. The court set out examples where there would be a duty to warn another person that he was at risk of loss, injury or damage as a result of the criminal act of a third party:

- where the person was under a duty to supervise the acts of the third party and fails to do so (*Dorset Yacht*)
- where a person specifically creates a risk of injury (eg, if he arms someone with a weapon)
- where a person assumes specific responsibility for the claimant's safety and then carelessly fails to protect him
- where an employer is vicariously liable for his employee's crime (see **Chapter 5**).

Summary: duty of care	
WHAT is duty of care?	A duty of care is the obligation owed by the defendant to the claimant to avoid causing the claimant loss or damage.
WHEN is duty of care established?	There are situations where an established duty of care exists. For example, the duty of care owed by road users to other road users, by doctors to patients, and by teachers to pupils. For new cases consider whether there is an existing precedent and follow that. If not, if there is an analogous precedent follow that. If not, use the three-stage *Caparo* test (foreseeability of harm, proximity between the parties and whether it is fair, just and reasonable to impose a duty of care).
HOW does it relate to negligence?	Once a duty of care is established the first element of a potential claim in negligence has been proved. This is the first hurdle to cross in bringing a claim in negligence. Once a duty of care has been established, the second hurdle to establish is whether the duty of care has been breached – covered in the next section.

BREACH OF DUTY

When considering scenarios relating to negligence in the SQE assessment, you will need to consider whether a duty of care is established. Once this is established the next element to prove is that the duty of care was breached. There will be a **breach of duty** when the defendant falls below the particular standard of care required by the law. The burden for proving a breach of duty is on the claimant. The court has to be satisfied 'on balance of probabilities' that the duty of care has been breached. We can understand this by using percentage terms. If the court finds that it is 50% likely the claimant's case occurred as the claimant states then the court will find for the defendant. However, if the court finds that it is 51% likely the claimant's case occurred as the claimant states then they will find for the claimant. Whether a breach of duty has occurred depends upon the particular facts of the case. Each case turns on its own facts. **Figure 1.3** can be used to help you establish whether there has been a breach of duty.

Key term: breach of duty

Breach of duty is where one party's behaviour has fallen below the standard expected and required by the law.

Is there reasonable foresight of harm?	
Yes - go to next step	No - no liability in negligence

↓

Is there sufficient proximity?	
Yes - go to next step	No - no liability in negligence

↓

Is it fair, just and reasonable to impose a duty of care?	
Yes - go to next step	No - no liability in negligence

↓

Did the defendant fall below the standard of care required?	
Yes - duty and breach	No - no liability in negligence

Figure 1.3: Establishing breach of duty

Standard of care

You need to be aware of the different standards of care used by the courts. They are as follows:

- general standard of care
- professional standard of care
- special standard of care.

Standard of care: general

The courts use an objective test to measure what the defendant has done compared to what a 'reasonable man' would have done. If the defendant's actions reflect those actions of a reasonable person then they will not have breached their duty of care. If the defendant's actions do not reflect those of a reasonable person they will have breached their duty of care. Their actions will have fallen below the **standard of care**.

Key term: standard of care

The standard of care relates to tests the court will use to assess whether the defendant's actions are those of a reasonable person, in all the circumstances.

There are significant cases where the court has tried to define the reasonable person. **Table 1.5** identifies these cases. Remember that the SQE1 Assessment Specification will not require you to recall the names of the cases but it is important that you understand the principles.

Table 1.5: Reasonable person - case law

Who is the reasonable person?	Examples - case law
'Negligence is the omission to do something which a reasonable man, guided upon those considerations which ordinarily regulate the conduct of human affairs, would do, or doing something which a prudent and reasonable man would not do.' (Lord Alderson)	The defendant's water main burst, flooding the claimant's house. The defendant had acted in accordance with the average temperatures in previous years, not the severe unexpected temperature of 1855. A reasonable man would have done no different. *Blyth v Proprietors of the Birmingham Waterworks* (1856) 11 Ex Ch 781

Table 1.5: (continued)

Who is the reasonable person?	Examples - case law
'Some persons are by nature unduly timorous and imagine every path beset by lions. Others, of more robust temperament, fail to foresee or nonchalantly disregard even the most obvious dangers. The reasonable man is presumed to be free both from over-appreciation and from over-confidence.' (Lord Macmillan)	The defendant was not liable when an employee spilt hot tea on the child claimant whilst carrying an urn. The defendant had assumed the urn would be carried carefully. The reasonable man would not be so apprehensive of danger. *Glasgow Corporation v Muir* [1943] AC 448 (HL)
'The man on the Clapham Omnibus.' 'The man who in the evening pushes his lawn mower in his shirtsleeves.' (Lord Greer)	The defendants were not liable to race track spectators killed in an accident the reasonable person could not foresee. *Hall v Brooklands Auto-Racing Club* [1933] 1 KB 205 (CA)
'... commuters on the Underground.' (Lord Steyn)	The reasonable person would not agree that a doctor/hospital should compensate the parents for the cost of bringing up a healthy but unwanted child, following negligent sterilisation surgery. *McFarlane v Tayside Health Board* [2000] 2 AC 59

In conclusion, for the SQE1, when considering scenarios relating to negligence, you need to be aware that the reasonable person is the 'average person', and in considering the standard of care, it is this average objective test the courts use.

Standard of care: professional

The courts recognise a different standard of care in respect of certain categories of defendants.

Defendants purporting to possess a skill or profession will be judged by a reasonable person with that same skill or trained in the same profession. Consider **Practice example 1.5**.

Practice example 1.5

A hospital patient undergoes electroconvulsive therapy in an attempt to treat severe depression. The treatment involves passing an electric current through the patient's head, which causes seizures. During treatment the patient sustains double hip and pelvis fractures.

Is the doctor negligent in failing to provide the claimant with muscle relaxants or restraints which may have prevented the injuries? Should the doctor have warned the patient about the risks associated with the treatment?

These were the facts in *Bolam v Friern Hospital Management Committee* [1957] 1 WLR 582 (QBD). The court had to decide whether the reasonable doctor would have administered relaxants, restrained the claimant and warned the claimant about the risks of the treatment. The court accepted that there was a responsible body of experts opposed to the use of relaxant drugs and restraint. Further that the experts would only have warned the claimant had he enquired about the risks (which were small) of the treatment.

The *Bolam* test established that a doctor would not be deemed to have breached their duty of care if they acted in accordance with a competent body of medical opinion. In these cases, expert evidence from others within the profession is used to determine whether the defendant's actions were reasonable in the circumstances. The *Bolam* test was modified in *Bolitho v City and Hackney Health Authority* [1998] AC 232 (HL). In *Bolitho* the claimant suffered brain damage as a result of the failure of a doctor to attend to the claimant and intubate (place a tube down the patient's throat to assist with breathing). The court accepted that there were differing medical opinions as to whether the claimant should have been intubated. The court had to satisfy itself that the 'responsible body of medical men' could state a logical basis for the opinion they supported (not intubating the claimant).

When dealing with these types of scenarios in the SQE1 assessment, remember that when presented with skilled medical professionals the standard of care is as follows:

- Did the doctor act in a manner accepted by a responsible body of medical professionals?
- If so, is there a logical basis for their acting in such a manner?

Bolam and *Bolitho* deal with treatment. There has been a departure from the *Bolam* test in respect of the disclosure of pre-treatment information, which you should also ensure you understand. **Practice example 1.6** illustrates further development of the legal principle relating to warning patients of material risks.

Practice example 1.6

For insulin-dependent diabetic pregnant women there is a 9–10% risk of shoulder dystocia during birth. A diabetic pregnant woman of small stature is not advised of this risk and during the birth of her baby there are complications which lead to oxygen deprivation and the child being born with cerebral palsy. The doctor chose not to advise his patient of the risks as he knew them to be small and that most women would opt for a caesarean had he done so. Had his patient known the risks she would have opted for a caesarean. Is the doctor negligent in not advising the patient about the risks?

These were the facts in *Montgomery v Lanarkshire Health Board* [2015] UKSC 11. The Court held that a duty of care extended to warning patients about material risks. The court established that rather than being a matter of clinical judgement it was a matter for the patient to make a decision in respect of their treatment knowing the material risks involved. Whether a risk is a material risk is determined by whether a reasonable person in the patient's position would be likely to attach significance to the risk. In other words, the doctor should disclose risks that they know or ought to know the patient would view as significant.

In negligence, it is not enough to show that the defendant acted carelessly and that harm resulted. Courts will also consider whether the type of harm suffered falls within the scope of the duty that the defendant undertook.

In cases involving clinical negligence, especially those involving pre-treatment advice or risk assessment (such as genetic conditions), the duty of care is often narrowly defined by the purpose of the consultation. For example, if a doctor is advising only on the risk of a specific condition, then liability will typically extend only to that condition, not to unrelated health issues.

Practice example 1.7

A woman consults her doctor before becoming pregnant. She is negligently advised that she does not carry a specific genetic condition. Relying on this advice, she becomes pregnant and gives birth to a child who suffers from both the genetic condition in question and an unrelated neurodevelopmental disorder. Is the doctor liable for the harm caused by the genetic condition and for the unrelated disorder?

These were the facts in *Khan v Meadows* [2021] 3 WLR 147. The defendant doctor had wrongly advised the pregnant claimant that she did not carry the haemophilia gene. The claimant would have undergone foetal testing had she known this fact and, if affected, would have terminated her pregnancy. The defendant accepted liability for the consequences of the child's haemophilia, but denied liability in relation to the fact that the child also had autism. The Supreme Court held that the purpose of the advice was to make an informed decision regarding haemophilia; therefore the mother's losses from having a child with autism fell outside the scope of the duty as the risk of autism was not something which the advice was supposed to guard against.

Revision tip

If you get an MCQ relating to the scope of duty in negligence, always identify what the defendant's duty was aimed at preventing. If the loss suffered is outside that scope, there will be no liability, even if negligence is proven.

The court does not recognise that junior professionals may have less experience than their senior colleagues. It is no defence to a claim to cite lack of experience. This was established in the case of *Wilsher v Essex Area Health Authority* [1988] AC 1074.

Standard of care: special situations

There are certain situations where the courts apply a different standard of care. **Table 1.6** highlights these special situations.

Table 1.6: Standard of care: special situations

Special standard of care	Examples – case law
Children Children are judged by the standard of those of a similar age.	Two 15-year-old schoolgirls were fencing with plastic rulers during class when one of the rulers snapped and a fragment of plastic caused damage to the claimant's sight. The defendant was not liable as an ordinary 15-year-old would not have foreseen the risk. *Mullin v Richards* [1998] 1 WLR 1304 (CA)
Sporting activities Duty only where there is a reckless disregard for safety.	An experienced horse rider injured a photographer at a horse show when he lost control of his horse. There was no breach of duty as there was no 'reckless disregard' for the safety of the spectator, only an error of judgement by the defendant. *Wooldridge v Summer* [1963] 2 QB 43 (CA)
Unskilled defendant Judged to a reasonably competent standard.	A learner driver collided with a lamp post, injuring her driving instructor. The defendant was liable as she was judged to the standard of a reasonably competent driver, not the learner driver she was. *Nettleship v Weston* [1971] 2 QB 691
Illness On occasion modified, the standard of care of a reasonably competent (driver).	The defendant suffered a stroke as his journey began but carried on driving and had three collisions. He was liable as he should have stopped the moment he felt ill. *Roberts v Ramsbottom* [1980] 1 WLR 823 The defendant driver suffered low blood sugar, causing lack of glucose to the brain, and crashed his lorry. He was not liable as he had no knowledge or warning of his condition. *Mansfield v Weetabix* [1998] 1 WLR 1263

Table 1.6: (continued)

Special standard of care	Examples – case law
Emergency situations The duty is to exercise such care and skill as was reasonable in all the circumstances.	The fire service had to transport equipment in order to respond to an emergency. They did not have the means to secure the equipment and the claimant fire fighter was injured when he had to travel with it in the back of the truck. The defendant was not liable – there was not a breach of duty as the benefit of saving a life outweighed the need to take precautions. *Watt v Hertfordshire County Council* [1954] 1 WLR 835 (CA) A police officer who injured the suspect he was pursuing at high speed owed the same standard of care to the suspect as to everyone else. *Marshall v Osmand* [1983] 3 WLR 13
State of knowledge Judged at the time of the incident.	Patients suffered paralysis following contaminated anaesthetic injections. At the time it was not known that the vials storing the anaesthetic could develop cracks allowing bacteria to form. The court judged the case by the state of knowledge at the time (1947) of the incident. *Roe v Minister of Health* [1954] 2 QB 66 (CA)

Revision tip

The SQE1 Assessment Specification expects you to understand the general standard of care and the professional standard of care. Ensure you understand the difference between everyday situations (eg, road traffic accidents) and those involving professionals or people with a particular set of skills (eg, doctors, dentists, solicitors etc). **Table 1.1** highlights examples of established duty of care situations.

Other relevant factors when considering the standard of care

Before we move on to the next element of negligence which must be proved in order to successfully make a claim, it is important to be aware that the court also takes into consideration other relevant factors when considering the standard of care. Other relevant factors are:

- cost of precautions
- social value
- likelihood of harm
- seriousness of injury.

Table 1.7 covers these other relevant factors with case examples to explain what the court takes into consideration.

Table 1.7: Standard of care – other relevant factors

Other relevant factors relating to the standard of care	Case example
Cost of precautions: If the defendant could have avoided breaching their duty of care by taking low-cost precautions the court is more likely to find that the defendant fell below the standard expected and breached their duty to the claimant.	Owners of a factory that had sustained flooding after severe rainstorms had done all that was reasonable (spreading sawdust on the floor) to prevent employees slipping. It was unreasonable to send the employees home as it would mean shutting the factory, which would be very costly. *Latimer v AEC Ltd* [1952] 2 QB 701 (CA)
Social value: The courts may apply a lower standard of care where the defendant's behaviour is in society's interest.	Playing a game in the dark added no social value, only excitement, and the Scout Association were liable for the scout's injuries sustained when playing the game. *Scout Association v Barnes* [2010] EWCA Civ 1486

Table 1.7: (continued)

Other relevant factors relating to the standard of care	Case example
	The Compensation Act 2006 allows the court to take into consideration whether the steps the defendant may have taken relating to a socially desirable activity would have discouraged those from taking part or prevented them from doing so. It reinforces the common law by reassuring people that they should not be deterred from taking part in risky activities if they are for the greater good. Also, the Social Action, Responsibility and Heroism Act 2015 (SARAH) complements the Compensation Act and seeks to provide protection for those that seek to help in emergency situations. When considering the breach of duty, the court is required to have regard to whether the person was acting for the benefit of society, whether they demonstrated a responsible approach and whether they were acting heroically by intervening in an emergency to assist an individual in danger.
Likelihood of harm: The court will take into account the probability of the injury occurring. The more likely it is that the injury will occur, the more likely the court will find the defendants liable on the basis that they could have avoided it.	Whilst it was probable that a cricket ball could clear the perimeter fence from the cricket ground, the likelihood of it hitting a pedestrian (which it did) was a precaution an ordinary careful man would not take. *Bolton v Stone* [1951] 1 All ER 1078 (HL)
Seriousness of injury: The more serious the injury the more likelihood that the court will find that the defendant has fallen below the required standard of care.	The employer of a garage hand who was blind in one eye should have taken into account the seriousness of the consequences for the claimant of injuring his healthy eye by providing safety goggles. *Paris v Stepney Borough Council* [1951] AC 367 (HL)

You should now understand the main principles of the standard of care and how to address it in your revision. **Figure 1.4** illustrates the elements to be considered when revising standard of care.

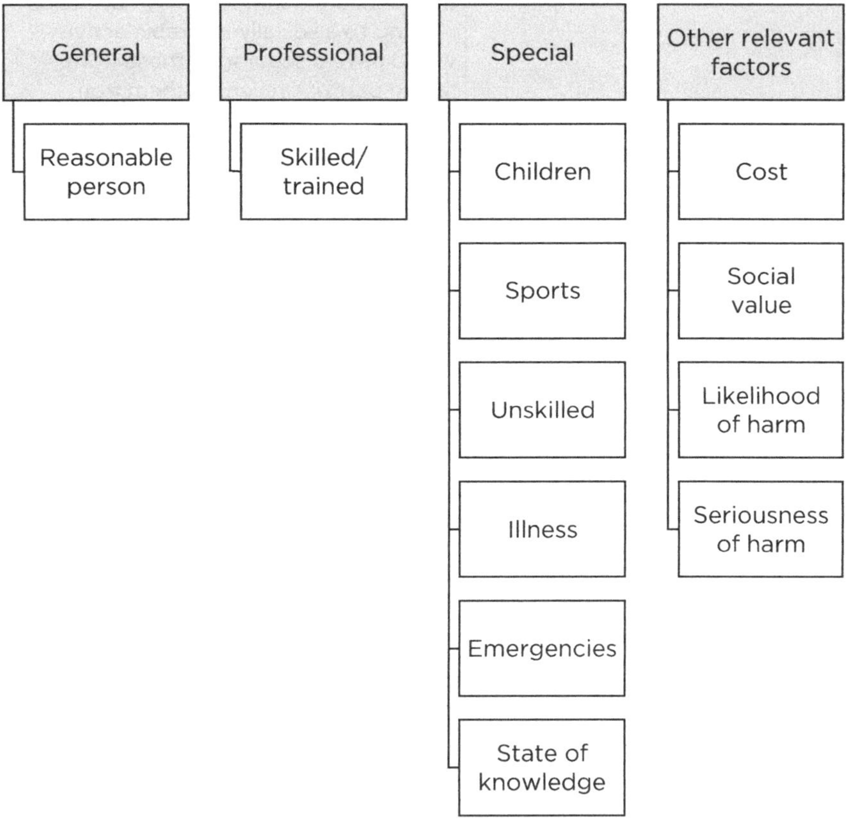

Figure 1.4: Standard of care

ESTABLISHING BREACH OF DUTY

When deciding cases before them, the courts will look at the facts and the evidence and conclude whether the defendant owed a duty of care, whether the duty was breached and whether the breach was both the factual and legal cause of the damage and loss. We will look at causation (factual and legal) in the following chapter.

Res ipsa loquitor

It is important to be aware of the concept of res ipsa loquitur, which is a Latin term meaning 'the thing speaks for itself'. Res ipsa loquitur can be used by the claimant in cases where the actual occurrence of the incident is evidence of negligence. This helps the claimant where it is difficult to prove with evidence that the defendant was negligent. It does not reverse the burden of proof. If the claimant relies upon it then it is up to the defendant to argue that the accident could have occurred without negligence. It is often used by claimants in road traffic accidents who might argue that 'the fact you ran me over whilst I was crossing, using a pedestrian crossing, is evidence by itself that you were driving negligently'. In that example if the defendant had not been driving negligently, they would not have run over the pedestrian.

In order to rely on res ipsa loquitur there must be the following present:

- Control – whatever caused the damage must be under the control of the defendant or those that the defendant is responsible for; for example, the operator of heavy machinery which injures employees.
- The damage would not normally occur without negligence; for example, a plane would not normally crash without negligence (whether that be pilot or mechanical error).
- The cause of the accident must be unknown; for example, if a vehicle loses control and passengers in the vehicle are injured.

Remember that if the cause of the accident is known the court will not allow the claimant to rely upon the principle of res ipsa loquitur. In the example of a car losing control, if there are no witnesses, evidence or explanation for the accident the principle may apply. If, however, road conditions were icy and witnesses state they saw the car's brake lights engage and then witnessed the car skid, it is clear that the accident has been caused by the defendant's failure to drive in an appropriate manner for the road conditions.

Civil Evidence Act 1968

Under the Civil Evidence Act 1968 criminal convictions can be used in evidence in civil proceedings (s 11) if the offence the defendant is convicted of involves negligent conduct. This can assist a claimant as a conviction in a criminal court will be taken as proof by the civil court that the defendant did commit the offence. The burden of proof will shift to the defendant to prove that they were not negligent. The most common examples are driving offences. If a defendant motorist who collides with a pedestrian is convicted under s3 of the Road Traffic Act 1988 for driving without due care and attention, it will be up to the defendant to prove that their negligence did not cause the accident. Similarly, if a doctor is convicted of the criminal offence of gross negligence manslaughter due to their grossly negligent medical treatment which exposed their patient to risk of death, it would be up to the defendant to prove that the claimant's death was not caused by their negligence.

Summary: breach of duty	
WHAT is breach of duty?	If the defendant owes the claimant a duty of care and the defendant's behaviour has fallen below the standard expected and required by the law, they will have breached their duty of care owed to the claimant.
WHAT is the standard expected by the law?	The standard of care relates to the test the court will use to assess whether the defendant's actions are those of a reasonable person, in all the circumstances. a) General standard of care - judged by the actions of a reasonable person. b) Professional standard - judged by a reasonable person with that same skill/ trained in the same profession. c) Special situations - modified to take into account the different standard expected.
WHO is the reasonable person?	The reasonable person is the average person, neither too cautious nor too brave.

■ KEY POINT CHECKLIST

This chapter has covered the following key knowledge points. You can use these to structure your revision around, making sure to recall the key details for each point, as covered in this chapter.

- Negligence is a tort which seeks to provide a remedy where loss or damage is caused to an injured party by a wrongdoer's acts or omissions.
- In order to establish a claim in negligence one must first establish that the defendant owed a duty of care to the claimant.

- The courts recognise situations where there is an established duty of care. Where there is no established duty of care the court may use previous precedents for similar circumstances or analogous circumstances. If there are no relevant precedents the court may use the *Caparo* three-stage test.
- The standard of care relates to the test the court will use to decide whether the defendant's actions were those of a reasonable person. If the defendant's acts or omissions fall below the standard of care expected the court will find that the defendant breached their duty of care.
- The courts recognise a different standard of care in respect of certain categories of defendants.
- The courts use an objective test to measure what the defendant has done compared to what a 'reasonable person' would have done. If the defendant's actions reflect those actions of a reasonable person then they will not have breached their duty of care. If the defendant's actions do not reflect those of a reasonable person they will have breached their duty of care. Their actions will have fallen below the standard of care.
- Defendants purporting to possess a skill or profession will be judged by a reasonable person with that same skill or trained in the same profession.
- In deciding whether the defendant breached their duty of care the court will also take into consideration other relevant factors such as cost of precautions, social value, likelihood of harm and seriousness of injury.
- The burden of proof is on the claimant to prove that on balance of probabilities the defendant breached their duty of care owed to the claimant.
- The claimant can be assisted by the doctrine of res ipsa loquitur if the cause of the damage/loss is unknown, would not normally have occurred without negligence and the defendant had sufficient control.
- Where a defendant has been convicted of a criminal offence which involves negligent conduct the claimant can seek to rely upon the conviction and the defendant will need to prove that they were not negligent.

KEY TERMS AND CONCEPTS

- negligence (**page 3**)
- duty of care (**page 4**)
- breach of duty (**page 14**)
- standard of care (**page 15**)

■ SQE1-STYLE QUESTIONS

QUESTION 1

A man drives his vehicle along a dual carriageway intending to take the first exit at the roundabout leading off the dual carriageway. When he gets to the roundabout there is a queue of stationary traffic. The traffic moves off slowly and he follows the car in front. Checking the roundabout, he sees it is clear and accelerates onto it. The car in front has stopped as the traffic has slowed down and is now stationary and as a result the man drives his vehicle into a collision with the rear of this vehicle.

Is the man likely to be in breach of his duty of care?

A. No, the car in front should have moved onto the roundabout.
B. Yes, but only if it can be proved that it is fair and reasonable.
C. No, whilst the man owes a duty of care, he has not breached his duty as there is no proximity between the parties.
D. Yes, road users owe other road users an established duty of care and by failing to concentrate and colliding with the vehicle in front the man has breached that duty.
E. No, the collision was not reasonably foreseeable and as such there is no breach of duty.

QUESTION 2

A group of children (aged 13 years) are playing on skateboards at a skate park. One group of children (skaters) are taking it in turns to skate down the ramps at the park whilst another group of children (runners) run in front of them. The aim of the game is for the 'runners' to get from one side of the park to the other without the 'skaters' having to stop or swerve out of the way. One of the runners collides with a skater, causing the skater to fall and fracture his left leg and right arm.

In assessing the negligence of the child that caused the injury, which of the following is the most accurate statement of what the court will consider?

A. Whether a reasonable person would have foreseen the likelihood of harm.
B. Whether a reasonable prudent adult would have realised that there was risk of injury.

C. Whether a reasonable 13-year-old would have realised that there was risk of injury.
D. Whether a reasonable prudent child would have realised that there was risk of injury.
E. Whether the risk of injury was such that a child, irrespective of their age, would have foreseen the likelihood of harm.

QUESTION 3

The fire service is responding to an emergency call. The employee of the fire service driving the fire engine is travelling at 50mph in a 30mph zone. The fire engine is displaying sirens and lights to alert other road users of its presence. The fire engine is travelling on a long straight carriageway at the end of which is a traffic light-controlled junction. The lights are on red for the approaching fire engine. As the road appears clear the driver of the fire engine does not slow down but continues through the red light. Suddenly a vehicle enters the junction from the right and collides with the fire engine.

Which of the following is the most accurate statement as to what the court will take into consideration in determining the standard of care owed by the fire service's employee?

A. The social value of responding to an emergency.
B. The experience of the fire service's employee.
C. The cost of taking precautions.
D. The seriousness of the claimant's injuries.
E. The liability of the other driver.

QUESTION 4

A patient attends the accident and emergency department of the local hospital complaining of symptoms of a blood clot in his lungs. The treating doctor (newly qualified and in his first week at the hospital) examines the patient but does not identify that he has suffered a blood clot in his lungs. The doctor fails to administer medication which would treat the condition and, as a consequence, the patient dies.

In considering whether the treating consultant was negligent, which of the following is the most accurate statement of what the court will consider?

A. Whether the patient gave the requisite consent for the treatment.

B. Whether a majority of medical professionals would have identified the patient's condition.
C. Whether a responsible body of medical experts would have identified the patient's condition.
D. Whether a responsible body of newly qualified doctors would have identified the patient's condition.
E. Whether a majority of newly qualified doctors would have identified the patient's condition.

QUESTION 5

A woman consults her doctor before becoming pregnant. She is negligently advised that she does not carry a specific genetic condition (haemophilia). Relying on this advice, she becomes pregnant and gives birth to a child who suffers from both haemophilia and an unrelated neurodevelopmental disorder (autism). The doctor accepts liability for the harm caused by the haemophilia but denies liability for the autism.

What principle will the court apply in deciding the scope of the doctor's liability?

A. A defendant is liable for all foreseeable consequences of their negligence, regardless of the purpose of their advice.
B. A defendant is only liable for harm that falls within the scope of the duty of care they undertook to perform.
C. Once negligence is established, the defendant is liable for all physical harm suffered by the claimant.
D. A medical professional owes a duty of care for all risks associated with pregnancy, whether advised upon or not.
E. A defendant who gives negligent advice is liable for any harm that results from reliance on that advice.

■ ANSWERS TO QUESTIONS

Answers to 'What do you know already?' questions at the start of the chapter

1) The necessary elements required to bring a successful negligence claim are (i) duty of care, (ii) breach of duty, (iii) causation (factual and legal) and (iv) loss and damage.

2) There is an established duty of care in all of the examples. Doctors must do their patients no harm. Road users must abide by the Highway Code. Teachers are said to be 'in loco parentis' (meaning instead of a parent). Solicitors are professionals regulated by their governing body and must act in the best interests of their clients.
3) The two approaches the court takes into account when considering whether there is a duty of care owed is the *Caparo* three-stage test or incrementally and by analogy.
4) The courts use the reasonable person test when assessing the defendant's (general) standard of care.
5) The situations where the court applies a different standard of care are children; sporting activities; unskilled defendants; illness; emergencies and state of knowledge.

Answers to end-of-chapter SQE1-style questions

Question 1:

The correct answer was D. This is because there is an established duty of care between road users. By failing to keep a safe distance and not concentrating on the vehicle in front the court will likely find that the driver has breached his duty of care. Watch out for situations where there is an established duty of care. There is no need to consider the *Caparo* three-stage test.

A is wrong because the traffic was queueing and it was not possible for the car to proceed.

B is wrong because there is an established duty of care between road users and whether it is fair and reasonable relates to a situation where there may not already be an established duty of care.

C is wrong because as there is an established duty of care between the parties there is no need to consider proximity.

E is wrong because there is an established duty of care and foreseeability in respect of that duty of care is not relevant.

Question 2:

The correct answer was C. This is because the court would consider the standard of care expected by a child of similar age, ie. 13 years old. This is one of the categories where there is a special standard of care.

A is wrong because the court will take into consideration the child's age and not that of a 'reasonable person'.

B is wrong because the child is not a reasonably prudent adult.

D is wrong because the court will always take into consideration the child's age.

E is wrong because the court will consider the standard of care expected by a 13-year-old child.

Question 3:

The correct answer was A. This is because there is social value in attending to an emergency. Even though the court will take this into consideration, they are unlikely to conclude that the fire service's driver was reasonable in failing to slow down at the traffic light-controlled junction. The benefit of getting to the emergency quicker does not outweigh the risk of causing the collision. So, whilst the court will consider the social value, they may still find the defendant liable.

B is wrong because the standard of care (road user driving an emergency vehicle) is not affected by the experience of the claimant.

C is wrong because cost of taking precautions is not relevant to the issues.

D is wrong because seriousness of injuries is not taken into consideration when deciding whether the claimant owed a duty of care.

E is wrong because the question asks about the duty of care owed by the fire service's employee not the fault of the other driver.

Question 4:

The correct answer was C. This is because the court considers whether a responsible body of medical experts would have identified the patient's condition. If so, the doctor will have fallen below the standard of care and be in breach of his duty of care. Watch out for the level of experience. Remember that the court will judge a junior doctor to the same standard of care as a fully qualified senior doctor if that is what the role at the hospital purports to be.

A is wrong as, irrespective of whether the patient consented to any treatment, the doctor fell below the standard of care expected.

B is wrong because the test does not refer to a 'majority' of medical professionals.

D is wrong because the court will not take into account the doctor's lack of experience.

E is wrong because the court will consider whether a responsible body of medical experts would have ascertained the claimant was suffering with a blood clot.

Question 5:

The correct answer is B. A defendant is only liable for harm that falls within the scope of the duty of care they undertook to perform. This correctly reflects the approach in *Khan v Meadows* [2021] UKSC 21 and *Manchester Building Society v Grant Thornton* [2021] UKSC 20 focusing on the scope and purpose of the duty, not just foreseeability or factual causation.

A is incorrect because foreseeability alone is not sufficient to establish liability. The courts also consider the purpose of the professional advice. In negligence, harm must fall within the scope of the duty the defendant assumed.

C is incorrect because not all physical harm is compensable unless it is within the scope of the duty breached. Negligence is not an all-or-nothing rule: causation and scope of duty must align. A doctor is not liable for every resulting harm simply because some advice was negligent. Only the relevant, targeted risk matters.

D is incorrect as a duty of care in a professional context is specific to the purpose of the consultation or advice. It is not a blanket duty for all pregnancy-related risks. In this case, the duty was to advise on the risk of a specific genetic condition, not every conceivable risk of pregnancy.

E is incorrect as the court will distinguish between harm that is within the scope of the advice and harm that is merely a consequence of reliance. Even if the claimant relied on the advice, liability is limited to harm the advice was meant to prevent. In this case, autism was outside that purpose.

■ KEY CASES, RULES, STATUTES AND INSTRUMENTS

The SQE1 Assessment Specification does not require you to know case names, but it is helpful to know the names of the cases for memory recall purposes.

- *Donoghue v Stevenson* [1932] AC 562 (HL) (*neighbour principle*)
- *Caparo Industries plc v Dickman* [1990] 2 AC 605 (HL) (*Caparo three-stage test*)
- *Bolitho v City and Hackney Health Authority* [1998] AC 232 (HL)
- *Bolam v Friern Hospital Management Committee* [1957] 1 WLR 582 (QBD) *(Bolam test)*
- *Khan v Meadows* [2021] UKSC 21
- *Manchester Building Society v Grant Thornton* [2021] UKSC 20
- *Montgomery v Lanarkshire Health Board* [2015] UKSC 11

2

Negligence: Causation, remoteness and loss

■ MAKE SURE YOU KNOW

The previous chapter concentrated on two elements to be proved in establishing negligence (duty of care and breach of duty). This chapter concentrates on the remaining elements required to prove negligence, namely causation and loss. You are required to know the elements of negligence and apply the legal principles and rules appropriately and effectively to realistic client-based ethical problems and situations for your SQE1 assessment.

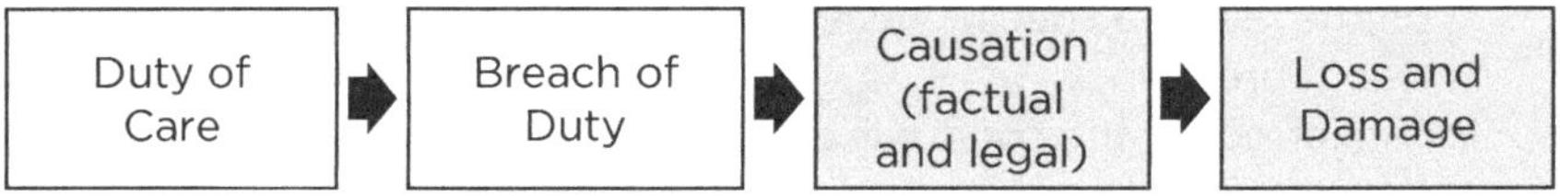

Elements of negligence

■ SQE ASSESSMENT ADVICE

As you work through this chapter, remember to pay particular attention in your revision to:

- steps required in proving factual causation
- situations where there are multiple possible causes of damage
- situations where there are multiple sufficient causes of damage
- steps required in proving legal causation
- the consequence of a break in the chain of causation.

■ WHAT DO YOU KNOW ALREADY?

Have a go at these questions before reading this chapter. If you find some difficult or cannot remember the answers, make a note to look more closely at that during your revision.

1) What is the 'but for' test?

   [Factual causation, pages 36–45]

2) What are the exceptions to the 'but for' test?

   [Factual causation, pages 36–45]

3) True or false?

   Legal causation relates to whether the negligent act was the legal cause of the claimant's harm and if the loss/damage is too remote the claimant will not be liable.

   [Legal causation, pages 45–49]

4) What is a novus actus interveniens?

   a) an omission which displaces the claimant's responsibility but which the claimant remains liable for

   b) an act which creates further damage, which the claimant remains liable for

   c) an act which breaks the chain of causation, making the claim likely to succeed

   d) an act which breaks the chain of causation, allowing the defendant to escape liability

   [Intervening acts, pages 47–49]

5) What is the eggshell skull theory?

   [Eggshell skull, page 47]

INTRODUCTION TO CAUSATION, REMOTENESS AND LOSS

Once you have established that the defendant breached their duty of care to the claimant the next requirement is to establish that the breach caused the claimant's harm. For the purpose of the SQE1 assessment you are required to understand:

- causation
- remoteness and loss.

Each of these will be dealt with throughout the chapter. To begin with, however, it's worth noting that **causation** has two distinct parts: the first is factual causation and the second is legal causation. The court will look at whether the breach of duty was the cause in fact of the harm (factual causation) and whether on the legal interpretation of the facts the harm was not too remote (legal causation). **Figure 2.1** highlights what the court will take into consideration when dealing with causation.

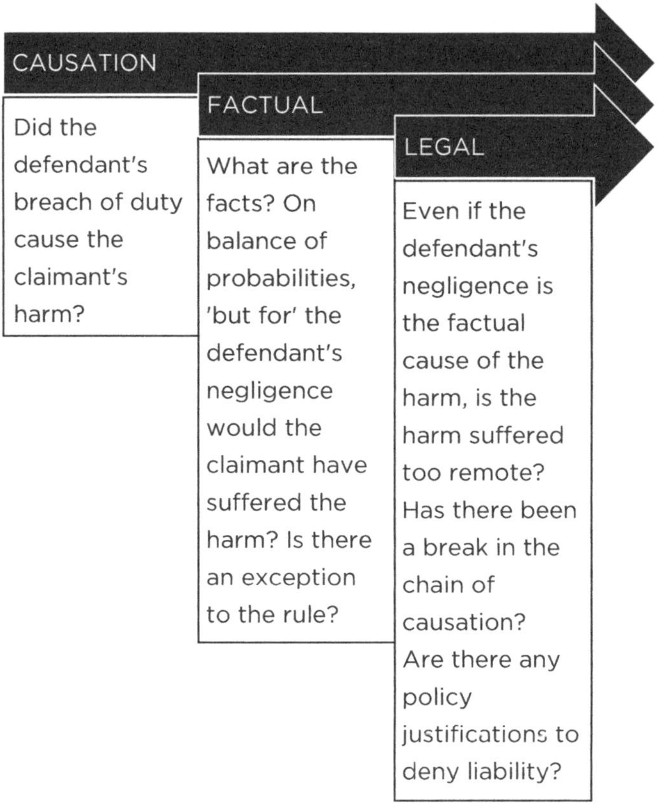

Figure 2.1: Factual and legal causation

Key term: causation

Causation relates to the connection between the breach of duty and the harm suffered. The breach of duty must be both the factual and legal cause of the harm.

FACTUAL CAUSATION

The connection between the breach of duty and the harm suffered needs to be proved by the claimant. The claimant must prove that the defendant's actions caused 'in fact' the claimant's harm. To determine this, the courts use the 'but for' test. The 'but for' test means that the court will look at the defendant's breach of duty and ask, 'But for the defendant's breach of duty would the harm have occurred?' If the answer is 'no', the harm would not have occurred but for the defendant's negligence then the court will find that the defendant's negligence is the factual cause of the claimant's harm. The 'but for' test is explained in *Barnett v Chelsea and Kensington Hospital Management Committee* [1969] 1 QB 428 (QBD). In *Barnett* a doctor did not physically examine the claimant when he attended the hospital's casualty department and the claimant later died from arsenic poisoning. The doctor admitted negligence (he owed a duty of care and had breached that duty) but denied he had caused the claimant's death because even if the doctor had acted he could not have saved the claimant as it was too late to do so. The court held that the failure to treat the claimant was not the cause of death. The claimant was destined to die due to the fact he had ingested arsenic. Therefore the harm would have occurred in any event and not 'but for' the doctor's negligence.

Problems proving factual causation

For *single cause* harm situations, the 'but for' test will be used by the court. However, there are situations with complex facts where it is not possible to establish liability using the 'but for' test because there may be many potential causes of harm. In these complex cases the courts have established exceptions to the test. The exceptions are:

- multiple potential causes
- multiple sufficient causes
- lost chance.

Figure 2.2 illustrates the issues involved in proving factual causation.

Multiple potential causes

In cases where there are competing causes of harm, the percentage chance of one of the causes being the sole cause of the harm reduces. To prepare for the SQE assessment, when dealing with competing cause cases, consider whether there is enough evidence to prove that the harm has been caused by the defendant's negligence. There may be an innocent cause competing with a guilty cause of harm. The breach of duty may also not be the sole cause but may have materially contributed to the harm or materially increased the risk of

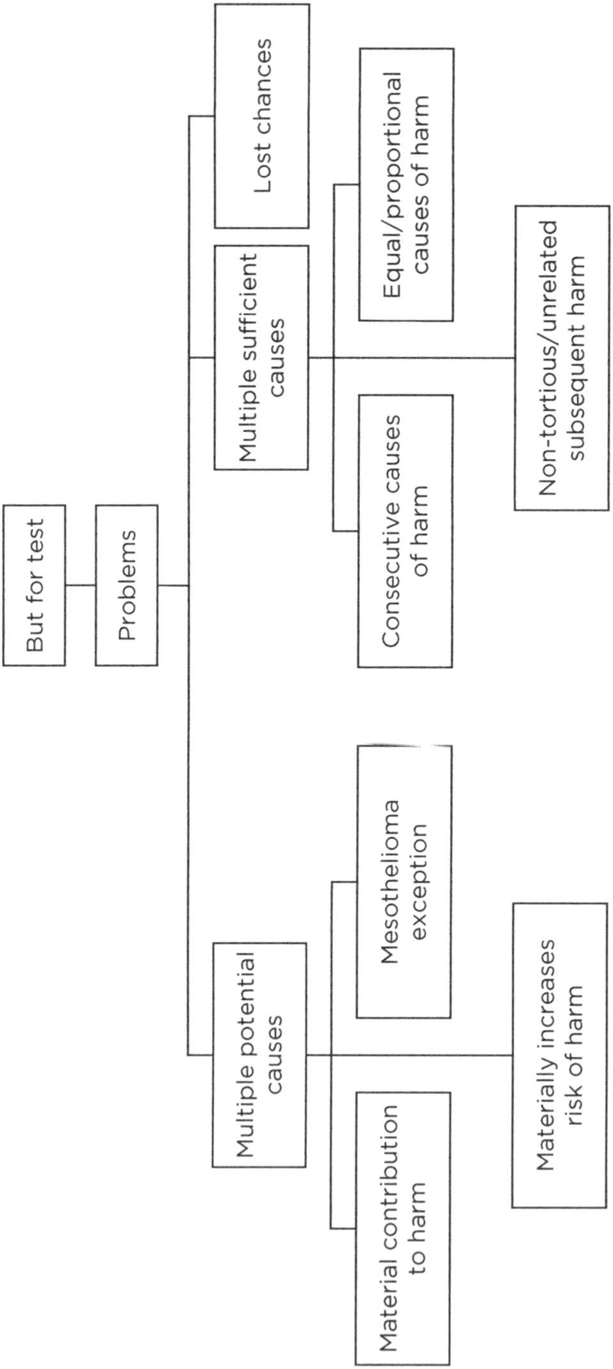

Figure 2.2: Factual causation – problems with the 'but for' test

harm. **Table 2.1** illustrates the type of multiple potential causes and highlights cases where the courts have developed case law dealing with these issues.

Table 2.1: Multiple potential causes

Example case	How the court dealt with the competing causes of harm
Competing causes: *Wilsher v Essex Area Health Authority* [1988] AC 1074 (HL) A doctor negligently fails to monitor the oxygen in the blood of a baby born prematurely and twice gives the baby too much oxygen. Too much oxygen in the blood is a known cause of a retinal condition which causes blindness, which the baby developed. However, there were also four other possible causes of the condition.	Each *competing cause* had a 20% chance of being the factual cause of the condition. On balance of probabilities the doctor's negligence was one of the five factual causes. The court found that on the evidence the cause of the baby's condition could not conclusively be proved to be down to the doctor's negligence.
Materially contributed to harm: *Bonnington Castings Ltd v Wardlaw* [1956] AC 613 A factory worker contracts a lung condition (pneumoconiosis) from the inhalation of silica dust. Inhalation of the dust was inevitable due to the nature of his job. Some of the dust was inhaled due to the nature of the job (innocent dust), whilst some of the dust was inhaled due to the fact that the employer had not ventilated the factory properly (guilty dust). Is the employer liable where it cannot be established which dust has caused the condition?	The lung condition is a cumulative disease caused by the build-up of silica dust in the lungs. On balance, 'but for' the defendant's negligence it could not be proved that the claimant would have suffered the harm. However, the combination of the guilty dust and the innocent dust were more likely to cause the disease. The court found the employer liable as their negligence had *materially contributed* to the harm.

Table 2.1: (continued)

Example case	How the court dealt with the competing causes of harm
Materially increases the risk of harm: *McGhee v National Coal Board* [1973] 1 WLR 1 (HL) The claimant worked cleaning the defendant's brick kilns. He was exposed each day to brick dust during his work. There were no washing facilities at the defendant's premises and the claimant would cycle home covered in grime and sweat. The claimant contracted dermatitis, which can be triggered by one exposure to dust. Is the employer liable when it is not possible to distinguish which dust caused the condition?	With similar facts to *Bonnington* (but with the exception that dermatitis is not cumulative), the court had to decide whether the innocent exposure to dust during the day caused the condition or the guilty exposure when he cycled home and it remained on his skin. The court found the employers negligent on the basis that the longer the dust was on someone's skin the *greater the risk* of developing dermatitis. This increased risk was enough to establish causation.

The court further developed the multiple potential cause exception to the 'but for' test in the case of *Fairchild v Glenhaven Funeral Services Ltd* [2003] 1 AC 32 (HL). The claimants developed lung cancer (mesothelioma) which can be caused by a single fibre of asbestos. They had worked for several employers during their careers and could not show on balance of probabilities which employer had exposed them to the fatal fibre. The court applied *McGhee* as the employers had materially increased the risk of harm. The court found the employers jointly and severally liable, meaning each employer was liable for the whole loss and each also liable for their share of the loss.

Figure 2.3 is an example of the Fairchild exception which will help you understand the position should you encounter an SQE1 question which involves a mesothelioma claim. The claimant has five different periods of employment (including self-employment). Company 1 and 2 went into insolvency so the claimant will not be able to recover any damages from them. Using the decision in *Fairchild* the court will find that company 3 and 4 are both jointly and severally liable. This means that the claimant can pursue a claim against either company 3 or 4 and receive 100% of the damages from either one; equally he can pursue a claim against both company 3 and 4 and he will still receive 100% of the damages. (In practice company 3 and 4 will probably agree to contribute equally to the claim.)

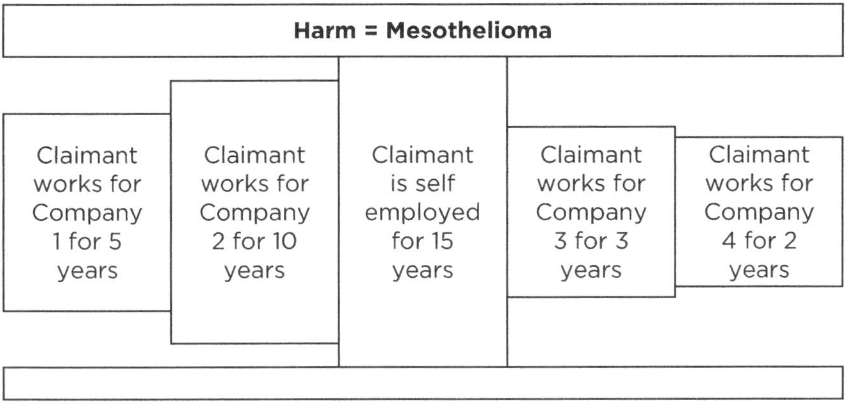

Figure 2.3: Fairchild exception example

Fairchild was considered in *Barker v Corus UK Ltd* [2006] 2 AC 572 (HL). In *Barker* the claimant had been exposed to asbestos over three periods during his career. The first period was working for a company (now insolvent), the second working for the defendant and the third whilst working for himself. The court (applying *Fairchild*) found the defendant and the insolvent company jointly and severally liable but reduced the claimant's damages by 20% to reflect the period when the claimant was self-employed. As one of the employers was insolvent the claimant wanted the other defendant to bear the additional proportion of the damages. The court disagreed and found that the negligent defendants should only be responsible (proportionately) for the extent to which they had increased the risk for the claimant.

Compensation Act 2006

Parliament reacted to the decision in *Barker* by passing the Compensation Act 2006 which effectively saw the position revert back to *Fairchild*. Section 3 provides that a claimant suffering from mesothelioma can recover damages from all responsible persons in breach – the responsible person being both jointly and severally liable.

Revision tip

Ensure you understand the *Fairchild* position regarding mesothelioma claims reiterated in the Compensation Act 2006, namely that each employer can be pursued, and the employers will be jointly and severally liable.

Fairchild relates to mesothelioma cases where there have been multiple negligent exposures to asbestos. **Practice example 2.1**, in contrast, deals with an example of where there was only one negligent exposure.

Practice example 2.1

A claimant (deceased) worked in the defendant's factory offices in Ellesmere Port for 20 years. She was exposed to areas within the factory that were contaminated by asbestos, but she was also exposed to low levels of asbestos in the general environment around her local area. Is the factory owner liable proportionately for the 20-year exposure (*Barker*)? Or liable for the whole loss (*Fairchild*)?

In *Sienkiewicz v Greif Ltd* [2011] UKSC 10, the court decided that the *Fairchild* exception also applied to claims where there was only one negligent defendant. The defendant had materially increased the risk of the claimant developing the disease and as such was 100% liable.

Mesothelioma Act 2014

Due to difficulties involved in tracing employers, parliament passed the Mesothelioma Act 2014 which allows claimants who contracted the disease after 2012 to claim compensation from a government fund.

The *Fairchild* exception also applies to claimants who have developed lung cancer due to exposure to asbestos. As the Compensation Act 2006 only applies to mesothelioma, if a claimant develops lung cancer due to asbestos exposure he could successfully claim against any or all of the employers subjecting him to negligent exposure, but the damages would be apportioned as per *Barker*.

Exam warning

In dealing with SQE questions about employer's claims involving exposure to asbestos ensure you consider the claimant's illness. If the claimant suffers from mesothelioma the Compensation Act 2006 (joint and several liability) is the position. If the claimant develops lung cancer due to negligent exposure to asbestos then *Barker* is the position, namely that the claimant can claim from any liable employers, but the damages will be apportioned relating to how long the claimant worked for that employer.

Multiple sufficient causes

Where more than one negligent defendant could have caused the harm, the court will find both defendants liable. Difficulties can arise where one defendant's negligent act occurs after an earlier negligent act of a previous defendant. Both defendants pass the 'but for' test, but which one should be liable for the harm? **Practice example 2.2** is an example case.

Practice example 2.2

The claimant pedestrian's leg is severely injured due to the negligent driving of the defendant. The claimant is unable to continue with his current employment and takes a job in a scrapyard. During an armed robbery at the scrapyard his same leg is shot and subsequently has to be amputated. The defendant (driver) argued that their liability ended as the claimant was no longer suffering pain due to the leg being removed.

The court found that the liability for the original accident continued even after the claimant had been shot in *Baker v Willoughby* [1970] AC 467 (HL). The second injury to the leg could not reduce the defendant driver's liability or the amount of damages due to the claimant.

In *Jobling v Associated Dairies Ltd* [1982] AC 794 (HL) the court had to consider a similar situation as *Baker*. The claimant suffered a back injury during the course of his employment but was then diagnosed with a back disease unrelated to the injury. The court had to consider whether the defendant should be responsible for the continuing claim (greater loss of earnings due to back disease) and held that the compensation should cease at the point the defendant was diagnosed with back disease, as this would have happened in any event.

Revision tip

When dealing with questions involving consecutive causes of harm, all passing the 'but for' test, the original defendant will be responsible for the harm. If there is an unrelated or non-tortious cause of subsequent harm which does not pass the 'but for' test the original defendant will not be liable for that subsequent harm.

The above cases deal with claims where it is possible to prove which defendant caused the harm. The court has also considered cases where it is impossible to prove which defendant is liable. **Practice example 2.3** considers an example of this.

Practice example 2.3

A pedestrian crosses a road and is hit by the first negligent motorist and then immediately by a second negligent motorist. It is impossible to establish which motorist has caused the claimant's injuries. Using the 'but for' test results in both defendants being 50–50 responsible and neither satisfying liability on balance of probabilities. Which, if any, of the defendants are liable?

This is what the court had to consider in *Fitzgerald v Lane* [1989] AC 328 (HL). The court applied *McGhee* and using the material increase in risk of harm concluded that both defendants were equally liable.

Table 2.2 gives a summary of the relevant principles used in determining causation.

Table 2.2. Determining factual causation

Single cause of harm	The 'but for' test
Competing cause of harm	The breach that substantially causes the harm will be sufficient to prove causation
Materially contributed to harm	The breach that materially contributed to the harm will be sufficient to prove causation
Materially increases the risk of harm	The breach that materially increases the risk of harm will be sufficient to prove causation

Lost chance

We have considered competing causes of harm (whether consecutive – one after the other, or concurrent – at the same time) but what about a negligent act that increases the risk of something happening? **Practice example 2.4** illustrates how the court deals with these types of 'lost chance' claims.

Practice example 2.4

A young boy falls out of a tree and attends hospital with an injured hip. The doctors fail to diagnose vascular necrosis. He returns five days later and receives the correct diagnosis; however, they are unable to prevent paralysis. Had he received the correct diagnosis initially there would have been a 25% chance of the condition being prevented. The claimant had a 75% chance of developing the condition in any event. Did the loss of this 25% chance of recovery satisfy the civil burden on balance of probabilities?

This is what the court had to consider in *Hotson v East Berkshire Health Authority* [1987] AC 750 (HL). The claimant failed as the court applied the 'but for' test and found that it could not be said on balance that but for the doctor's negligence the claimant would have avoided the condition. There was a 75% chance he would have developed the condition even if treated immediately and correctly.

Exam warning

When considering SQE1 questions about loss of chance remember that if the 'lost chance' is less than 50% then on balance of probabilities the court is unlikely to find for the claimant. If the question relates solely to clinical negligence, then you need to be aware that a lost chance claim cannot form the basis of the claim.

LEGAL CAUSATION

The final element in establishing negligence is to prove legal causation. Having proved that the breach of duty was the factual cause of the claimant's harm the court will consider whether the breach of duty was the real cause in law of the claimant's harm. In doing this the court will consider whether the harm suffered was too remote a consequence of the breach and whether there have been any intervening acts which could break the chain of causation.

REMOTENESS

The **test of remoteness** involves asking whether the harm suffered was too remote a consequence of the defendant's negligence. The courts have considered whether liability can be limited for the consequences of a negligent act. **Practice example 2.5** considers this issue.

Key term: test of remoteness

Was the type/kind of damage reasonably foreseeable at the time that the breach of duty occurred?

Practice example 2.5

Owners of a tanker negligently allow oil to leak from their boat into Sydney Harbour. As the oil leaks it mixes with debris and spreads to the wharf owned by the claimants where a ship is undergoing welding repairs. Sparks from the welding activity ignite the oil and the fire damages the wharf and other ships nearby. It is known that thin oil on water is difficult to ignite. Should the owners of the tanker be responsible for all the damage? Would a reasonable person foresee that fire damage would be a direct consequence of the negligent oil spillage?

This is what the court had to consider in *Overseas Tankship (UK) Ltd v Morts Dock and Engineering Co (The Wagon Mound) No 1* [1961] AC 388 (PC). Prior to this case the court had considered that there was liability for all damage which was a physical consequence of the defendant's breach of duty, so that would mean the damaged wharf and boats. However, the court asked whether the kind of damage suffered by the claimant was reasonably foreseeable at the time that the breach of duty occurred. The court found that the oil spillage damaging the slipway was foreseeable (and therefore recoverable in damages) but that the substantial fire affecting the wharf and moored boats was unforeseeable (not recoverable in damages) due to oil being difficult to ignite on water.

Revision tip

When considering SQE1 questions relating to legal causation and remoteness of damage remember that if the *type* or *kind* of damage is foreseeable it does not matter that the extent of the damage is not foreseeable. So, for example, if the court had decided in *The Wagon Mound* that fire was in fact foreseeable, it would not matter that the fire destroyed one boat or one hundred boats, the defendants would have been liable for the whole extent of the damage.

Revision tip

When considering the possible cause of harm, list the possible causes and eliminate those which are not the factual cause of the harm, and then consider whether the harm suffered is not too remote.

Eggshell skull

When we consider any claims in negligence in SQE1, remember the '**eggshell skull theory**' dictates that we take our victims as we find them. It is no defence to a claim to state that the claimant has suffered damage due to their previous state of health. **Practice example 2.6** illustrates the eggshell skull theory.

Key term: eggshell skull theory

The eggshell skull theory means that the court will not allow the defendant to blame the claimant's pre-existing state of health for the consequences of the breach of duty suffered by the claimant.

Practice example 2.6

The claimant's lip is burnt following a splash of molten liquid during the course of his employment. The claimant suffers from a pre-cancerous skin condition. Due to the molten liquid injury he succumbs to cancer. Is the defendant employer liable for the type (the actual damage to his lip) and extent (cancer) of the damage?

This is what the court had to decide in *Smith v Leech Brain & Co Ltd* [1962] 2 QB 405 (CA). The court found that as long as the physical injury to the lip was foreseeable it did not matter that the claimant was more susceptible due to his pre-existing condition. The defendant was liable for the full extent of the harm.

The eggshell skull principle has also been extended to claims involving a claimant with lack of means. In *Lagden v O'Connor* [2004] 1 AC 1067 (HL) the defendant was liable for the cost of the claimant hiring (on credit) a replacement vehicle following a road traffic accident caused by the defendant's negligence which left the claimant without a vehicle. The claimant was 'impecunious' as he was unable to afford to pay in advance for a hire vehicle. The defendant was liable for the higher credit costs.

Intervening acts

We have so far considered the defendant's negligence and whether that was the factual and legal cause of the harm. When preparing for

SQE1, you should also consider whether a chain of events, which starts with the defendant's negligence, is broken by any intervening acts resulting in the defendant not being liable for the claimant's harm. We refer to this as the chain of causation, and intervening acts ('**novus actus interveniens**') which break the chain can either be:

- the claimant's act
- a third party's act
- a separate/natural act.

Key term: novus actus interveniens

A novus actus interveniens is a new intervening act that breaks the chain of causation, meaning that the original defendant's negligent act is not the cause of the claimant's damage/loss.

When considering whether a new intervening act has broken the chain of causation remember that the intervening act must be entirely unreasonable. If it is a reasonably foreseeable consequence of the original defendant's negligent act then it will not break the chain of causation and the original defendant will be liable.

Table 2.3 illustrates how the courts have dealt with later acts and whether they are attributable to the first negligent act or whether they have broken the chain of causation.

Table 2.3: Intervening acts

Type of intervening act	Effect
The claimant's act: The claimant suffered a leg injury due to the defendant's negligence which left him with a weakened leg. When descending stairs his leg gave way, causing him to jump the remaining steps, and in doing so he fractured his ankle. *McKew v Holland & Hannen & Cubitts (Scotland) Ltd* [1969] 3 All ER 1621 (HL)	The claimant's act of descending steep stairs (lacking a handrail) without seeking assistance was enough to break the chain of causation and the defendant was not liable.

Table 2.3: (continued)

Type of intervening act	Effect
A third party's act: The defendant caused a road traffic accident in a tunnel. The attending police inspector sent the claimant police officer on a motorbike against the flow of traffic to close the tunnel entrance (this was contrary to police standing orders). The claimant officer was injured when he collided with oncoming traffic. *Knightley v Johns* [1982] 1 WLR 349 (CA)	The court found that the police inspector had been negligent in giving orders to drive against the flow of traffic and as a result this broke the chain of causation. The defendant was not liable for the claimant's injuries.
A separate/natural act: The claimant's ship was damaged in a collision by the defendant's ship and underwent temporary repairs. The claimant's ship was further damaged in a storm on route to the US to undergo permanent repairs. *Carslogie Steamship Co Ltd v Royal Norwegian Government* [1952] AC 292 (HL)	The claimants sought to recover the cost of all the necessary repairs from the defendant. The court held that the storm was a new intervening act which broke the chain of causation and the claimants could only recover the cost of the damage from the original collision with the defendants.

■ KEY POINT CHECKLIST

This chapter has covered the following key knowledge points. You can use these to structure your revision around, making sure to recall the key details for each point, as covered in this chapter.

- Causation relates to the connection between the defendant's negligent act (breach of duty) and the claimant's loss/damage.
- Causation has two distinct elements, factual and legal causation.
- In simple, single cause cases the court will use the 'but for' test to establish whether the negligent act was the factual cause of the claimant's damage/loss.
- The exceptions to the 'but for' test relate to more complex cases where there are many potential causes of harm. For multiple potential

causes of harm, the court will look at whether the defendant's negligent act materially contributed to the harm. For multiple sufficient causes the court will hold the defendants jointly and severally liable.
- For claims involving mesothelioma the claimant can recover damages from all responsible persons who will be both jointly and severally liable.
- For claims relating to 'lost chance', if the lost chance is less than 50% then on balance of probabilities the court is unlikely to find for the claimant. If the question relates solely to clinical negligence a lost chance claim cannot form the basis of the claim.
- Legal causation relates to whether the negligent act was the legal cause of the claimant's harm. If the loss/damage is too remote the claimant will not be liable.
- Intervening acts will break the chain of causation
- The eggshell principle means that the court will take the claimant as they find them.

■ KEY TERMS AND CONCEPTS

- causation (**page 36**)
- test of remoteness (**page 46**)
- eggshell skull principle (**page 47**)
- novus actus interveniens (**page 48**)

■ SQE1-STYLE QUESTIONS

QUESTION 1

The claimant attends at a busy hospital A&E complaining of a severe headache, dizziness and blurred vision for a number of days. It is very busy and the doctor (newly qualified in his first day on duty) briefly examines him and is in the process of prescribing him painkillers for a migraine when he collapses and dies. Medical evidence shows that the claimant suffered a stroke.

What statement best describes the court's approach when considering whether the treatment provided by the hospital was negligent?

A. The court will take into consideration how busy the A&E department was when the claimant attended.

B. The court will take into consideration whether the doctor's care has fallen below the standard of care expected.
C. The court will take into consideration the training and experience of the treating doctor.
D. The court will take into consideration whether the claimant has contributed to his injuries.
E. The court will take into consideration whether a majority of medical professionals would have prescribed painkillers for a migraine.

QUESTION 2

A baby is born by emergency caesarean due to complications with labour. The doctor on duty failed to appreciate that the baby was in distress and delayed calling the surgical team to perform the caesarean. Following birth, the baby suffers seizures and is left with long-standing health issues affecting speech, sight and hearing. Medical evidence is unable to say with certainty what the cause of the baby's health issues are, but medical experts agree that there are potentially three causes (genetic, oxygen starvation and bacterial infection). The court finds that each of the three causes have an equal percentage chance of being causative of the harm/damage.

Which of the following is most likely to be the position the court will adopt when considering the doctor's liability?

A. The court is likely to find the doctor liable in negligence as he breached his duty when failing to order the caesarean earlier and that breach was causative of the baby's health issues.
B. The court is likely to find that although the doctor breached his duty, his negligent act was one of three potential causes of the baby's harm and on balance of probabilities causation cannot be established.
C. The court is likely to find that although there were competing causes of the baby's harm, on balance, the doctor's negligence was causative and as a consequence the claim against the doctor will succeed.
D. The court is likely to find that the two non-negligent potential causes of the baby's harm are intervening events that break the chain of causation.

E. The court is likely to find the doctor liable as the two non-negligent potential causes of the baby's harm did not break the chain of causation.

QUESTION 3

The claimant contracts mesothelioma caused by exposure to asbestos. During his working life he had four periods of employment when he was exposed to asbestos. He worked for the first company for ten years. He worked for the second company for ten years. The third period of employment was for ten years when he was self-employed. The fourth period of employment was for ten years with a local company which is now insolvent.

Which of the following statements best reflects the approach of the court in determining liability for the negligent exposure to asbestos?

A. The court will hold each employer 25% liable, meaning the claimant will have 25% of his damages reduced to reflect his period of self-employment.
B. The court will hold only those employers liable that are solvent at the time the claimant brings the claim, meaning the claimant will receive only 75% of any damages.
C. The court will find that all defendants are jointly and severally liable, meaning the claimant can bring a claim against any of the solvent employers and receive 100% of any damages.
D. The court will find that all defendants are jointly and severally liable, meaning the claimant can bring a claim against any of the employers but his damages will be reduced by 25% to reflect his period of self-employment.
E. The court will find that all defendants are jointly and severally liable, meaning the claimant can bring a claim against any of the employers but his damages will be reduced by 25% to reflect his period of self-employment and a further 25% to reflect that one company is insolvent.

QUESTION 4

The claimant is travelling on the motorway when she sees a stationary vehicle in the middle lane. She brings her vehicle to a stop at a safe distance behind the stationary vehicle and puts her hazard warning lights on. The car behind her (car A) fails to stop in time and collides with the rear of her car, causing damage and injury. The car behind car

A (car B) fails to stop in time and collides with the rear of car A pushing car A into the claimant's vehicle, causing damage and injury. The experts agree that the claimant's injuries and vehicle damage have been caused in equal proportion by the drivers of car A and car B.

Which of the following statements best represents the position of the court in response to the liability of the responsible drivers?

A. The court is likely to find that the driver of car A is 100% liable for the damage and injury caused to the claimant.
B. The court is likely to find that the driver of car B is 100% liable for the damage and injury caused to the claimant.
C. The court is likely to find the collision caused by the driver of car A to be an intervening act which breaks the chain of causation.
D. The court is likely to find the drivers of car A and car B proportionally liable for the damage and injury caused to the claimant.
E. The court is likely to find the collision caused by the driver of car B to be an intervening act which breaks the chain of causation.

QUESTION 5

The claimant suffers a longstanding injury to her left knee when she slips on uneven carpet on the steps of the defendant's department store. The defendant accepts that the carpet has been laid negligently and the injury to the claimant's knee caused due to their breach of duty. The medical evidence confirms that the claimant has been left with a weak knee. Some months later the claimant is walking down the high street and trips over an uneven paving stone the council have negligently failed to repair and severely reinjures her left knee, resulting in her mobility being impaired.

Which of the following statements best represents the position of the court in response to the liability of the defendant department store?

A. The court is likely to find that the department store is proportionally liable for the claimant's continuing knee symptoms together with the council.
B. The court is likely to find that the claimant's continuing knee injuries are a new intervening act which breaks the chain of causation.

C. The court is likely to find that the department store is liable for the claimant's continuing left knee mobility impairment.
D. The court is likely to find that the council's negligence does not break the chain of causation and the department store are liable for the claimant's left knee mobility impairment.
E. The court is likely to find that the council's negligence breaks the chain of causation and the department store are not liable for the claimant's left knee mobility impairment.

■ ANSWERS TO QUESTIONS

Answers to 'What do you know already?' questions at the start of the chapter

1) The 'but for' test is the general test used to determine whether the defendant's breach of duty was the factual cause of the claimant's harm/loss. You need to consider whether, but for the defendant's negligence, the claimant would have suffered the harm. If the claimant would have suffered the harm the defendant's negligent act is not the factual cause of the harm. If the claimant would not have suffered the harm but for the defendant's negligence, then the defendant's negligence is the factual cause of the claimant's harm and the defendant is liable.
2) The exceptions to the 'but for' test are:
   a) Multiple potential causes - where there is more than one cause of the claimant's harm, it is the defendant whose breach has materially contributed to or materially increased the risk/harm that will be liable.
   b) Multiple sufficient causes - where there is a later non-fault or natural event causing harm the defendant will be liable for the proportion of harm that but for their negligence the claimant would not have suffered. Remember that if the claim relates to mesothelioma the defendants causing the negligent exposure to asbestos will be jointly and severally liable.
   c) Lost chance - where the defendant's negligence has caused the claimant to lose the chance of a more favourable outcome. Remember the court is unlikely to impose liability where the claimant has lost the chance of avoiding injury/harm.
3) True - intervening acts will break the chain of causation.
4) The answer is (d) - a novus actus interveniens is a new intervening act that breaks the chain of causation, meaning that the original

defendant's negligent act is not the cause of the claimant's damage/loss.

5) The eggshell skull theory dictates that we take our victims as we find them. It is no defence to a claim to state that the claimant has suffered damage or loss due to the nature of their character or due to their previous state of health.

Answers to end-of-chapter SQE-style questions

Question 1:

The correct answer was B. This is because the doctor will be judged by the standard of care of a medical professional.

A is wrong because the standard of care is not affected by how busy the A&E department was when the claimant attended - a doctor owes a patient a duty of care.

C is wrong because experience is not taken into consideration. Irrespective of how long the doctor has been in the role the court will judge the doctor by the standard of care of a medical professional.

D is wrong because the court only considers the defence of contributory negligence when the defendant is found to be liable, but in any event the claimant has not contributed to his injuries.

E is wrong because the correct test is whether the doctor acted in accordance with the actions of a responsible body of medical opinion.

Question 2:

The correct answer was B. This is because the court is likely to find that although the doctor breached his duty, his negligent act was one of three potential causes of the baby's harm and on balance of probabilities causation cannot be established. The doctor's negligence is potentially only 33.33% causative and therefore does not meet the balance of probabilities burden of proof.

A is wrong because failing to order the caesarean earlier was only one of three possible causes of the baby's health issues.

C is wrong because the doctor's negligence is only 33.3% to blame for the baby's health issues and therefore causation cannot be established on the balance of probabilities.

D is wrong because the two other possible causes are not intervening events that break the chain of causation.

E is wrong because the three events are all possible causes and the chain of causation is not broken.

Question 3:

The correct answer was C. This is because the court will find that all defendants are jointly and severally liable, meaning the claimant can bring a claim against any of the solvent employers and receive 100% of any damages.

A is wrong because the employers are jointly and severally liable.

B is wrong because the claimant is entitled to bring a claim against any or all of the employers and receive 100% of the damages.

D is wrong because joint and several liability means that the claimant can claim against any of the responsible defendants and receive 100% of his damages.

E is wrong because the claimant is entitled to full damages from any of the responsible defendants.

Question 4:

The correct answer was D. This is because the drivers of car A and car B have caused equal damage and injury to the claimant and they are proportionally liable (50% each).

A is wrong because both cars A and B have equally (ie 50% each) caused the injury and damage to the claimant.

B is wrong because both cars A and B are responsible for the damage.

C is wrong because there is no intervening act but two collisions which were equally responsible for the claimant's injury and damage.

E is wrong because there is no intervening act which breaks the chain of causation.

Question 5:

The correct answer was E. This is because the council's negligence breaks the chain of causation and the department store will be liable only for the claimant's left knee symptoms which relate to the injury the claimant sustained when slipping on their uneven carpet. The council's negligence in failing to repair the pavement is the factual cause of the claimant's left knee mobility impairment.

A is wrong because the claimant's second accident breaks the chain of causation.

B is wrong because an event must occur to break the chain of causation and the claimant's continuing knee injuries are not a new intervening act.

C is wrong because the claimant suffers a further injury tripping in the street due to the council's negligence.

D is wrong because the second accident was due to the council's negligence and this causes the left knee mobility impairment.

KEY CASES, RULES, STATUTES AND INSTRUMENTS

You are not required to know case names for the purpose of SQE1 but it may be helpful to recall the names of the cases to assist with your revision:

- *Barnett v Chelsea and Kensington Hospital Management Committee* [1969] 1 QB 428 (QBD) ('but for' test)
- *Overseas Tankship (UK) Ltd v Morts Dock and Engineering Co (The Wagon Mound) No 1* [1961] AC 388 (PC) (Wagon Mound (No 1) (remoteness test)
- *Baker v Willoughby* [1970] AC 467 (HL) (novus actus interveniens)
- *Smith v Leech Brain & Co Ltd* [1962] 2 QB 405 (CA) (eggshell skull principle)

3

Negligence: Remedies, economic loss and psychiatric harm

■ MAKE SURE YOU KNOW

The previous chapters concentrated on the elements to be proved in establishing negligence. This chapter will concentrate on remedies in personal injury claims and the effect of psychiatric harm and economic loss. You are required to know the elements of negligence and apply the legal principles and rules appropriately and effectively to realistic client-based ethical problems and situations for your SQE1 assessment.

■ SQE ASSESSMENT ADVICE

As you work through this chapter, remember to pay particular attention in your revision to:

- the principles of remedies in personal injury and death claims
- the principles of establishing a claim for economic loss
- the principles of establishing a claim for psychiatric harm.

■ WHAT DO YOU KNOW ALREADY?

Have a go at these questions before reading this chapter. If you find some difficult or cannot remember the answers, make a note to look more closely at that during your revision.

1) What are the remedies for successful personal injury claims?
   [Remedies in personal injury and death claims, pages 59–62]
2) What are the remedies for fatal accident claims?
   [Remedies in personal injury and death claims, pages 59–62]
3) True or false?
   In respect of psychiatric harm claims, a primary victim must show that physical injury as a result of the defendant's negligence was reasonably foreseeable.
   [Claims for psychiatric harm, pages 66–71]

4) True or false?

   In respect of psychiatric harm claims, a secondary victim must show that it was reasonably foreseeable for a person of reasonable fortitude to suffer some psychiatric injury.

   [Claims for psychiatric harm, pages 66–71]

5) What does a claim for economic loss relate to?

   a) Economic loss relates to non-financial loss which can be attributed to the physical harm caused by the defendant to the claimant or the claimant's property.

   b) Economic loss relates to non-financial losses which cannot be attributed to the physical harm caused by the defendant to the claimant or the claimant's property.

   c) Economic loss relates to financial losses which cannot be attributed to the physical harm caused by the defendant to the claimant or the claimant's property.

   [Claims for economic loss, pages 62–66]

REMEDIES IN PERSONAL INJURY AND DEATH CLAIMS

Remedies in tort seek to put the claimant back into the position they would have been had the tort not occurred. In personal injury claims this is done by monetary compensation (damages) and, where the negligent act has caused the death of the claimant, their estate will claim damages on their behalf. Where the claimant is claiming damages for personal injury the claimant must bring the claim within three years from the date of the cause of action (ie, accident) or from the date the claimant had knowledge that the injury was due to the defendant's negligence. **Figure 3.1** lists the type of damages a successful claimant can expect to receive.

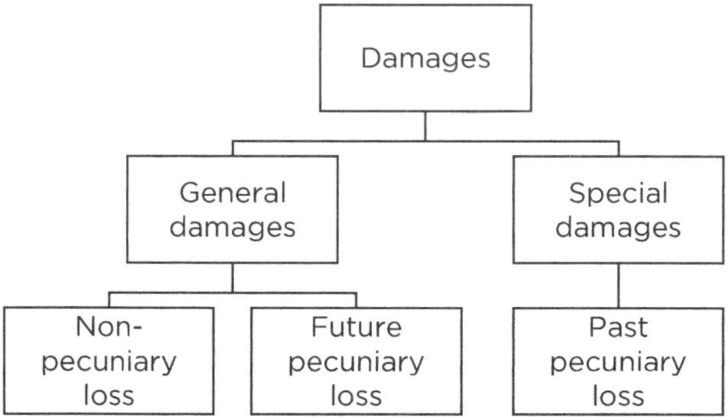

Figure 3.1: Categories of damage

Remedies for personal injury claims

Special damages compensate the claimant for all the financial (pecuniary) losses they have suffered prior to the trial of the action. General damages are split into two categories – *non-pecuniary* and *future pecuniary loss*. Non-pecuniary loss relates to compensation for the claimant's pain, suffering and loss of amenity. Future pecuniary loss relates to all financial losses the claimant will suffer over future years. **Table 3.1** gives examples of the main heads (categories) of damage in personal injury claims.

Table 3.1: Heads of damage

Type of damage	Examples
Special damages – past pecuniary loss	Loss of earnings Cost of medical care, aids and appliances Cost of transport, travel and accommodation Cost of damaged clothing and property Cost of DIY and gardening expenses
General damages – non-pecuniary loss	Damages for pain and suffering Damages for loss of amenity (enjoyment of life)
General damages – future pecuniary loss	Future loss of earnings Future cost of medical care, aids and appliances Future cost of transport, travel and accommodation Future loss of pension

Remedies for personal injury claims involving death

Where the claimant has died as a result of the negligent act prior to the trial, their estate can bring a claim for damages. **Figure 3.2** highlights the relevant legislation.

Law Reform (Miscellaneous Provisions) Act 1934

- allows the deceased claimant's estate to continue the claim

Fatal Accidents Act 1976

- allows a separate claim for the benefit of the deceased claimant's dependants

Figure 3.2: Damages in death claims

The Law Reform (Miscellaneous Provisions) Act 1934 (LR(MP)A 1934) allows the claim to continue for the benefit of the estate where the claimant has died. There is no need to bring a separate claim as the claim continues. The estate will be entitled to claim what the deceased was entitled to in the instant before he died. If the deceased claimant had no cause of action against the defendant, the deceased's estate will have no cause of action. Equally the defendant can use any defence they would have used against the claimant. Also, if the deceased claimant was contributorily negligent, the estate's damages will be reduced accordingly.

The Fatal Accidents Act 1976 (FAA 1976) allows a separate claim to be brought by the deceased claimant's dependants. The claim can only proceed if the claimant would have been able to sue successfully before he died. In order to bring a dependency claim under the Act, the claimant must be a 'dependant' as defined under the Act and must have had a reasonable expectation of financial benefit from the deceased. **Table 3.2** provides a list of dependants as defined under the FAA 1976.

Table 3.2: Statutory meaning of dependant

Dependant
Wife/husband - includes former wife/husband
Civil partner - includes former civil partner
Any person who: • was living with the deceased in the same household immediately before their death, and • had been living with the deceased in the same household for at least two years before that, and • was living during the whole period as husband/wife/civil partner of the deceased.
Any person treated by the deceased as his parent
Any child or other descendant of the deceased
Any person (not being a child of the deceased) who in the case of marriage was treated by the deceased as a child of the family in relation to that marriage
Any person (not being a child of the deceased) who in the case of any civil partnership was treated by the deceased as a child of the family in relation to that civil partnership
Any person who is, or is the issue of, a brother, sister, uncle or aunt of the deceased

Table 3.3 gives an overview of the possible heads of damage in death claims.

Table 3.3: Overview of damages in death claims

LR(MP)A 1934	FAA 1976
Pain, suffering and loss of amenity (up to date of death)	Bereavement award
Loss of earnings (up to date of death)	Dependency claim for dependants suffering financial losses
Care/services (up to date of death)	Funeral expense
Damage to personal property	Loss of consortium (personal affection of deceased)
Funeral expense	

CLAIMS FOR ECONOMIC LOSS

We have considered losses arising from negligent acts. **Figure 3.3** illustrates how these losses can be categorised.

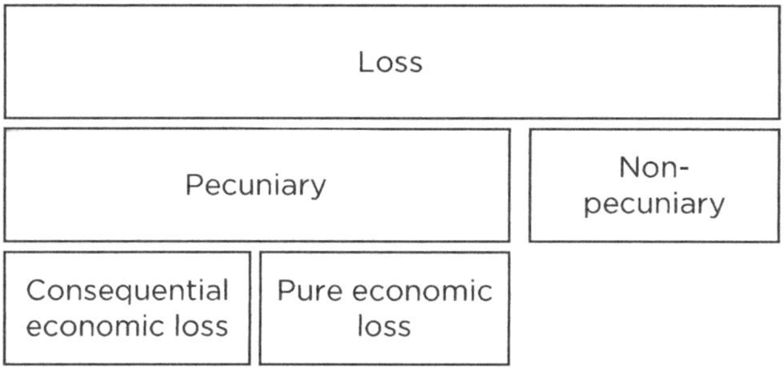

Figure 3.3: Loss in negligence

When considering the types of loss claimants suffer we can categorise losses as either non-pecuniary (not relating to money, eg pain and suffering) or pecuniary (relating to financial loss that can be proved and calculated). Pecuniary losses can also be split into **pure economic loss** and **consequential economic loss**. Generally, in tort, economic loss is not recoverable. **Practice example 3.1** illustrates a classic example of consequential economic loss and pure economic loss.

Key term: pure economic loss

Pure economic loss is financial loss resulting from the harm caused by the negligent act.

Key term: consequential economic loss

Consequential economic loss is financial loss sustained due to another harm caused by negligence.

Practice example 3.1

The defendant's employees negligently damaged a cable supplying electricity to the claimant's factory. As a result, the electricity board shut off the electricity supply (for 14 hours) whilst the cable was repaired. The claimants were unable to use their steel furnace and had to dispose of the steel in the furnace. The claimants claimed for (i) the damage to the steel disposed of, (ii) the lost profit from selling the steel that had to be disposed of and (iii) the anticipated loss of profit on the steel that could not be processed in the 14 hours without electricity. Was the defendant responsible for all heads of loss? Which are consequential and which are pure economic loss?

This is what the court had to consider in *Spartan Steel & Alloys Ltd v Martin & Co (Contractors) Ltd* [1973] 1 QB 27 (CA). The court found that (i) was physical damage to property and recoverable in tort, that (ii) was consequential economic loss due to the damage to property and recoverable in tort. The court concluded that (iii) was pure economic loss and although incurred due to the defendant's negligence was not a consequence of the damage to the property.

Revision tip

When considering questions dealing with consequential and economic loss remember that pure economic loss, which is not as a consequence of physical damage to property or harm to the claimant, is not recoverable. Examples of pure economic loss could be losses relating to trade, profits or revenue. However consequential loss as a result of physical damage to property or harm to the claimant will be recoverable. Examples of consequential loss are property damage, personal injury or lost earnings.

We have seen that economic loss caused by a direct consequence of physical damage is the exception to the general rule that economic loss is not recoverable. The courts have also considered whether economic loss is recoverable when suffered due to defective property or products. The latest position is reflected in the classic case in **Practice example 3.2**.

Practice example 3.2

The council approved plans submitted by a housing development company to construct a concrete raft as a foundation for houses. Construction cracks appeared in the properties and it was established that the raft had subsided. The claimant sold his property at a loss of £35,000 and sued the council for economic loss. The claimant had no contractual relationship with the council. Is the council liable for the claimant's loss of £35,000 on the sale price on the basis that they approved defective plans?

This is what the court had to consider in *Murphy v Brentwood District Council* [1991] 1 AC 398 (HL). The court decided that the claimant could only recover the cost of repairing the defective building, not the economic loss incurred due to a reduction in the sale price of the property. The court found that the council had a statutory duty to approve the plans and inspect the property to ensure compliance with planning law but that did not create a duty of care covering economic loss.

Negligent misstatements

Claims in negligence suggest that a defendant has acted or failed to act. However, tort law recognises that in limited situations liability for negligent misstatements exists. **Practice example 3.3** illustrates the classic case which introduced this principle.

Practice example 3.3

The defendant was a bank which was asked to prepare a credit reference for a company the claimant's advertising company had been commissioned to work for. The company commissioning the claimants later went into liquidation owing the claimants £17,000. The claimant sued the bank on the basis that they had negligently prepared a statement as to the company's trustworthiness and credit. Did the bank owe a duty of care to the advertising company and could the claimant recover the loss on the basis of the negligent misstatement?

This is what the court had to consider in *Hedley Byrne & Co Ltd v Heller and Partners Ltd* [1964] AC 465 (HL). The bank had written a disclaimer stating that no liability could arise; however, the court found that in certain circumstances a duty of care could arise even

where the harm was pure economic loss. The court restricted this principle to four situations:

a) where a special relationship of trust/confidence existed between the parties

b) where the party preparing the statement has voluntarily assumed the risk (either expressly or impliedly)

c) where there has been a reliance on the information/statement

d) where reliance on the statement was reasonable in the circumstances.

Table 3.4 illustrates cases where the court has considered these exceptions to the rule that pure economic loss is not recoverable in tort. Remember, when considering SQE1 questions, that there may be some situations where the court will allow a claim for economic loss.

Table 3.4: Examples of Hedley Byrne exceptions

Exception	Example case
Special relationship	Esso was found to owe a duty of care for pure economic loss when its employee negligently advised the claimant purchasing one of Esso's petrol stations that the output was higher than it actually was, thus causing the claimant to suffer economic loss due to reduced sales. *Esso Petroleum Co Ltd v Mardon* [1975] CA
Voluntary assumption of risk	Barclays Bank was obliged to freeze the accounts of companies in debt following court orders obtained by Customs and Excise. Barclays negligently allowed payments to leave the account. The court found that there had been no voluntary assumption of responsibility on behalf of Barclays as it was legally obliged to accept the freezing order and accordingly Customs and Excise could not recover the money (economic loss). *Customs & Excise Commissioners v Barclays Bank* [2007] 1 AC 181
Reliance	It was acknowledged that a house buyer would place reliance upon a survey obtained by the mortgage company to ensure the property is worth the amount they are seeking to borrow, even though no contract exists between house buyer and surveyor. *Smith v Eric S Bush* [1990] 1 AC 831 (HL)

Table 3.4: (continued)

Exception	Example case
Reliance reasonable in circumstances	Reliance upon auditors' accounts relating to a company which was ultimately found to be worthless was unreasonable. Company accounts are a requirement under the Companies Act 1985 and not for potential investors to use as a measure of whether the company is worth investing in. *Caparo Industries plc v Dickman* [1990] 2 AC 605 (HL)

CLAIMS FOR PSYCHIATRIC HARM

In order to bring a claim for **psychiatric harm** the psychiatric injury must be medically diagnosed (by a medical expert) and recognised. **Figure 3.4** illustrates how the court have classified different conditions.

Key term: psychiatric harm

Psychiatric harm in a legal context means a recognised psychiatric illness caused by a sudden shock or horrifying event. It is more than grief, sorrow or sadness.

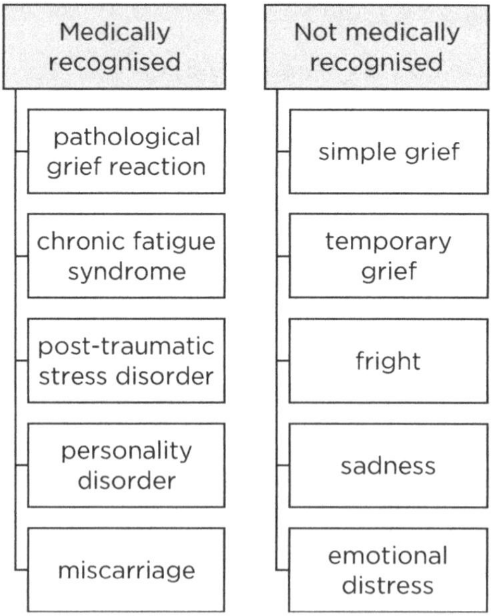

Figure 3.4: Psychiatric conditions

To successfully claim for psychiatric harm the claimant must fall into the category of either a **primary victim** or a **secondary victim**. The two categories were established in the landmark case of *Alcock v Chief Constable of South Yorkshire Police* [1992] 1 AC 310. The case involved claims brought by the families of victims of the Hillsborough football stadium disaster. The defendants allowed a large number of spectators into a crowded stand (with a perimeter fence) in the stadium, causing 96 spectators to be crushed to death. Claims were brought by victims' family members, some of whom were present or witnessed the event on television.

Primary victims

Primary victims are normally involved in the accident. A primary victim must show that physical injury as a result of the defendant's negligence was reasonably foreseeable. Primary victims are owed a duty of care in respect of psychiatric harm as long as they can establish that physical injury was foreseeable. They do not need to show that psychiatric harm was foreseeable.

Key term: primary victim

A primary victim is one that is in the physical zone of danger or reasonably believes that they are in danger.

Practice example 3.4 illustrates a case brought by a primary victim.

Practice example 3.4

The claimant was involved in a car accident with the defendant's vehicle, but he suffered no physical injury. He did, however, suffer a relapse of myalgic encephalomyelitis (ME) from which he was in remission. Did the defendant owe the claimant a duty of care as a participant in the accident?

This is what the court had to consider in *Smith v Page* [1996] AC 155 (HL). The court found that it was foreseeable that the claimant could have suffered a physical injury due to the fact he was in the zone of physical danger. Due to this, the fact that he had suffered psychiatric harm was sufficient to bring him into the scope of the defendant's duty of care. The court held that the eggshell skull principle (see Chapter 2) applied and the claimant's predisposal to psychiatric harm was of no consequence.

Secondary victims

Secondary victims are normally bystanders to the event and will not have suffered any physical injury but may have suffered psychologically due to witnessing the incident. Secondary victims have to show that it was reasonably foreseeable for a person of reasonable fortitude to suffer some psychiatric injury. They must also satisfy the test (control mechanisms) laid down in *Alcock* as follows:

a) the class of persons recognised (must have a close tie of love and affection)
b) closeness of the claimant (in time and space to the aftermath)
c) the means by which the shock is caused (witnessed with own unaided senses).

Key term: secondary victim

A secondary victim is one that is not within the physical zone of danger and will not have suffered physical harm.

Table 3.5 illustrates examples of each of these mechanisms.

Key term: Alcock control mechanism

The *Alcock* control mechanism is the test the court uses to ascertain whether there is a duty of care owed in cases involving psychiatric injury.

Table 3.5: Secondary victims: Alcock control mechanism

Control mechanism	Example
Close tie of love and affection	Rebuttable presumption in favour of parents, children and spouses, but other cases must be proved. Claimant at the ground who witnessed the death of his two brothers failed as he could not prove a close tie to the two brothers. *Alcock v Chief Constable of South Yorkshire Police* [1992] 1 AC 310
Closeness in time and space to aftermath	Claims brought by relatives (not present at ground) identifying bodies of their families some 8–9 hours post incident failed as were not part of the aftermath. *Alcock v Chief Constable of South Yorkshire Police* [1992] 1 AC 310

Table 3.5: (continued)

Control mechanism	Example
Means by which shock witnessed	Family members watching the events of the Hillsborough stadium disaster unfold on television were unable to claim as secondary victims as they did not witness the event or the immediate aftermath with their own unaided senses. *Alcock v Chief Constable of South Yorkshire Police* [1992] 1 AC 310

Revision tip

When dealing with SQE1 questions about (medically diagnosed) psychiatric harm, first consider whether the claimant is a primary victim by determining whether they were in the zone of physical danger - remember, the eggshell skull principle applies to primary victims. Secondly, consider whether the claimant was a secondary victim using the *Alcock* test mechanism. Remember, secondary victims must show that some psychiatric harm was reasonably foreseeable in a person of reasonable fortitude.

Where the secondary victim suffers psychiatric injuries arising as a result of clinical negligence, the medical professional does not owe a duty of care to that secondary victim. The medical professional only owes a duty of care to their direct patient. As of the Supreme Court ruling in January 2024 (*Paul and Anor v Royal Wolverhampton NHS Trust* [2024] UKSC 1), secondary victims cannot claim for psychiatric injuries arising from clinical negligence. The court held that medical professionals owe a duty of care only to their direct patients.

Further categories

We have looked at psychiatric harm and how the courts deal with cases. There are some categories of claimants where the distinction between primary and secondary victims causes difficulty. These are considered below.

Rescuers

Rescuers who attempt to assist victims of accidents are neither primary nor secondary victims. They are not in the zone of physical danger and would not fulfil the *Alcock* test mechanism. **Practice example 3.5** explains the classic case illustrating the principle.

Practice example 3.5

Police officers attempting to rescue victims of the Hillsborough disaster suffered psychiatric harm as a result of what they witnessed. Claims were brought by three police officers on duty at the ground (two were positioned in the morgue and one had tried to help the victims over the perimeter fence), two police officers who arrived later in the day and witnessed the upsetting scenes, and one officer who was sent to a local hospital to liaise with families of the victims. The claimants did not meet the requirements of either primary or secondary victims. Did their employers owe them a duty of care as rescuers or employees?

This is what the Court had to consider in the case of *White and others v Chief Constable of the South Yorkshire Police* [1999] 2 AC 455 (HL). The court refused to extend the categories of primary or secondary victim to include rescuers. As such, rescuers would only be primary victims if they found themselves exposed to physical danger.

Destruction of property

The court has indicated that a claimant could recover damages for psychiatric illness following witnessing the destruction of property. In *Attia v British Gas plc* [1988] QB 304 (CA), the claimant had suffered nervous shock as a result of witnessing fire damage to her property following the negligent installation of a central heating system by the defendants. The court held that a person could recover damages if they were able to prove causation and reasonable foreseeability.

Anxiety/Future disease

The court have held that damages for anxiety related to potential risk of future disease are not recoverable. In *Rothwell v Chemical & Insulating Co Ltd* [2007] 3 WLR 876 (HL) the claimant was negligently exposed to asbestos and developed pleural plaques. He suffered anxiety due to the potential risk of future disease. The court held that the law did not recognise a duty of care to take reasonable care not to cause anxiety and that the defendants could not have reasonably foreseen psychiatric illness to be a consequence of their breach of duty years before.

Involuntary involvement

The courts have considered claims brought by unwilling participants in other people's deaths or injury. Prior to *Alcock*, the court had allowed recovery of damages related to psychiatric illness suffered by the claimant as a result of the fear that they had caused the death of someone else. In order for a claim to succeed, there has to be a reasonably held belief that the claimant has been involuntarily involved in another's death or injury. The court considered a claim for psychiatric illness brought by the claimant who was responsible for installing a platform in *Monk v PC Harrington* [2008] EWHC 1879 (QB). The platform collapsed following the negligence of a crane operator, killing a worker. The court did not accept that the claimant reasonably believed he had caused the accident (as there was no evidence to suggest this) but that the claimant had feelings of guilt. Further, that the claimant's attempt to help following the collapse did not place the claimant in fear of his own safety and so the claim failed.

Assumption of responsibility

The court has held that in certain relationships a defendant assumes responsibility to ensure that the claimant is not exposed to reasonably foreseeable psychiatric harm. Examples of these relationships are employer/employee, doctor/patient and police/police informant. **Practice example 3.6** illustrates an example of where the assumption of responsibility was found between prison officers and prisoners.

Practice example 3.6

The claimant who suffered with depression was placed in a cell with a suicidal prisoner. The suicidal prisoner went on to die by suicide and the claimant suffered severe shock. Did the prison officers owe a duty of care to prevent a prisoner, who they knew to suffer with depression, suffering psychiatric harm in placing him in a cell with a suicidal prisoner?

This is what the court had to consider in *Butchart v Home Office* [2006] EWCA Civ 239. The court held that the defendant knew or ought to have known that the claimant was vulnerable to psychiatric harm and that they owed a duty of care to take reasonable steps to minimise the risk of the claimant suffering psychiatric harm, which in the circumstances extended to not placing him in a cell with a suicidal prisoner.

■ KEY POINT CHECKLIST

This chapter has covered the following key knowledge points. You can use these to structure your revision around, making sure to recall the key details for each point, as covered in this chapter.

- Remedies in tort seek to put the claimant back into the position they would have been had the tort not occurred. Compensation is awarded in personal injury claims. Where the negligent act has caused the death of the claimant, their estate will claim damages on their behalf.
- Damages can be classified as pecuniary loss (money related) and non-pecuniary loss (non money related).
- Generally, in tort, economic loss is not recoverable, but there are exceptions to the rule.
- In order to bring a claim for psychiatric harm, the psychiatric injury must be medically diagnosed and only victims falling into primary or secondary victim categories may recover damages.

■ KEY TERMS AND CONCEPTS

- pure economic loss (**page 62**)
- consequential economic loss (**page 63**)
- psychiatric harm (**page 66**)
- primary victim (**page 67**)
- secondary victim (**page 68**)
- *Alcock* control mechanism (**page 68**)

■ SQE1-STYLE QUESTIONS

QUESTION 1

The claimant suffers severe head injuries following a serious road traffic accident. She works full time and is married with two young children and her wife works part time. The claimant is placed in a surgical coma but never resumes consciousness and dies three weeks after the accident. The driver of the other vehicle confirms pulling out of a junction without checking the road and admits liability for the accident.

Which of the following is likely to be the position in respect of a claim for compensation on behalf of the claimant and her family?

A. The claimant's estate can continue the claim which the deceased was entitled to in the instant before dying and the deceased's dependents can bring a separate dependency claim as the claimant would have been able to sue the defendant successfully.

B. As the claimant is deceased, all claims come to an end unless the claimant gave permission for the claim to be pursued prior to her death.

C. The claimant's estate can bring a claim but the deceased's relatives would not be able to bring a claim as the deceased was not entitled to claim in the instant before dying.
D. The claimant's estate can continue the claim but there can be no separate dependency claim as the claimant did not gain consciousness before her death.
E. The claimant's estate and dependants are unable to bring a claim as the claimant would have been unable to sue successfully prior to death.

QUESTION 2

The claimant is injured in an accident at work when he falls from scaffolding which has been negligently erected by his employer. He suffers severe head injuries and is taken to hospital where he dies several hours later. His employers have admitted liability for the accident. The claimant was a single father and financially supported his 19-year-old son through university. The claimant left his estate to his son.

Which statement accurately reflects whether the son will be able to bring a dependency claim?

A. The claimant's son is unable to bring a dependency claim as the claimant was unlikely to receive compensation for his injuries.
B. The claimant's son will be able to bring a dependency claim only if he is able to show that the claimant suffered pain and suffering from the date of the accident until the date of death.
C. The claimant's son is unable to bring a dependency claim as the claimant is deceased and all claims come to an end unless the claimant gave permission for the claim to be pursued prior to his death.
D. The claimant's son will be able to bring a dependency claim as a child of the deceased with a reasonable expectation of financial benefit from the deceased.
E. The claimant's son is unable to bring a dependency claim as the son is an adult over the age of 18 and dependency claims are only available to children of the deceased.

QUESTION 3

A food production company specialising in ice cream production suffers a power outage at their factory due to the local electricity supplier's employee negligently severing a cable in the junction box outside the factory during some regular maintenance work. The food production company pursues a claim in negligence against the electricity supply company and liability is admitted for the negligent breach of duty. Due to the break in supply of electricity, the food production company lose the current batch being pasteurised (batch product), losing £500, and the packed end product in the freezing operation (frozen product), losing a further £1,000. Had the electricity supply not been cut, the production company would have made a further 75% profits on the raw mix ingredients waiting to go through the food process. The raw mix ingredients had to be disposed of.

Which of the following is likely to be the position the court will adopt when considering what the food production company can claim in respect of their losses?

A. The court is likely to allow a claim for damages for the batch product, the frozen product and the 75% lost profits as all were consequential on the electricity supplier's negligent act.
B. The court is likely to allow a claim for damages for the batch product, the frozen product and the 75% lost profits as the batch and frozen products were consequential on the electricity supplier's negligent act and the 75% lost profits are economic loss but recoverable due to the defective nature of the production equipment caused by the electricity supplier's negligence.
C. The court is likely to dismiss the claim for damages for the batch product, the frozen product and the 75% lost profits as none were consequential on the electricity supplier's negligent act.
D. The court is likely to allow a claim for damages for the batch product and the frozen product as the damage to the batch and frozen products were physical damage but dismiss the claim for 75% lost profits on the mix ingredients as this further loss of profit is pure economic loss and not recoverable.
E. The court is likely to dismiss a claim for damages for the batch product, the frozen product and the 75% lost profits as they are not a consequence of physical damage and are all pure economic loss and not recoverable.

QUESTION 4

A 12-year-old daughter is shopping with her father when he suddenly collapses in the aisle and dies from a heart attack. Unbeknownst to her, the father had been under the care of a hospital that negligently failed to diagnose coronary artery disease. Medical experts later conclude that the hospital negligently failed to identify and treat his condition eighteen months earlier. The daughter develops post-traumatic stress disorder after witnessing her father's death. She brings a claim for psychiatric injury as a secondary victim.

Which of the following best describes the likely outcome of her claim?

A. The daughter's claim will succeed because witnessing the sudden and horrifying death of a close relative establishes proximity sufficient for a duty of care.
B. The daughter's claim will fail because psychiatric injury to a relative in clinical negligence cases is only actionable if the negligence and injury occur in the same moment as the traumatic event.
C. The daughter's claim will succeed if she can prove that a reasonable person in her position would also suffer psychiatric harm.
D. The daughter's claim will fail because there was no breach of duty by the hospital in relation to her as a third-party observer.
E. The daughter's claim will succeed if the death was foreseeable and she witnessed it directly, regardless of the underlying cause.

QUESTION 5

The claimant is a police officer on duty when she is called to the scene of a live music concert where many in the audience have suffered breathing difficulties due to carbon monoxide poisoning. The concert organisers had negligently allowed the concert to go ahead despite being advised by an engineer called out to service the concert hall's boiler that there was a fault on the boiler. Many concert goers were unable to leave the concert due to a fire door being bolted shut and have succumbed to the fumes and died. The claimant is severely affected by the sight of dead bodies and suffers clinical depression, causing her to remain off work for six months.

Which of the following statements best represents the position of the court in respect of a claim for psychiatric injury brought by the claimant police officer?

A. The court is likely to conclude that the claimant has suffered a medically diagnosed psychiatric illness and award her damages for psychiatric harm.

B. The court is likely to conclude that clinical depression is not a medically diagnosed psychiatric illness and the claim for damages for psychiatric harm will fail.
C. The court is likely to conclude that the claimant is a rescuer and will award damages for psychiatric harm.
D. The court is likely to conclude that the claimant is neither primary nor secondary victim and the claim for damages for psychiatric harm will fail.
E. The court is likely to conclude that the claimant is a secondary victim and award damages for psychiatric harm.

■ ANSWERS TO QUESTIONS

Answers to 'What do you know already?' questions at the start of the chapter

1) The remedies for successful personal injury claims are damages (pecuniary and non-pecuniary).
2) The remedies for fatal accident claims under LR(MP)A 1934 allow the claim the deceased was entitled to in the instant before dying to continue for the benefit of his estate. FAA 1976 allows a separate claim to be brought by the deceased claimant's dependants. The claim can only proceed if, before he died, the claimant would have been able to sue successfully.
3) True. In respect of claims for psychiatric harm, primary victims are normally involved in the accident. A primary victim must show that physical injury as a result of the defendant's negligence was reasonably foreseeable.
4) True. Secondary victims are normally bystanders to the event and will not have suffered any physical injury but may have suffered psychologically due to witnessing the incident. Secondary victims have to show that it was reasonably foreseeable for a person of reasonable fortitude to suffer some psychiatric injury.
5) The answer is (c). Economic loss relates to financial losses which cannot be attributed to the physical harm caused by the defendant to the claimant or the claimant's property. Remember the exception to this is where the economic loss suffered is as a consequence of physical damage to the claimant's property.

Answers to end-of-chapter SQE1-style questions

Question 1:

The correct answer was A. The claimant's estate can continue the claim which will be based on the losses the claimant would have been entitled to prior to her death. A separate claim by the deceased's dependants can also be brought which will include a dependency claim, an award for bereavement damages and (if paid) a claim for funeral expenses.

B is wrong because the claim does not come to an end just because the claimant dies before they are able to receive an award of compensation.

C is wrong because the claimant's estate would be able to bring a claim.

D is wrong because it is not a condition that the claimant must survive any length of time in order to bring a claim.

E is wrong because the claimant would have been able to successfully sue the driver of the vehicle as the driver was negligent in pulling out of the junction and driving into the claimant's car.

Question 2:

The correct answer was D. This is because the deceased claimant's son will be able to bring a claim as he is a dependant and being financially supported by the claimant whilst at university.

A is wrong because the claimant would receive compensation for his injuries as the claimant's employers were negligent.

B is wrong because there is no requirement to show that the claimant suffered pain from the date of the accident until death.

C is wrong because the claim does not discontinue just because the claimant has died, as the estate is able to continue with the claim.

E is wrong because there is no cut-off point in respect of age.

Question 3:

The correct answer was D. This is because economic loss which is a direct consequence of physical damage is an exception to the rule that economic loss is not recoverable. So, the £1,500 loss made on the batch and frozen product is pure economic loss and is recoverable. The loss of 75% profits on the raw mixture which had to be thrown away is not due to damage to property and is not recoverable.

A is wrong because the damage to the batch product and the frozen product is a direct consequence of physical damage and this falls into the exception to the rule that economic loss is not recoverable. The claimant would be able to recover damages for the batch and frozen product. However, 75% loss of profits on the raw material that had to be thrown away was not a direct consequence of physical damage

B is wrong because the 75% profits on the batch wasted due to the power cut is not attributable to the damage to the claimant's property caused by the defendant's negligence. The profits on the wasted product are pure economic loss and do not fall into the exception (economic loss which is a direct consequence of physical damage).

C is wrong because the batch product and the frozen product were damaged due to the defendant's negligence and fall under the exception to the rule that economic loss is not recoverable.

E is wrong because losses associated with the batch and frozen product (£1,500) are economic loss which fall into the exception to the rule as they are as a direct consequence of the physical damage to the claimant's property and the court will award £1,500 in compensation. The 75% profit loss has not been incurred due to a direct consequence of the physical damage to the claimant's property.

Question 4:

The correct answer was B. In *Paul and Anor v Royal Wolverhampton NHS Trust* [2024] UKSC 1, the court held that psychiatric harm suffered by secondary victims in clinical negligence cases is generally not actionable unless the negligent act and the traumatic event are part of the same 'accident'. Here, the negligent omission occurred 18 months earlier, and the collapse was a later consequence, not a single traumatic incident arising directly from the negligence.

A is wrong as although the daughter witnessed a sudden and horrifying event, this alone is insufficient without a legally recognised 'accident' that directly links the breach and the traumatic event.

C is wrong as reasonable foreseeability of psychiatric harm is not the only requirement – there must also be a proximate connection between the negligence and a specific traumatic event.

D is wrong as the hospital did owe a duty to the father, but the key issue is whether the law imposes a duty to protect secondary victims like the daughter from psychiatric harm, and as the negligence relates to clinical negligence, the doctor owes a duty of care solely to the patient (father).

E is wrong as even if the death was foreseeable and directly witnessed, the absence of a qualifying 'accident' from the negligent act breaks the necessary chain of legal causation.

Question 5:

The correct answer was D. This is because the police officer is neither a primary nor secondary victim which is a requirement to claim damages for psychiatric harm. She will be unable to recover damages for psychiatric harm.

A is wrong because, although the claimant has suffered a medically diagnosed psychiatric illness, she does not fall into the primary or secondary victim category.

B is wrong because clinical depression is a medically diagnosed psychiatric illness, but the claim will fail as the claimant is neither a primary nor secondary victim.

C is wrong because the claimant would have to be either a primary or secondary victim to claim successfully.

E is wrong because the claimant is not a secondary victim.

■ KEY CASES, RULES, STATUTES AND INSTRUMENTS

The SQE1 Assessment Specification does not require you to know case names, but this case contains important principles which are worth remembering:

- *Alcock v Chief Constable of South Yorkshire Police* [1992] 1 AC 310

4

Defences

MAKE SURE YOU KNOW

Previous chapters concentrated on the requirements in establishing negligence. This chapter concentrates on the defences available to the defendant when faced with a claim in negligence. You are required to know the defences to negligence and apply the legal principles and rules appropriately and effectively to realistic client-based ethical problems and situations for your SQE1 assessment.

SQE ASSESSMENT ADVICE

As you work through this chapter, remember to pay particular attention in your revision to:

- when and to what extent the defences are available
- whether the defence is absolute or partial
- whether the defence is applicable to all torts or a special category
- specific categories of claimants.

WHAT DO YOU KNOW ALREADY?

Have a go at these questions before reading this chapter. If you find some difficult or cannot remember the answers, make a note to look more closely at that during your revision.

1) What defences are available to the defendant faced with a claim in negligence?

   [Defences, page 81]

2) What two elements must the defendant prove in citing consent as a defence?

   [Consent, pages 82–84]

3) True or false?

   The defence of 'illegality' is a complete defence to a claim in negligence.

   [Illegality, pages 88–89]

4) In raising a defence of contributory negligence which issue is *not* considered by the court?
   a) whether the claimant failed to exercise reasonable care for their own safety
   b) by what percentage should the claimant's damages be reduced
   c) whether the defendant contributed to the claimant's harm
   d) whether the failure to exercise reasonable care contributed to the claimant's harm

   [Contributory negligence, pages 85–89]
5) What effect does the Law Reform (Contributory Negligence) Act 1945 have on the claimant's damages if successfully pleaded?

   [Contributory negligence, page 85]

DEFENCES

Most claims in negligence are defended on the basis that the defendant did not owe the claimant a duty of care, or that if a duty was owed it was not breached. Further, that if the duty was breached, that the negligence was not factually or legally causative of the harm suffered. Where the claimant has established negligence there are three general defences available to a defendant. There are also specific defences available for particular torts. We will concentrate on the three general defences in this chapter and we will deal with the defences to specific torts in the relevant chapters (**Chapter 6** and **Chapter 8**). The three general defences are illustrated in **Figure 4.1**.

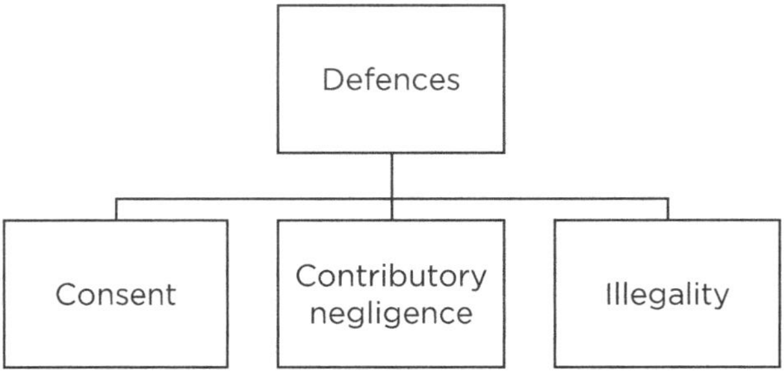

Figure 4.1: Defences

CONSENT (VOLENTI NON FIT INJURIA)

The defence of consent (**volenti non fit injuria**) relates to the concept that the claimant has consented to the activity which carried a risk of harm and should not be able to blame the defendant when that risk causes harm or damage. If successfully pleaded, it is a complete defence and the defendant will not be liable for the harm/damage. In order to establish the defence of consent, there are two necessary elements the defendant must prove: first, that the claimant had full knowledge of the nature and extent of the risk involved and second, that the claimant voluntarily accepted the risk - see **Figure 4.2**.

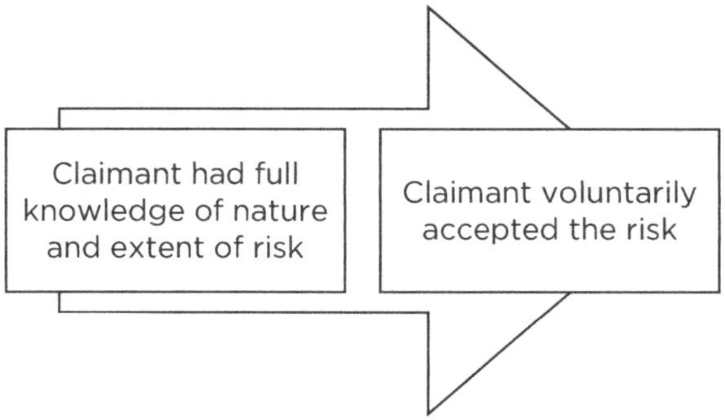

Figure 4.2: Necessary elements to successfully plead the defence of consent

Key term: volenti non fit injuria

Volenti non fit injuria is Latin for 'there can be no injury to one who consents'.

Knowledge

The claimant must have knowledge of the risk and agree to it. The test is a subjective one and it is not enough just to be aware of the risk - the claimant has to accept it. **Practice example 4.1** illustrates the principle in practice.

Practice example 4.1

The claimant spends an afternoon drinking with a friend. The friend drinks over half a bottle of whisky and they both decide to take the friend's light aircraft for a ride. The aircraft crashes, killing the friend piloting the aircraft and leaving the claimant seriously injured. Had the claimant consented to the nature and extent of the harm by accompanying his friend who was drunk?

This is what the court had to consider in *Morris v Murray* [1991] 2 QB 6 (CA). They found that the incident was '*a drunken escapade, heavily fraught with danger*' (Fox LJ). The court held that the claimant was not so drunk as to not appreciate the extent and nature of the risk but had accepted and agreed to the risk knowing that the friend was so drunk that he was unable to fly the aircraft competently.

Voluntary acceptance of risk

The claimant must have freely accepted the risk. Having knowledge of a risk is not the same as consenting to it. Consider that instead of agreeing to go for a ride in the defendant's aircraft in *Morris* the claimant had openly expressed that it was a bad idea and tried to convince the defendant not to take the plane out but felt obliged to accompany him. It is likely that the claimant would have defeated the defendant's (estate) defence of consent. Although the claimant had knowledge of the risk associated with flying an aircraft whilst drunk, the court would accept that he has not voluntarily accepted the risk if he was objecting to the defendant's actions.

Revision tip

Remember that, in order to freely accept the risk, the claimant must be able to consent. Therefore, a child or someone detained under the Mental Capacity Act 2005 is unable to consent as they cannot freely accept the risk.

The court have considered particular claimants and the issue of consent. **Table 4.1** looks at how the courts have dealt with these particular categories of claimants.

Table 4.1: Consent and specific claimants

Category	Treatment
Passengers: Injured in vehicles driven by a defendant under the influence of alcohol where they are aware that the defendant is drunk - can they consent to any injury caused by the defendant's negligent driving?	Section 149 of the Road Traffic Act 1988 excludes consent as a defence to a claim in negligence. The court may, however, reduce the claimant's damages to reflect contributory negligence.

Table 4.1: (continued)

Category	Treatment
Employees: Injured undertaking work they know to carry significant risk of harm - can they consent to the risk of injury?	In *Smith v Charles Baker Sons* [1891] AC 325 (HL), the claimant was injured when a stone fell from a crane close to where he was working on the railway. The court held that even though the claimant continued in employment with full knowledge of the risk it did not mean the defendant could argue consent. The common law duty of care afforded to employees would also mean that the defendant should be aware of any risks to their employees and protect them accordingly.
Involvement in sporting activities: Those injured whilst taking part in sporting activity voluntarily - can they consent to any associated injury they sustain?	In *Condon v Basi* [1985] 1 WLR 866 (CA) the claimant suffered a broken leg following a foul tackle by the defendant. The court held that the claimant's consent did not extend to the injury which had been inflicted by the defendant in breach of his duty of care. Whilst those participating in sporting activities can be said to consent, for example, to be tackled playing football, participants cannot be said to consent to foul play that would extend to a serious injury.
Those injured whilst spectating sporting activities - can they consent to the risk of harm associated with watching the sport?	In *Wooldridge v Sumner* [1963] 2 QB 43 (CA) the claimant (photographer) was injured at a horse race when the defendant made an error of judgement and took a corner too fast. The court held that the claimant had consented to the risk of damage caused by an error of judgement or lapse of skill. Whilst spectators can be said to consent to a lapse of skill, they would not be expected to consent to reckless disregard for spectators' safety (eg a negligent act).

CONTRIBUTORY NEGLIGENCE

If the claimant has contributed to the harm or damage that they are claiming the defendant's negligence has caused, the court may make a finding of **contributory negligence**. The attention is on the injuries and the extent that the claimant contributed to their own injuries (not the extent the claimant contributed to the accident). Contributory negligence is not a complete defence. The Law Reform (Contributory Negligence) Act 1945 allows the court to have regard to the claimant's share in the responsibility of the damage. If the court makes a finding of contributory negligence, it will reduce the claimant's damages to reflect the claimant's negligence. In order to rely on the defence, the court will consider the following:

- whether the claimant failed to exercise reasonable care for their own safety
- whether this failure contributed to the claimant's damage
- to what extent the claimant's damages should be reduced.

Key term: contributory negligence

Contributory negligence relates to the claimant's failure to take reasonable care of their own safety and as a result the claimant will be found to have contributed to the damage/harm they are claiming the defendant has caused.

Table 4.2 considers the elements the court will consider when faced with a defence of contributory negligence.

Table 4.2: Contributory negligence: court's considerations

Considered element	Example case
Failure to exercise reasonable care for their own safety: The court will consider what a reasonable person could have done to avoid being hurt.	In *Jones v Livox Quarries Ltd* [1952] 2 QB 608 (CA) the claimant was injured whilst riding on the back of a vehicle in contravention of his employer's instructions. The court found that the claimant had not acted as a reasonable prudent man and he should have foreseen he might hurt himself. The court reduced his damages by 20%.

Table 4.2: (continued)

Considered element	Example case
Contribution to claimant's damage: The court will consider whether the claimant's carelessness had an effect on the injury.	In *Rickson v Bhatar* [2017] EWHC 264 (QBD) the claimant cyclist suffered severe injuries during a timed trial bike race when he collided with the defendant's van as it turned across his path. The court found that the claimant did not slow down (possibly due to his head down position and not observing the van) but did swerve at the last minute. The court reduced the claimant's damages by 20% to reflect the claimant's contribution to the injury.
Extent to which damages should be reduced: The court will consider to what extent the claimant's behaviour caused or contributed to the injuries. Also, What the culpability (blameworthiness) of the claimant is.	In *Froom v Butcher* [1976] QB 286 (CA) the claimant (passenger) who was not wearing her seatbelt was injured when the defendant's vehicle collided with her vehicle. The court used a sliding scale to calculate the percentage reduction in damages to reflect the non-wearing of a seatbelt: a) Injuries prevented - 25% reduction b) Injuries less severe - 15% reduction c) No difference - 0% reduction. The *Froom* guidelines are also applicable to accidents involving motorcycles and bicycles.

Exam warning

Remember when considering SQE1 questions relating to contributory negligence that the 1945 Act specifies that contributory negligence can be used as a defence to other torts, not just negligence. It is the most common defence cited in tort claims.

Special claimants

The court may consider different factors for some claimants when considering whether they could have contributed to their injury. In assessing contributory negligence in relation to negligence claims the court will never make a finding of 100% contributory negligence. **Table 4.3** highlights examples of how the courts have dealt with different categories of claimants where the claimants have contributed to their injuries.

Table 4.3: Examples of contributory negligence

Claimant type	Example case
Children: The younger the child the less likely the court will make a finding of contributory negligence. Generally, children under 10 years old will not be held to be contributorily negligent.	Contributory negligence cases involving children are often road traffic accidents where the child(ren) run into the path of a driver in an attempt to cross the road. In *Gough v Thorne* [1966] 1 WLR 1387 guidance was given by the court: 'A judge should only find a child guilty of contributory negligence if he or she is of such an age as reasonably to be expected to take precautions for his or her safety' (Lord Denning). The court also found that the child must be 'blameworthy'. In *Gul v McDonagh* [2021] EWHC 97 (QB) a 13-year-old was held 10% contributorily negligent for crossing the road without observing the defendant's vehicle (which was driven with excess speed).
Employees: Where an employee is injured at work the court will assess the claimant's conduct and working conditions. Reckless disregard for an employer's rules by an employee is more likely to lead to a finding of contributory negligence.	In *Eyres v Atkinsons Kitchens & Bathrooms* [2007] EWCA Civ 365 the claimant was driving home after working long hours for his employer, the defendant (who was asleep in the front seat), when he crashed his vehicle. The court found the claimant 33.3% contributorily negligent on the basis that he had to bear some responsibility for his injuries.
Rescuers: Where a rescuer has rushed to assist in an emergency situation caused by the defendant's negligence the rescuer's actions will be judged by the standards of a reasonable rescuer. Courts are reluctant to 'punish' rescuers.	In *Baker v TE Hopkins & Sons Ltd* [1959] 1 WLR 966 (CA) the claimant was a doctor who died attempting to rescue the defendant's workers who were overcome by fumes from a well (which they were warned to stay away from). The court found no contributory negligence on the part of the rescuing doctor. The court found that only if the rescuer had taken wholly unreasonable disregard for their own safety would a finding of contributory negligence be relevant.

Exam warning

When considering SQE1 questions regarding a defendant's negligence, consider whether the claimant's behaviour has contributed to his injuries. Contributory negligence does not completely defeat a claim but if the court finds the claimant contributed to the harm by failing to take care of their own safety the court will reduce the claimant's damages.

Illegality (ex turpi causa non oritur actio)

The defence of illegality, or **ex turpi causa non oritur actio**, relates to the concept that it would be against public policy to allow someone to benefit from undertaking an unlawful act. Illegality is a complete defence to a claim and if successfully pleaded the claimant will not receive any damages. For example, consider the situation if a burglar is injured as they trip on a defective step leaving a block of flats they have broken into. It would be against public policy to allow the burglar to succeed in a civil claim (negligence) against the owner of the flats. The burglar is undertaking criminal activity and should not be able to benefit from a civil claim.

Key term: ex turpi causa non oritur actio

Ex turpi causa non oritur actio is Latin for 'from a dishonourable cause an action does not arise'.

For the defence to succeed there needs to be a connection between the illegal activity and the injury suffered by the claimant. In the example above, if instead of tripping down the stairs the burglar had been run over by a car on their route home, the driver of the car would not be able to claim the defence of illegality as there is no real connection between the road traffic accident injuries sustained by the burglar and the committing of the burglary. The burglary has not caused the road traffic accident.

The courts have reached different decisions in considering whether to allow the defence of illegality to succeed. **Table 4.4** gives an insight into how the courts have dealt with the defence of illegality pleaded in response to claimants that have been injured whilst involved in illegal activity.

Table 4.4: Examples of illegality defences considered by the courts

Example of illegal activity	How the courts reacted
The claimant, a pillion passenger, knowing the defendant was drunk, underage and uninsured, encouraged him to drive recklessly. The defendant was killed in the subsequent accident and the claimant seriously injured.	The court found that both were engaged in an illegal act and as a result found that there was no duty of care between them. The claimant's claim was defeated by the defence of illegality. *Pitts v Hunt* [1991] 1 QB 24 (CA)
The claimant was injured when he jumped from his flat window in the course of being pursued to be arrested by police officers.	The court found that the police officer did not have a duty of care to prevent the claimant from injuring himself whilst trying to evade custody. The claimant's claim was defeated by the defence of illegality. *Vellino v Chief Constable of Greater Manchester Police* [2002] 1 WLR 218 (CA)
The claimant was a passenger in a vehicle found to be supplying drugs prior to being pursued by the police and suffered injuries when the vehicle collided with oncoming traffic in an attempt to evade the police car.	The court found that the likelihood of a collision was foreseeable and that the claimant had been part of a joint enterprise to supply drugs. The claimant's claim was defeated by the defence of illegality. *Blake v Croasdale* [2018] EWHC 1919 (QB)
The claimant was shot and injured by the defendant lying in wait with a shotgun in his shed following a reported increase in burglaries.	The court found that the defendant's actions of lying in wait for burglars with a shotgun was disproportionate and the defence of illegality failed. The claimant recovered damages for injury (these were reduced by two-thirds to reflect the claimant's contributory negligence). *Revill v Newberry* [1996] QB 567 (CA)

Revision tip

When revising remember that some defences are general (consent, illegality, contributory negligence) and they can apply to all torts and that some are specific and apply only to particular torts (warning notices - occupier's liability, prescription, necessity - nuisance).

KEY POINT CHECKLIST

This chapter has covered the following key knowledge points. You can use these to structure your revision around, making sure to recall the key details for each point, as covered in this chapter.

- Once the claimant has proved negligence (duty, breach, causation and loss) the only possibility available to the defendant to attempt to defeat the claim is to successfully defend it.
- The defence of consent and illegality are complete defences to negligence and if accepted by the court the claimant will not receive damages.
- In order to successfully defend a claim on the basis of consent, the defendant must show that the claimant had full knowledge of the extent and nature of the risk and willingly accepted it.
- In order to successfully defend a claim on the basis of illegality, the defendant must show that there is a connection between the illegal act and the injury suffered by the claimant.
- Contributory negligence is a partial defence to a negligence claim.
- In order to successfully defend a claim on the basis that the claimant contributed to their injuries, the defendant must prove that the claimant's behaviour has caused or contributed to the claimant's injuries.

KEY TERMS AND CONCEPTS

- volenti non fit injuria (**page 82**)
- contributory negligence (**page 85**)
- ex turpi causa non oritur actio (**page 88**)

SQE1-STYLE QUESTIONS

QUESTION 1

The claimant, a five-year-old child who is accompanied to an ice cream van with his father, is knocked over as he goes around the front of the ice cream van and walks into the defendant's vehicle. The defendant's vehicle was travelling at a speed of 25mph. The area is a built-up residential area and there is a queue of children on the pavement waiting to be served.

Which of the following is likely to be the position of the court when considering the defendant's argument that the claimant contributed

to his injuries by failing to take reasonable care of his own safety when crossing the road?

A. The court is likely to find that the claimant has contributed to his injuries by failing to take care of his own safety and reduce his damages by 10%.
B. The court is likely to find that the claimant has contributed to his injuries by failing to take care of his own safety and reduce his damages by 25%.
C. The court is likely to find that the claimant has contributed to his injuries by failing to take care of his own safety and reduce his damages by 50%.
D. The court is likely to find that the defendant's speed was excessive to pass an ice cream van in a residential area and the defence of contributory negligence will fail.
E. The court is likely to find that the child's father is contributory negligent and reduce the claimant's damages accordingly.

QUESTION 2

The claimant, lying drunk in the road of a cul-de-sac, is injured when the defendant's vehicle reverses over him late at night. The defendant is looking over his right shoulder and reverses for 40 feet before reaching and reversing over the claimant. It is accepted that if the defendant had looked over his left shoulder at any point he would have seen the claimant lying in the road.

Which of the following is likely to be the position of the court when considering the defendant's argument that the claimant contributed 100% towards his injuries by getting drunk and lying in the road?

A. The court is likely to find the claimant 100% contributory negligent for his injuries and reduce his damages to zero.
B. The court is likely to find that liability will attach to the defendant for failing to look over his left shoulder but that the claimant has contributed to his injuries by being drunk and lying in the road and reduce his damages accordingly.
C. The court is likely to find the defendant not at fault for the accident.
D. The court is likely to allow the defence of illegality to succeed due to the claimant being drunk in a public place.
E. The court is likely to allow the defence of consent to succeed on the basis that the claimant consented to being a victim of a road traffic accident by lying in the road when drunk.

QUESTION 3

The claimant is playing rugby which is refereed by a part-time amateur referee when the scrum he is participating in collapses, causing him serious neck injuries. The evidence accepted by the court is that had the referee adhered to the rules and sequence of engagement during the game the scrum would not have collapsed.

Which of the following is likely to be the court's approach to the defendant's attempts at defending the claim?

A. The court will likely accept that the referee breached his duty by failing to prevent a scrum collapse and that the defendant's defence, based on the fact that the claimant consented to his injuries by accepting the risk involved in rugby, will fail.
B. The court will likely accept that the referee breached his duty by failing to prevent a scrum collapse but that the defendant's defence, based on the fact that the claimant consented to his injuries by accepting the risk involved in rugby, will succeed.
C. The court will likely accept that the referee owed a duty of care but that, by the very nature of the sport of rugby, it is to be expected that injury will occur and that the referee did not breach this duty of care, allowing a complete defence to the claimant's claim.
D. The court will likely accept that the referee breached his duty by failing to prevent a scrum collapse but allow a reduction in damages to reflect the claimant's contributory negligence by actively taking part in the scrum.
E. The court will likely allow a partial defence of consent on the basis that the claimant consented to all risks involved in the sport.

QUESTION 4

The claimant parks her car on double yellow lines in a no-parking zone when the defendant drives into a collision with the claimant's vehicle, causing extensive damage.

Which of the following is likely to be the court's approach to the defendant's argument in his defence that the claim should be defeated on the basis of the illegality of the claimant's parking?

A. The court is likely to allow the defendant to defend the claim on the basis of illegality as there was a connection between the claimant's parking and the damage inflicted by the defendant's driving.

B. The court is unlikely to allow the defendant to defend the claim on the basis of illegality but reduce the claimant's damages significantly to reflect that she had parked in a no-parking zone.
C. The court is unlikely to allow a defence of illegality but may allow a defence of consent on the basis that the claimant voluntarily accepted the risk of someone driving into her vehicle whilst parked illegally.
D. The court will not allow the defence of illegality as the claimant's positioning of her vehicle is not an important factor and does not contribute to the damage to the vehicle.
E. The court will not allow the defence of illegality but is likely to find the claimant 100% contributory negligent and reduce the claimant's damages to zero.

QUESTION 5

The claimant is a front seat passenger in her brother's car which is involved in a road traffic accident when the defendant changes lanes on the motorway. The defendant admits that he failed to see the vehicle the claimant was travelling in. The claimant, who was not wearing a seatbelt at the time of the accident, is seriously injured. The court accepts that had she been wearing a seatbelt her injuries would have been less severe.

Which statement best represents the court's approach in dealing with the claimant's contribution to her injuries?

A. The court is unlikely to make a finding of contributory negligence as the claimant has not contributed to the accident.
B. The court is unlikely to make a finding of contributory negligence as the claimant has not contributed to her injuries.
C. The court is likely to make a finding of 15% contributory negligence as the claimant has contributed to her injuries by failing to wear a seat belt.
D. The court is likely to make a finding of 25% contributory negligence as the claimant has contributed to her injuries by failing to wear a seat belt.
E. The court is likely to reduce the claimant's damages by 50% to reflect she was not wearing a seat belt.

ANSWERS TO QUESTIONS

Answers to 'What do you know already?' questions at the start of the chapter

1) Consent, illegality and contributory negligence.
2) The claimant had full knowledge of the risk and voluntarily accepted the risk.
3) True - it is a complete defence.
4) The answer is (c) as the court will consider whether there is a duty, breach and whether the breach was causative. If they find the defendant was negligent they will then consider any defence the defendant has raised. They will not consider whether the defendant has contributed as the court has already established that the defendant is liable.
5) The Act allows the claimant's damages to be reduced and is reflected in the percentage by which the claimant has contributed to their injuries.

Answers to end-of-chapter SQE1-style questions

Question 1:

The correct answer was D. This is because the area is residential and an ice cream van is parked on the road. The court will likely find that the claimant should have taken more care when driving and should have foreseen children crossing near the ice cream van.

A, B and C are wrong because the court are unlikely to reduce the damages of a child; the defendant would need to defend the claim on the basis that the father contributed to the child's injuries by failing to stop the child crossing the road.

E is wrong because children crossing near the ice cream van should be anticipated by motorists. Had the defendant been driving at an appropriate speed (eg 5mph) he may have been able to avoid the accident. A speed of 25mph is too fast in the circumstances and the court will likely find him wholly to blame for the claimant's injuries.

Question 2:

The correct answer was B. This is because the onus is always on a reversing driver to ensure that the road is clear and the fact that had the defendant looked over their left shoulder they would have seen the claimant in the road means the court will find the defendant at fault but reduce the claimant's damages to reflect the fact that their behaviour contributed to the injuries. This example is based on a real claim and the court found the claimant 60% to blame, reducing the claimant's damages by 60%.

A is wrong because there cannot be a finding of 100% contributory negligence.

C is wrong because had the claimant not got drunk and fallen asleep in the road they would not have been injured. The claimant has to bear some responsibility for his injuries.

D is wrong because it is not illegal to get drunk and sleep in the road, just inadvisable.

E is wrong because the claimant did not consent to being a victim of a road traffic accident – he just carelessly fell asleep in the road.

Question 3:

The correct answer was A. This is because the claimant consented only to the normal risks involved in playing rugby, not the injury caused when the referee did not meet the required standard of care in refereeing the match.

B is wrong because the claimant consented only to the normal risks involved in playing rugby, not being injured due to the referee falling under the required standard of care.

C is wrong because, although rugby is a physical sport and injuries are commonplace, the referee's standard of care fell below that expected and this was the reason the claimant was injured.

D is wrong because the claimant's actions did not contribute to his injuries.

E is wrong because the claimant did not consent to injuries caused by the negligence of the referee.

Question 4:

The correct answer was D. This is because in order for a defence of illegality to succeed there needs to be a connection between the illegal activity and the harm caused. The fact the claimant had parked on double yellow lines is trivial. The defendant should have observed the road and has breached his duty to drive to the standard of a reasonably careful driver and observed her parked vehicle.

A is wrong because parking on double yellow lines is not a criminal offence.

B is wrong because the claimant has caused the accident by driving into the claimant's stationary vehicle.

C is wrong because the claimant's vehicle (although parked in contravention of the parking restrictions) was there to be seen and the defendant has failed to observe the presence of the vehicle on the road and caused the accident.

E is wrong because the court will not make a finding of 100% contributory negligent.

Question 5:

The correct answer was C. This is because the court will make a finding of 15% contributory negligence as the claimant's injuries would have been less severe had she worn a seat belt.

A is wrong because contributory negligence focuses on the claimant's contribution to her injuries, not her contribution to the accident.

B is wrong because the claimant has contributed to her injuries by failing to wear a seatbelt.

D is wrong because the court will make a finding of 25% contributory negligence only where the claimant's injuries would have been prevented entirely.

E is wrong because the court would only reduce a claimant's damages by 50% if the claimant was equally to blame for their injuries and the claimant does not have the same culpability as the defendant driver.

■ KEY CASES, RULES, STATUTES AND INSTRUMENTS

The SQE1 Assessment Specification does not require you to know any case names for the topic but you may find it useful to be familiar with:

- Law Reform (Contributory Negligence) Act 1945

5

Vicarious liability and employers' liability

MAKE SURE YOU KNOW

This chapter will cover principles of vicarious liability and employers' liability. You are required to know the principles of vicarious liability and employers' primary liability, including the operation and effect of the common law principles, and apply the legal principles and rules appropriately and effectively to realistic client-based ethical problems and situations for your SQE1 assessment.

SQE ASSESSMENT ADVICE

As you work through this chapter, remember to pay particular attention in your revision to:

- the steps required in establishing vicarious liability
- the principles of establishing a claim at common law against an employer.

WHAT DO YOU KNOW ALREADY?

Have a go at these questions before reading this chapter. If you find some difficult or cannot remember the answers, make a note to look more closely at that during your revision.

1) True or false?

   A defendant will only be vicariously liable if there is an employee/employer relationship between the defendant and the person committing the tort.

   [Vicarious liability, pages 98–104]

2) What is the economic reality test?

   [Vicarious liability, pages 98–104]

3) Complete the missing words.

   Employers are under a duty to take reasonable care of their employees and liability will arise when employees are injured by a failure to take such care as per the common law principles. The common law principles relate to __________, ________________, __________ and ______________________.

[Employers' liability, pages 104–106]

4) True or false?

An employer will be vicariously liable for the negligent acts of an independent contractor.

[Employers' liability, pages 104–106]

VICARIOUS LIABILITY

Vicarious liability is the principle by which a person may be held liable for the actions of a third party because of the relationship between the two parties. It can be applied to most torts and relies upon the relationship between the defendant and the person (third party) that commits the tort. It can be applied in different scenarios but is usually encountered in employer/employee relationships. In practice if an employer is vicariously liable for the negligence of their employee, the claimant can sue either employer or employee as they are jointly liable. The employee is primarily liable for the negligent act but the employer has secondary liability due to the relationship between employer and employee. In order to establish vicarious liability three elements must be present. **Figure 5.1** illustrates the essential requirements to show vicarious liability relating to an employer/employee relationship.

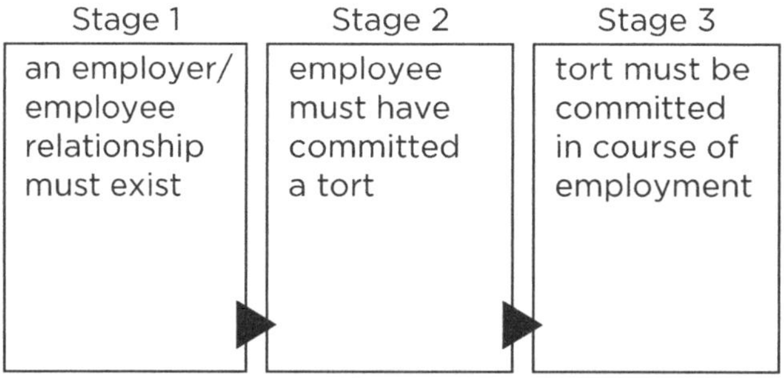

Figure 5.1: Elements of vicarious liability

Key term: vicarious liability

Vicarious liability is the principle which dictates that someone other than the third party that carried out the negligent act will be liable for the claimant's injury.

Employer/employee relationship

An employer will be held vicariously liable for the torts of an employee but not those of an independent contractor. The courts use a variety of tests to establish whether the person is an employee or an independent contractor. **Table 5.1** illustrates how the courts have dealt with distinguishing these relationships.

Table 5.1: Tests utilised in vicarious liability cases

Test	Case
Control test Does the employer have the right to control the individual? If so, the individual is likely to be in a relationship of employee/employer.	An employee is likely to work under the supervision and direction of an employer whilst an independent contractor is his own master. *Performing Right Society, Limited v Mitchell and Booker (Palais de Danse) Limited* [1924] 1 KB 762
Integral test Is the individual integral to the business or just an accessory to it? If the individual is integral they are more likely to be an employee.	There is a distinction between a contract of services (employee) and a contract for services (independent contractor). Under a contract of services the person is more likely to be integral to the business and under a contract for services the person is not integral but an accessory to the business. *Stevenson Jordan & Harrison Ltd v MacDonald & Evans* [1952] 1 TLR 101 (CA)
Economic reality test Where the control and integral test offer no solution, the economic reality test can be used.	There are three conditions that have to be fulfilled in order for a worker to be considered an employee: a) the employee in return for a wage provides work or skill for the employer b) the employee agrees (expressly or impliedly) that they will work under the control of the employer c) the other provisions of the contract are consistent with it being a contract of employment. *Ready Mixed Concrete Ltd v Minister of Pensions* [1968] 2 QB 497 (DC)

Revision tip

When considering questions dealing with vicarious liability think about the circumstances of the employment. Employees tend to be paid weekly or monthly, have tax and national insurance contributions deducted at source, and have fixed hours of work. Independent contractors normally receive one-off payment for jobs, are responsible for their own tax and national insurance and have more control over their working hours.

The test which the courts use to impose vicarious liability between employer and employee relates to whether it is fair, just and reasonable to impose vicarious liability as follows:

- The employer is more likely to have the means to compensate the victim than the employee and can be expected to have insured against that liability.
- The tort will have been committed as a result of activity being taken by the employee on behalf of the employer.
- The employee's activity is likely to be part of the business activity of the employer.
- The employer, by employing the employee to carry on the activity, will have created the risk of the tort committed by the employee.
- The employee will to a greater or lesser degree have been under the control of the employer. (*Catholic Child Welfare Society v Various Claimants* [2012] UKSC 56.)

An employer has a non-delegable duty of care which means that the employer cannot delegate his duty of care to a third party. Although an employer will not be vicariously liable for the negligent acts of an independent contractor, they may be found liable for harm suffered at the hands of that independent contractor if the employer has breached their duty of care to their employees.

Employee must have committed a tort

There can be no vicarious/secondary liability without direct/primary liability, so if the employee has not committed a tort the employer cannot be vicariously liable for their actions. Vicarious liability may apply to all torts but is commonly associated with negligence. Employers have been found vicariously liable for sexual assault, harassment and battery committed by their employees.

Tort must be committed in the course of employment

An employer will only be responsible for a tort committed by an employee in the course of their employment. If the court judges the employee to have deviated from the job they are employed to carry out, it may conclude that the employee is on a 'frolic of their own' and the employer will not be vicariously liable for their actions. The court has accepted that the following are in the course of employment:

a) authorised acts of the employee
b) authorised acts carried out in an unauthorised manner.

Authorised acts

If the employee commits a tort whilst carrying out an authorised act for his employer, the employer will be vicariously liable for that tort. For example, a security guard physically detaining individuals and preventing them from leaving premises could be committing the tort of battery and false imprisonment. Here the employer would be vicariously liable for the battery and false imprisonment, as detaining suspected shoplifters falls within the authorised activity of a security guard.

Authorised act carried out in an unauthorised manner

Issues have arisen where employees have carried out their work in an unauthorised manner. This may mean that the employee does what is asked of them but does so in a negligent manner. They will usually be found to be acting within the course of their employment. **Practice example 5.1** illustrates an example of this.

Practice example 5.1

A petrol tanker driver is employed to transport and deliver petrol. During delivery of the petrol to the oil tank the driver lit a cigarette and threw the match on the ground, causing the petrol to explode. Was the driver acting in the course of his employment?

This is what the court had to consider in *Century Insurance v NI Road Transport Board* [1942] AC 509 (HL). The court found that the driver was acting in the course of his employment as he was completing an authorised act (petrol delivery) in an unauthorised manner (whilst smoking).

There is a distinction between carrying out authorised acts in an unauthorised manner and an employee acting outside the scope of their employment. If found to be acting outside the scope of employment the employer is unlikely to be held vicariously liable for the employee's acts/omissions. When considering **Practice example 5.1**, envisage that the petrol tanker driver is employed only to transport the petrol and a second employee is employed to dispense the petrol delivery. If the driver decides to dispense the petrol as the second employee has gone for lunch, and in doing so negligently floods the customer's forecourt, causing a customer to slip and sustain injury, it is likely that the employer will not be vicariously liable for the driver's act as he was acting outside the course of his employment. He is employed only to drive not to dispense petrol.

Prohibited acts

What falls within and outside the scope of the course of employment has been tested many times in the courts. The court has distinguished between the manner (how to do the job) and the scope (what the employee should do). If an employee is prohibited from a certain activity but when he carries it out it furthers his employer's business, the court is more likely to find this falls within the course of employment. Employees acting in a prohibited manner may not always fall outside the course of their employment, as seen in *Century Insurance*. **Practice example 5.2** provides an example of this distinction.

Practice example 5.2

A milkman, despite being expressly prohibited to allow others to assist in the delivery of milk, allows a 13-year-old child to ride on the milk float and deliver milk. The child falls off the milk float due to the milkman's negligent driving. Can the child recover damages from the milkman's employers on the basis that they are vicariously liable for the milkman's negligence?

This is what the court had to consider In *Rose v Plenty* [1976] 1 WLR 141 (CA). The court found that the prohibition in allowing others to assist only affected the conduct of the employment (how to do the job). It did not define or limit the scope of his duties (what the employee should do). The disregard of his employers' instructions was a wrongful performance of how to do the job but it was not for his own purposes and did not take the activity outside of the scope of his duties (what he should do). The employer was vicariously liable for the milkman's negligence.

Consider that, instead of the milkman allowing a 13-year-old child to assist him delivering milk in *Rose*, the milkman allows the 13-year-old and his friends to ride on the milk float and gives them a lift to school, again injuring them due to negligent driving. The prohibition on allowing others to assist affects the conduct of the employment – how to do the job. In giving the children a lift the milkman's activity is outside the scope of what he should do and would fall outside the scope of his employment. He is not employed to give children lifts on the milk float. In that situation the court is likely to find the employer not vicariously liable for the milkman's negligence.

Unlawful acts

We have seen that even a prohibited act could be deemed to be in the course of employment depending on the facts of the case. Unlawful or criminal acts have also been considered by the court. For example, in *Lister and Others v Hesley Hall Ltd* [2002] 1 AC 215 (HL) the court used a 'close connection' test. The defendant employed wardens at a school for children with behavioural difficulties, one of whom sexually abused children in his care. The court considered that there was a close connection between the unlawful act and the employment as the abuse occurred on the employer's premises whilst the employee was carrying out his duties of caring for the children.

In considering the close connection test the court will look at the link between the unlawful act and the activities the employee should have been carrying out. Consider **Practice example 5.3** and how the court used the test.

Practice example 5.3

A customer at a petrol station forecourt approached one of the employees and asked if he could print off documents from a USB stick. The employee refused and used aggressive and racist language. The employee followed the claimant as he returned to his vehicle and violently attacked him. Was the defendant's employer vicariously liable for the attack?

This is what the court had to consider in *Mohamud v WM Morrison Supermarkets* [2016] UKSC 11. The court used the close connection test set out in *Lister* and found that the employee's duties were to deal with enquiries and customers. The verbal abuse was within the 'field of activities' that the job involved. Further, the unprovoked attack was part of the sequence of events and a seamless episode from the verbal abuse. The employers were found to be vicariously liable for their employee's attack.

Indemnity

If an employer is found vicariously liable for the negligence of their employee, they are both liable (**joint tortfeasors**); this means that the employer may recover the cost of damages from the employee. Under common law the court has allowed recovery from the employee where the injury is due to the employee's breach of contract. Under statute the employer could bring a claim for a contribution to any damages paid to the claimant under the Civil Liability (Contribution) Act 1978. The court will consider each case on its facts but, where an employer is blameless, they may order the employee to pay the whole damages if just and equitable. **Practice example 5.4** provides an example of this principle.

Key term: joint tortfeasors

A tortfeasor is the person responsible for committing or carrying out the tort. A joint tortfeasor relates to the fact that there may be more than one person responsible for committing the tort and causing harm or damage to the claimant.

Practice example 5.4

An employee, during the course of his employment, allows his father to accompany him to collect waste products in the employer's lorry. When reversing the lorry, the employee injures his father. The employee's father brings a claim for personal injury against his son's employers. The court finds the employers vicariously liable for their employee's negligence and awards the father damages. Is the employer entitled to recoup damages from the employee?

This is what the court had to consider in *Lister v Romford Ice & Cold Storage Co Ltd* [1957] AC 555 (HL). The court considered that the employee owed a duty to their employer to complete their duties with reasonable care in the driving and management of the vehicle. In failing to drive with care and skill, the employee had breached this duty and any compensation awarded by the court to the father could be recouped from the (employee) son.

EMPLOYERS' LIABILITY

All employers have both statutory and common law duties to ensure their employees' safety. Following the Enterprise and Regulatory Reform Act 2013, the right to bring a civil action for breach of the statutory health and safety legislation was removed. The SQE1 specification requires only that you know the operation and effect of the common law principles in respect of **employers' liability**. We will therefore concentrate on common law principles.

Key term: employers' liability

Employers' liability relates to the duty at both common and statutory law an employer has in respect of their employees.

Common law duty of care

The duty to take reasonable care of employees' health and safety in the course of their employment rests with an employer. The employer cannot delegate or pass this duty to another. The duty to take reasonable care was explained in *Wilsons & Clyde Coal Co Ltd v English* [1983] AC 57 (HL). An employer is expected to provide:

- competent staff
- adequate plant and equipment
- a safe system of work
- safe premises.

Exam warning

The court imposes a duty to take reasonable care - it is not an absolute or strict duty. When considering questions involving accidents at work, the outcome in respect of liability will very much depend on the facts of the case and what the court considers is reasonable in the circumstances.

Table 5.2 explains the duty of care and illustrates cases where the courts have considered these common law duties.

Table 5.2: Employers' common law duty of care

Common law duty of care	Example case
Competent staff An employer is vicariously liable for employee's negligence.	An employer will be liable for their employee's incompetence if they knew or ought to have known about their employee's behaviour. In *Hudson v Ridge Manufacturing Co* [1957] 2 QB 348 the court found the employer liable for injuries suffered following one employee tripping another. The employee had a history of practical jokes which the employer should have been aware of.
Adequate plant and equipment Plant means anything used in the course of work. An employer is under a duty to take reasonable steps to provide and maintain adequate plant and equipment.	Equipment includes any article of whatever kind furnished by the employer for the purposes of his business. In *Knowles v Liverpool County Council* [1993] 1 WLR 1428 (HL) the claimant was injured when a flagstone with a manufacturing defect broke as he carried it. The court held that the employer was liable for any defects that were not visible or obvious under the 1969 Act. The employer will be liable only if the defective equipment caused the claimant's injury.

Table 5.2: (continued)

Common law duty of care	Example case
The common law duty is also supplemented by the Provision and Use of Work Equipment Regulations (1998) and the Employer's Liability Defective Equipment Act (1969)	In *McWilliam v Sir William Arrol & Co Ltd* [1962] 1 WLR 295 (HL) the claimant (steel erector) fell to his death as he was not provided with safety equipment. However, it was accepted he would not have worn the harness even if provided and, as such, although in breach, the defendant was not liable.
A safe system of work The duty to provide a safe system of work is very wide and includes: • ensuring systems and safety measures are complied with • warning staff about risks and dangers and guarding against them.	Safe system of work includes the physical layout of the job, the sequence in which work is carried out, the provision of warnings, notices and special instructions, and whether the system needs to be modified or improved. In *Speed v Thomas Swift & Co Ltd* [1943] 1 KB 557 (CA) the claimant was injured during the loading of a ship. The loading had been carried out taking into account previous damage to the ship, which prevented a safer method of loading. The court found that, in view of the special circumstances, the system of work should have been modified to take into consideration the special circumstances.
Safe premises The duty applies to the employer's premises and third-party premises where employees are expected to work and includes consideration of the: • place of work • nature of the building • experience of the employee • nature of the work • degree of control exercised by employer • employer's knowledge of the premises. The common law duty is also supplemented by the Workplace (Health, Safety and Welfare) Regulations 1992.	The duty is to take reasonable care to ensure the employee is not injured by the state of the premises. In *Latimer v AEC Ltd* [1953] AC 643 (HL) the claimant slipped on the factory floor which had flooded. The employer had used sawdust but had run out before the whole of the floor could be covered. The court held that the employer had done what was reasonable and was not liable.

■ KEY POINT CHECKLIST

This chapter has covered the following key knowledge points. You can use these to structure your revision around, making sure to recall the key details for each point, as covered in this chapter.

- The elements required in establishing whether the defendant is vicariously liable for the acts or omissions of a third party are: an employer/employee relationship must exist, the employee must have committed a tort, and the tort must have been committed in the course of employment.
- The tests used by the courts in establishing vicarious liability are the control test, the integral test and the economic reality test.
- Employers are under a duty to take reasonable care of their employees and liability will arise when employees are injured by a failure to take such care as per the common law principles.
- At common law, an employer is under a duty to provide safe premises, safe plant, materials and equipment, a safe system of work and competent staff.

■ KEY TERMS AND CONCEPTS

- vicarious liability (**page 98**)
- joint tortfeasors (**page 104**)
- employers' liability (**page 104**)

■ SQE1-STYLE QUESTIONS

QUESTION 1

The claimant is a catering manager at a local prison and is injured by a prisoner she is supervising when the prisoner loses his balance and drops a large pack of rice he was attempting to unload into the kitchen. The bag of rice falls onto the claimant's back. The prisoner receives payment for assisting in the kitchen.

Which of the following is likely to be the position of the court when considering whether the prison is vicariously liable for the negligence of the prisoner?

A. The court is unlikely to find that the prison is vicariously liable for the prisoner's negligence as he is not an employee but a prisoner.

B. The court is unlikely to find that the prison is vicariously liable for the prisoner's negligence as there is no close connection between the prisoner's negligence and the lack of supervision.
C. The court is unlikely to find that the prison is vicariously liable for the prisoner's negligence as there is no element of control between the supervisor and the prisoner.
D. The court is likely to find that the prison is vicariously liable for the prisoner's negligence as the prisoner is working as an integral part of the operation of the prison.
E. The court is likely to find that the prison is vicariously liable for the prisoner's negligence but reduce damages to reflect that the prisoner did not intentionally drop the pack of rice.

QUESTION 2

The claimant suffers a broken leg when he trips over his untied shoelace on his way back to his delivery vehicle. The claimant owns his delivery vehicle but it is painted with the company logo he is contracted to work with, delivering packages nationally. The claimant is responsible for maintaining the delivery vehicle and is able to work as many or as few hours as he pleases.

Which of the following statements best represents the position in respect of whether the company is vicariously liable for the claimant's injuries?

A. The claimant provides work for the delivery company in return for payment and is likely to be classed as an employee and the company will be vicariously liable for his injuries.
B. As the claimant's vehicle is branded with the company logo, the claimant is likely to be an employee of the company and the company will be vicariously liable for his injuries.
C. On the basis that the claimant has flexible working hours he is likely to be classified as an independent contractor and the company will not be vicariously liable for his injuries.
D. As the company is more likely to have funds available to compensate the claimant, the company will be vicariously liable for the claimant's injuries.
E. The company is unlikely to be vicariously liable for the claimant's injuries as there is no tort committed by the company.

QUESTION 3

The claimant is an experienced steel worker who works at height erecting steel for buildings. His employer fails to provide the claimant with a safety harness and as a result when the claimant loses his footing he falls to his death. The claimant would not have worn the safety harness even if provided with one.

Which of the following statements best represents the position of the court when considering the employer's common law liability for the claimant's death?

A. If the court accepts that the claimant would not have worn a safety harness even if provided with one, the employer will not be liable at common law for the claimant's death.
B. If the court accepts that the claimant would not have worn a safety harness even if provided with one, the employer will be liable at common law for the claimant's death.
C. If the court accepts that the claimant would not have worn a safety harness even if provided with one, the employer will still be liable at common law but the damages awarded will be reduced to reflect contributory negligence on the part of the claimant.
D. If the court finds that the accident could have been prevented by the use of a safety harness, the employer will be liable at common law for the claimant's death.
E. If the court finds that the accident was due to lack of safety equipment, the employer will be liable at common law for the claimant's death.

QUESTION 4

The claimant suffers a serious injury during the course of his employment with the defendant when machinery he is cleaning cuts through the glove he is wearing and causes longstanding nerve damage to his hand. The defendant provides personal protective equipment to all of its employees including gloves, overalls, boots and safety goggles.

Which of the following statements best represents the position of the court in respect of a claim brought against the employer under the common law?

A. The court is likely to find the claimant contributory negligent for placing his hand under the machinery and allowing the machinery to cut through the gloves provided by the defendant.

B. The court is likely to find that the defendant has complied with their common law duty of care in providing a safe system of work and the claimant's claim for damages for breach of duty will fail.
C. The court is likely to find the defendant liable if the claimant can prove what alternative system of work should have been adopted to prevent the accident.
D. The court is likely to find that the defendant has complied with their common law duty of care in providing safe premises and the claimant's claim for damages for breach of duty will fail.
E. The court is likely to find that the defendant has permitted an unsafe practice if the claimant is able to injure his hand whilst wearing gloves which have not protected him, and his claim is likely to succeed.

QUESTION 5

The claimant suffers a serious injury when a work colleague (who is on his first day in the job) fails to place a safety guard on the machinery being used by the claimant. The claimant has to use the emergency 'stop' lever, shutting down the machinery, but not before the equipment has smashed into his shoulder, causing a fractured bone. The new employee had not received any training on the machinery as the trainer responsible was unavailable and the foreman asked the new employee to help them with the work as they had a big order they needed to process.

Which of the following statements best represents the position of the court in respect of a claim brought against the employer under the common law?

A. The court is likely to find that this was a non-fault accident as the employer has provided a training regime and cannot be held liable if the trainer is unavailable due to illness.
B. The court is likely to find that the defendant has failed to comply with their common law duty of care in providing competent staff.
C. The claim is likely to fail on the basis that the defendant has provided competent staff, the claimant should have notified the foreman that the new member of staff was not capable of operating the machinery.
D. The court is likely to find that the defendant has complied with their common law duty of care in providing a safe system of work and the claimant's claim for damages for breach of duty will fail.

E. The court is likely to find the claimant contributory negligent for allowing the new member of staff to assist when he had no formal training on the machinery being used.

■ ANSWERS TO QUESTIONS

Answers to 'What do you know already?' questions at the start of the chapter

1) False - this is one of the two requirements, the other being that the negligent act must have been committed in the course of that person's employment.
2) The economic reality test is used to determine whether an individual is an employee. The test involves three conditions that have to be fulfilled for a worker to be considered an employee. The first that the employee, in return for a wage, provides work or skill for the employer, the second that the employee agrees (expressly or impliedly) that they will work under the control of the employer and the third that the other provisions of the contract are consistent with it being a contract of employment.
3) Complete the missing words. Employers are under a duty to take reasonable care of their employees and liability will arise when employees are injured by a failure to take such care as per the common law principles. The common law principles relate to competent staff, adequate plant and equipment, safe system of work and safe premises.
4) False - an employer will not be held vicariously liable for the negligent acts of an independent contractor.

Answers to end-of-chapter SQE1-style questions

Question 1:

The answer was D. This is because the court is likely to find that the prison is vicariously liable for the prisoner's negligence as the prisoner is working as an integral part of the operation of the prison. The prisoner and prison have a relationship similar to employer and employee even though the prisoner's presence is not voluntary.

A is wrong because the prisoner and the prison have a relationship similar to employee/employer.

B is wrong because what the prisoner is doing is integral to the operation of the prison.

C is wrong because there is an element of control between the prison and the prisoner.

E is wrong because a reduction in damages for contributory negligence reflects the fact that the claimant has contributed to their injuries and this is not the case here.

Question 2:

The answer was E. This is because one party can only be vicariously liable for another party's tort if a tort has been committed. The claimant tripped over his own shoelaces – there is no negligent act and no one is at fault other than the claimant himself.

A, B and C are wrong because a tort has not been committed, but in any event the claimant is likely to be classed as an independent contractor due to the flexibility with which he works.

D is wrong because a tort has not been committed, but having funds available to compensate victims of torts/negligent acts is not a prerequisite for a finding of liability against an employer.

Question 3:

The answer was A. This is based on a real case where the court accepted that the claimant would have refused to wear a safety harness even if the employer had provided one. The defective equipment (or lack of it) did not cause the claimant's accident. Here the claimant's attitude to safety caused the injury.

B is wrong because if the court accept the claimant would not wear safety equipment even if provided they will conclude that the lack of safety equipment is not causative of the injury.

C is wrong because contributory negligence is a defence which reduces damages if the defendant is found to be liable and the claimant is found to have contributed to their injuries. The defendant would not be liable where the claimant's failure to wear safety equipment is the cause of the accident and therefore the defence of contributory negligence would not be considered by the court.

D is wrong because the claimant would not have worn the safety harness even if provided.

E is wrong because the lack of safety equipment did not cause the claimant's injuries, the failure of the claimant to wear safety equipment even if provided caused the claimant's injuries.

Question 4:

The answer was E. This is because the defendant has to provide a safe system of work and adequate equipment. A system which requires an employee to manually clean dangerous machinery is unlikely to be safe. Providing gloves which can be damaged, allowing an employee's hand to be injured, will not be classed as adequate equipment for the purposes of the common law duty.

A is wrong because the claimant's job is to clean the machinery and he should be provided with adequate equipment allowing him to do so without being injured.

B is wrong because allowing employees to manually clean machinery such that the claimant is injured by the machinery is unlikely to be a safe system of work.

C is wrong because it is not for the claimant to prove which alternative system of work would be safer - it is for the employer to provide a safe system of work.

D is wrong because the claim relates to system of work and adequate equipment, not premises.

Question 5:

The answer was B. This is because the employer has a common law duty of care to provide competent staff. Sending staff onto the factory floor without any training is a breach of that common law duty of care.

A is wrong because the employer has a common law duty of care to provide competent staff, which entails training staff to ensure they can do the job.

C is wrong because it is not the responsibility of the claimant to notify his employer about the new member of staff. The employer has a duty of care to provide competent staff.

D is wrong because although the system of work may be safe, allowing an untrained new member of staff is a breach of the employer's duty to provide competent staff and the court will find for the claimant.

E is wrong because the claimant is an employee and it is the employer that has a duty of care to provide safe systems and competent staff. It is not the responsibility of the employee.

■ KEY CASES, RULES, STATUTES AND INSTRUMENTS

The SQE1 Assessment Specification does not require you to recall or recite the cases and statutes referenced in this chapter but does require you to know and understand the principles developed within the cases.

6

Occupiers' liability

MAKE SURE YOU KNOW

This chapter will cover principles of occupiers' liability including the legal requirements for a claim under the Occupiers' Liability Act 1957 (in relation to visitors) and the Occupiers' Liability Act 1984 (in relation to non-visitors), defences and exclusion of liability. You are required to know the legal requirements for a claim under the Occupiers' Liability Act 1957 (OLA 1957) and Occupiers' Liability Act 1984 (OLA 1984) and apply the legal principles and rules appropriately and effectively to realistic client-based ethical problems and situations for your SQE1 assessment.

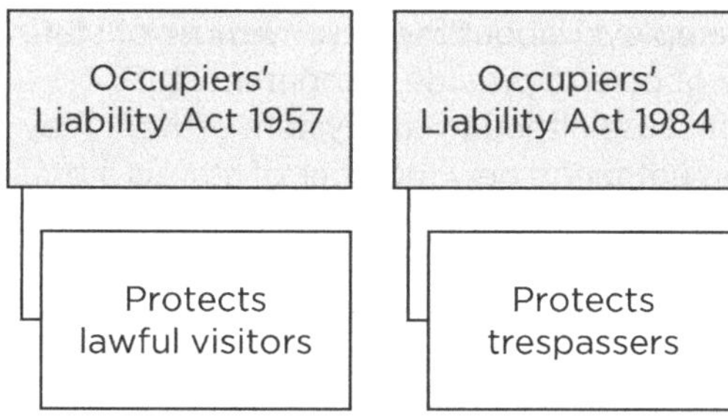

Occupiers' liability

SQE ASSESSMENT ADVICE

As you work through this chapter, remember to pay particular attention in your revision to:

- the legal requirements for claims involving visitors to premises
- the legal requirements for claims involving trespassers to premises
- the defences available to occupiers for claims brought by visitors and trespassers

- the situations where liability for harm to visitors/trespassers can be excluded.

WHAT DO YOU KNOW ALREADY?

Have a go at these questions before reading this chapter. If you find some difficult or cannot remember the answers, make a note to look more closely at that during your revision.

1) Fill in the blanks:

   Section 1(1) of the Occupiers' Liability Act 1957 regulates the duty which an ________________ owes to his __________________ in respect of dangers due to the state of the ______________________or to things done or omitted to be done on them.

   [Occupiers' Liability Act 1957, pages 115–122]

2) What is not covered under the OLA 1984?

   a) liability for trespasser's personal injury

   b) liability for trespasser's damage to property

   c) liability for trespasser's death.

   [Occupiers' Liability Act 1984, pages 122–126]

3) What defences are available for claims brought under the OLA (1957 and 1984)?

   [Occupiers' Liability Act 1957, pages 125–127]

4) What are the special categories of visitors under the OLA 1957 where the court applies a different standard of care?

   [Occupiers' Liability Act 1957, pages 118–120]

OCCUPIERS' LIABILITY

Two pieces of legislation protect those injured by the state of other's premises – the Occupiers' Liability Act 1957 (OLA 1957), which seeks to protect lawful **visitors** from injury, and the Occupiers' Liability Act 1984, which protects all others (**trespassers**) from injury.

Key term: visitor

A lawful visitor to premises is one that has a right to enter (eg, police), or one that is invited (eg, a hotel guest) or one whose presence has not been objected to (eg, postal delivery person delivering mail).

Key term: trespasser

A trespasser is one who goes onto land without any invitation and whose presence may be unknown to the occupier, or if known, is objected to.

OCCUPIERS' LIABILITY ACT 1957

Under s 1(1) of the OLA 1957, the Act regulates 'the duty which an **occupier** of premises owes to his visitors in respect of dangers due to the state of the premises or to things done or omitted to be done on them'. The SQE1 Assessment Specification requires that you know the legal requirements for a claim under the Occupiers' Liability Act 1957 (in relation to visitors). **Table 6.1** illustrates how the court has defined the terms within the Act.

Key term: occupier

An occupier is one with a legal right to control the premises.

Table 6.1: Key terms and example cases (OLA 1957)

Key term	Examples
Occupier	Normally the occupier will have an element of control over the premises (s1(2)) and for this reason there may be more than one occupier. In *Wheat v E. Lacon & Co Ltd* [1966] AC 552 (HL) the brewery and the managers to whom they had let their public house were both deemed to be occupiers under the OLA 1957 when a guest staying at the pub died after falling down the stairs.
Control	Control can also refer to a legal right to control the premises, even if the defendant does not take physical possession of the premises. In *Harris v Birkenhead Corporation* [1976] 1 WLR 279 (CA) the council were held to be occupiers' of derelict property after they took control of the property but did not secure it and a young child wandered in and was injured when she fell through a vandalised window.

Table 6.1: (continued)

Key term	Examples
Premises	The definition is wide and includes 'any fixed or moveable structure, including any vessel, vehicle or aircraft' (s 1(3)(a)). In *Jolley v Sutton London Borough Council* [2000] 1 WLR 1082 (HL) the court found an abandoned boat on council ground to be premises.
Visitor	Lawful visitors include the following: a) those with express permission, for example friends that you invite to your house b) those with implied permission, for example a delivery driver dropping off a parcel c) those under contract, for example workmen carrying out work under a contract for service d) those with a right to enter, for example the police. The court has recognised situations where a claimant has started as a visitor and due to their behaviour or the restriction by the occupier they have ceased to be a visitor and would fall outside the Act. For example, a customer in a supermarket is a visitor; they have implied permission to enter and shop. However, should they stray into the loading bay through a door with a sign prohibiting the public and displaying a 'staff only' sign they would no longer be a visitor for the purposes of OLA 1957 and would become a trespasser.

Exam warning

Remember, an occupier may not necessarily be the owner of the land. The occupier will have an element of control over the premises, may not even be in situ on the premises and may have joint responsibility with another.

We have considered the definitions of the terms under the OLA 1957 and we now turn to the duty of care expected under the Act.

Duty of care under OLA 1957

Section 2(2) states the duty of care. It is 'to take such care as in all the circumstances of the case is reasonable to see that the visitor will be reasonably safe in using the premises for the purposes for which he is invited or permitted by the occupier to be there.' We have already considered the standard of care in respect of negligence in **Chapter 1** and the standard is similar under the OLA 1957. Where visitors are vulnerable and the occupier has full knowledge of the vulnerability, the court will expect the occupier to take steps to guard against it. For example, an open window on a second-floor property would not fail to make a visitor reasonably safe; however, the occupier would be in breach of the Act if a blind person was visiting and fell out of the window, suffering injury (*Pollock v Cahill* [2015] EWHC 2260 (QB)).

The type of damage covered under OLA 1957 is personal injury (including death) and property damage.

Revision tip

When revising an occupier's duty of care under OLA 1957, think about the basic principles of negligence the court will take into account, namely, what is reasonable in all the circumstances. Consider what is the likelihood of harm, the nature of the danger, the type of visitor and their purpose of visiting, the seriousness and longevity of the risk, the cost of prevention and whether there were any warning signs.

Exam warning

Remember, duty of care dictates that a visitor is reasonably safe on the premises, not that the premises are safe. It is a common mistake to assume this means that the duty is to ensure that the premises are safe. If a warning sign is displayed or an area cordoned off advising visitors of the dangers of a certain part of the occupiers' premises, the duty will be complied with.

Special categories

The OLA 1957 allows for a deviation from the usual standard of care in respect of children and skilled workers. **Figure 6.1** illustrates how the duty differs.

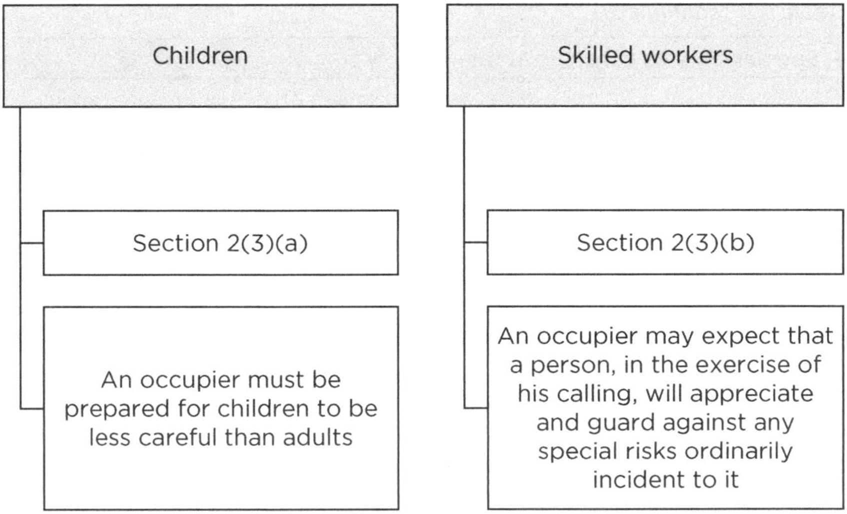

Figure 6.1: Duty of care: special categories

Table 6.2 illustrates how the court deals with the duty of care for special categories under the OLA 1957. These will be familiar as we have considered the standard of care and special categories in respect of negligence in **Chapter 1**.

Table 6.2: Duty of care: special categories OLA 1957

Special duty of care	Example case
Children The court will take into account the age of the child and the risk posed.	A 15-year-old boy was hit by a train whilst walking on the railway line. The court held no duty of care was owed due to the fact a 15-year-old should be aware of the dangers associated with the railway. *Titchener v BRB* [1983] 1 WLR 1427 (HL) A two-year-old drowned in a pond at a holiday park. A small fence surrounding the pool did not prevent the boy from entering the pond. The court found that the danger of a pond to a small child if the child wandered off was obvious (to parents) and that it was not necessary for the occupier to emphasise that danger. The occupier was not liable. *Bourne Leisure v Marsdon* [2009] EWCA Civ 671

Table 6.2: (continued)

Special duty of care	Example case
	A five-year-old playing on a building site being developed by the council fell down a trench. The court held the occupier could assume the parents having responsibility for their children would not allow them to play on a building site. The occupier was not liable. *Phipps v Rochester Corporation* [1955] 1 QB 450 (DC)
If there is a danger of allurement on the land the occupier will be expected to take greater care.	A 14-year-old was injured when an abandoned boat (on council owned land) he and his friends had been working on fell on him. The boat, which had been in situ for two years, posed an allurement to children and the council was liable to the claimant. *Jolley v Sutton London Borough Council* [2000] 1 WLR 1082 (HL)
Skilled workers The occupier still has a duty towards skilled workers but the court will look at the nature of the risk. Skilled workers are expected to take extra care to guard against risks associated with their profession.	Two chimney sweeps attending a property to work on the chimney flues were warned about the risks of working on flues where vents were sealed but continued to do so and died due to carbon monoxide poisoning. The court held that as specialists they were expected to know and guard against the risks of such danger. *Roles v Nathan* [1963] 1 WLR 1117 (CA)

Exam warning

If asked about the duty of care owed to a skilled worker exercising his calling, think about the type of risk and whether it is an obvious risk the skilled worker should have been aware of. For example, an electrician injured due to failing to switch the electric off at the mains and working on wiring would not be successful in claiming against an occupier as knowledge of the risks of electricity are integral to the electrician's work.

Warnings

Section 2(4)(a) of the OLA 1957 provides some protection for occupiers where claimants have been warned about the danger; however, the warning will not absolve an occupier from liability unless in all the circumstances it was enough to enable the visitor to be reasonably safe. This means that the court will consider the type of danger and the warning given and ascertain whether the warning was enough to keep the visitor reasonably safe.

If the danger is obvious, the occupier need not warn against it and can rely upon the openly apparent risk posed by the danger to alert the claimant to potential danger. For example, in *Darby v National Trust* [2001] EWCA Civ 189 the defendant's failure to place 'no swimming' signs around a pond they knew the public swam in did not find them in breach of s 2 under the OLA 1957 as the court held that the notices would have told the claimant no more than he knew due to the obvious risk posed by swimming in open water.

If the danger is not obvious the occupier will be held liable if they fail to adequately warn visitors. For example, in *English Heritage v Taylor* [2016] EWCA Civ 2760 (QB) the claimant succeeded in a claim under OLA 1957 when he fell over a sheer drop whilst visiting Carlsbrooke Castle. The court found that the drop was not obvious and the defendant occupier should have placed a sign warning of the drop.

Figure 6.2 illustrates factors which should be considered when dealing with warning signs and the risk posed.

Nature of warning	Nature of danger	Nature of visitor
• Is the warning clear? • Does it accurately reflect the risk posed?	• Is the danger obvious? • Are there hidden dangers?	• Is the visitor a child? • Is more than a sign needed?

Figure 6.2: Warnings OLA 1957

Independent contractors

Where an occupier employs an independent contractor to undertake work, and a visitor is injured due to the faulty execution of that work, the occupier will not be liable if they have discharged their duty of care. The three requirements under the OLA 1957 are that the occupier must have:

a) entrusted the work to a competent contractor
b) taken reasonable steps to ensure the contractor was competent
c) taken reasonable care to ensure the work was properly done.

Section 2(4)(b) of the OLA 1957 stipulates that the work must be work of 'construction, maintenance or repair'. The more technical and complex the work, the more likely the duty of care will be discharged by engaging a reputable contractor. In *Haseldine v Daw & Son Ltd* [1941] 2 KB 343 (CA) the occupier entrusted the maintenance of lifts at his block of flats to an engineering firm and when the lift failed and injured a tenant the court held that the technicalities of servicing a lift was not work that the occupier could reasonably be expected to check. In contrast where the nature of the work is not complex the court will expect an occupier to notice when the work is defective. In *Woodward v Mayor of Hastings* [1945] KB 174 (CA), the occupier was held liable for failing to check that the cleaner tasked with removing ice from the steps at a school had done so properly, on the basis that clearing ice was straightforward.

OCCUPIERS' LIABILITY ACT 1984

Under the OLA 1957 a common duty of care is owed to 'visitors'. The Occupiers' Liability Act 1984 (OLA 1984) relates to 'non-visitors' (trespassers) who have neither the occupiers' express nor implied permission to be on the premises. The Act also applies to people exercising a right of way and visitors to land covered by the National Parks and Access to the Countryside Act 1949. Like the OLA 1957, the definitions of 'occupier' and 'premises' are the same. Damage to property is not covered under the OLA 1984, only personal injury.

Duty of care under OLA 1984

A duty of care does not arise automatically under OLA 1984. Section 1(3) outlines the three conditions which must be satisfied:

a) The occupier is aware of the danger or has reasonable grounds to believe it exists.
b) The occupier knows or has reasonable grounds to believe that the trespasser is in the vicinity of the danger.
c) The risk is one against which in all the circumstances the occupier may reasonably be expected to offer some protection.

The risk of injury must be due to the state of the premises. **Practice example 6.1** illustrates how the courts have dealt with this point.

Practice example 6.1

The claimant was seriously injured when he attempted a shallow dive in a lake managed by the defendant. Signs around the lake prohibited swimming. The defendant knew people swam in the lake and had intended to plant vegetation to prevent access but due to financial restraints had not done so at the time of the accident. Had the defendants breached their duty of care?

This is what the court had to consider in *Tomlinson v Congleton Borough Council* [2004] 1 AC 46. The court found that the risk arose due to what the claimant did on the premises, not because of the state of the premises. When the claimant ignored the signs prohibiting swimming, he became a trespasser as he exceeded his implied permission as a visitor in the park as he entered the water. The court held that although the defendant was aware of the danger and had reasonable grounds to believe trespassers in the vicinity swam in the lake, the risk was one which the defendant could not be reasonably expected to offer protection against. The court found that diving into the lake involved obvious risks that the defendant should not be expected to guard against.

Table 6.3 considers each element of the duty of care.

Table 6.3: Section 1(3) OLA 1984 conditions

Condition	Example case
The occupier is aware of the danger or has reasonable grounds to believe it exists.	The occupier has to know about the danger: Diving into a lake, ignoring signs stating 'private property, strictly no swimming allowed', the claimant hit his head on a hidden fibreglass container, the existence of which the defendant had no knowledge. The court held that, as the occupier did not know, nor had reasonable grounds to believe the container existed, there was no liability on the occupier. *Rhind v Astbury Water Park Ltd* [2004] EWCA Civ 756

Table 6.3: (continued)

Condition	Example case
The occupier knows or has reasonable grounds to believe that the trespasser is in the vicinity of the danger.	The occupier has to be aware of the existence of previous non-visitors: Climbing through a gap in a high fence and climbing onto a factory roof, the nine-year-old claimant fell through a skylight. The court held that the occupier did not know (nor had grounds to believe) children were in the vicinity and the claim failed. *Swain v Puri* [1996] PIQR P442 (CA) Also, the occupier must know that the non-visitors are 'in the vicinity' of the danger: The occupier had knowledge that trespassers swam in the harbour in the summer but had no reason to believe they would do so in the winter and the claim failed. *Donoghue v Folkestone Properties Ltd* [2003] EWCA Civ 231
The risk is one against which, in all the circumstances, the occupier may reasonably be expected to offer some protection.	The court will not impose a duty where it is unreasonable to do so: A five-year-old injured on a swing on a playground near to a school field being used for sports day was owed no duty of care as playing fields could not be made hazard free and it was unreasonable to expect the school to fence off the playground. *Simonds v Isle of Wight Council* [2003] EWHC 2303 (QB)

The duty of care under OLA 1984 is not as onerous as under the OLA 1957 as the occupier only needs to take 'such care as is reasonable in all the circumstances'; this includes factors such as:

- the type of risk involved – was the risk obvious or a hidden risk?
- the type of trespasser – children? vulnerable adults?
- whether the risk could have been reduced.

The court also takes into account the fact that the trespasser has not been invited onto the premises. Outcomes could be quite different if the claimant was a visitor as opposed to a trespasser. Consider how the case of *Rhind*, outlined in Table 6.3, would have been different if the claim proceeded under the OLA 1957; the court would likely find that the occupier *should* have known about the container in the lake if 'visitors' were swimming there and the occupier would have breached the duty of care under the OLA 1957.

DEFENCES

There is no specific distinction between the defences under both OLA 1957 and OLA 1984. The defences will be familiar from **Chapter 4**. **Table 6.4** compares the defences available under the Acts.

Table 6.4: Defences under the Occupiers' Liability Acts

Defence	OLA 1957	OLA 1984
Volenti (consent)	The defence applies if the visitor knew, understood and accepted the precise risk.	The defence of consent is not specifically mentioned in the Act but it will apply in the same manner as it would for the 1957 Act; ie, if the visitor knew, understood and accepted the precise risk the defendant would have a defence.
Restrict/modify/ exclude duty	An occupier can restrict, extend, modify or exclude their liability. The exclusion notice must be brought to the claimant's attention and the wording of the notice must cover the loss suffered.	Again, this is not specifically referred to in the 1984 Act but a defendant could use similar principles as the 1957 Act to restrict, modify or exclude liability.
Warnings	The warning must enable the visitor in 'all the circumstances' to be safe.	The occupier may discharge their duty to trespassers by giving warnings to discourage entry to trespassers. The occupier only needs to take 'reasonable steps' to alert the claimant to danger.

Table 6.4: (continued)

Defence	OLA 1957	OLA 1984
Contributory negligence	The Law Reform (Contributory Negligence) Act 1945 applies and the court will reduce damages to the extent they find the claimant contributed to their injuries.	The same statutory legislation applies to trespassers.

Exclusion of liability

An occupier may seek to exclude or limit their liability under the OLA 1957 by setting out a notice which allows the visitor to understand the conditions upon which the visitor is entering the occupier's premises. The notice must be brought to the visitor's attention. By setting out the conditions to the visitor the occupier can attempt to prevent a duty of care arising. For example, a sign on clear display before entry to a car park stating 'Vehicles are left in the car park at the owner's risk. The management accept no responsibility for loss or damage caused to any vehicles or its contents.' Liability for damage to property can be excluded as long as it fulfils the conditions referred to in Table 6.4. However occupiers cannot exclude liability for death or personal injury. A notice in a car park stating 'The management accept no responsibility for death or personal injury howsoever caused on their premises' would be deemed in breach of the Unfair Contract Terms Act 1977 which prevents exclusion of liability for death and personal injury. There is no such provision applicable to private premises, so an occupier of private premises could provide a notice restricting, excluding or limiting their liability.

Revision tip

You are required to know for SQE1 purposes that occupiers cannot exclude liability for death or personal injury. It is useful to understand the different Acts providing protection against exclusion of liability. One for business-to-business relationships and the other for business-to-consumer relationships. Therefore if the occupier is a trader or business the Unfair Contract Terms Act 1977 (UCTA 1977) prevents exclusion of liability for death and personal injury. If the occupier is a trader or business and the visitor a consumer, the Consumer Rights Act 2015 (CRA 2015) prevents exclusion of liability for death and personal injury and protects consumers.

Unlike the OLA 1957, the OLA 1984 makes no reference to whether an occupier can exclude liability in respect of trespassers. A trespasser would not be a consumer for the purposes of CRA 2015 nor would they be a business or trader for the purposes of UCTA 1977, therefore neither of these Acts would apply.

Compensation Act 2006

The Compensation Act allows the court to consider whether imposing a duty of care would prevent or discourage people from undertaking desirable activity. This could be volunteers organising charity or sports events and provides reassurance to those involved that failure to take precautions will not lead to a finding of liability if taking those precautions would have prevented the activity from going ahead. Section 2 also provides that an apology or the taking of steps to remedy a situation should not amount to an admission of liability. The Act has been viewed as an attempt to stem what some have termed a 'compensation culture' and allow organisers of public events freedom to engage with the public without fear of claims.

■ KEY POINT CHECKLIST

This chapter has covered the following key knowledge points. You can use these to structure your revision around, making sure to recall the key details for each point, as covered in this chapter.

- Under the OLA 1957 an occupier owes a duty of care to lawful visitors on their premises in respect of dangers due to the state of the premises.
- An occupier under the OLA 1957 is a person with an element of physical control over the premises but does not need to be the owner of the land.
- Premises under the OLA 1957 includes any fixed or moveable structure.
- A lawful visitor under the OLA 1957 includes those with express or implied permission and those with a right of entry.
- Occupiers need to take greater care where children are involved and the court will take into consideration the child's age and whether there is a dangerous allurement against which the occupier should take greater care.
- Skilled workers are expected to take extra care and the court will look at the nature of the risk.
- Warnings may offer a defendant some protection under the OLA 1957 and the court will consider the type of danger and the nature of the warning given.

- Where a visitor is injured due to the work of an independent contractor the occupier will not be liable under the OLA 1957 as long as the occupier was reasonable in entrusting the work to the independent contractor and took reasonable steps to ensure the independent contractor was competent and took reasonable care to ensure that the work was properly done.
- An occupier will be liable under the OLA 1984 for the personal injury (not damage to property) of a trespasser injured due to the state of premises if the occupier is aware of the danger or has reasonable grounds to believe it exists and the occupier knows or has reasonable grounds to believe that the trespasser is in the vicinity of the danger and the risk is one against which in all the circumstances the occupier may reasonably be expected to offer some protection.
- In respect of claims brought under the OLA 1984 the court will take into consideration the type of risk involved, the type of trespasser and whether the risk could have been reduced.
- An occupier may successfully defend a claim brought under the OLA 1957 and OLA 1984 if there were warning signs alerting visitors/trespassers to the danger, if the visitor/trespasser consented to the risk or if the visitor/trespasser contributed to the injury sustained. An occupier may also exclude, restrict or modify liability under the Acts.
- Occupiers are unable to exclude liability for death and personal injury under OLA 1957.

■ KEY TERMS AND CONCEPTS

- visitor (**page 115**)
- trespasser (**page 116**)
- occupier (**page 116**)

■ SQE1-STYLE QUESTIONS

QUESTION 1

The claimant visits the defendant's pub. The pub is on two floors and has a grand open staircase with bannisters on either side leading down to the ground floor. As she is leaving the pub, the claimant attempts to slide down the bannister of the staircase and falls, seriously injuring herself. There are no warning signs alerting customers to the dangers of the bannister or the 4 metre drop either side of them.

Which of the following is likely to be the position of the court when considering the defendant's argument that the claimant accepted the risk of injury?

A. The court is likely to find there is no liability for risks accepted by the claimant and that in sliding down the bannister the claimant accepted the risk of injuring herself.
B. The court is likely to find liability attaches to the defendant as although the claimant may have accepted the risk, had the defendant erected warning signs, the claimant would not have attempted to slide down the bannister.
C. The court is likely to find there is no liability under either the Occupiers' Liability Act 1957 or 1984 as the claimant was neither a visitor nor a trespasser when she slid down the bannister.
D. The court is likely to find that liability attaches to the defendant as it was foreseeable that an old building with architectural attractive features would act as an allurement for those that have consumed alcohol.
E. The court is likely to find the defendant liable under the Occupiers' Liability Act 1957 but reduce the claimant's damages to reflect contributory negligence on her part.

QUESTION 2

The claimant is a seven-year-old boy who wanders through a council-owned public park with his friends and picks and eats berries from shrubbery around the park. The berries are poisonous and the boy dies.

Which of the following is likely to be the court's approach to the defendant's argument in their defence to the claim that being poisoned by eating berries is an obvious risk and one they do not need to warn visitors about?

A. The court is likely to find that the parents of the claimant should have prevented him from eating the berries and the defendant will not be liable.
B. The court is likely to find the claimant a trespasser and as the defendant took such care as is reasonable in all the circumstances no liability will attach to the defendant.
C. The court is likely to find that a child of seven years would know that berries should not be eaten, and no liability will attach to the defendant.

D. The court is likely to find the council at fault for failing to warn visitors but will reduce the claimant's damages to reflect that the claimant accepted the risk in willingly eating the berries.
E. The court will take into account the age of the child, the risk posed by the poisonous berries and the fact that there were no warning signs to alert the public to the danger and find the defendant liable.

QUESTION 3

The claimant is attending a council-owned gym when the pedals on the equipment he was exercising on suddenly fail, causing him injury when he is thrown from the equipment. The council have employed independent contractors to inspect and maintain all their gym equipment. The independent contractors undertook only a very limited inspection six weeks prior to the claimant's accident which shows no faults on the equipment.

Which of the following is likely to be the position of the court when considering whether the council is liable for the claimant's injury?

A. The court is likely to find that the council is liable as the claimant was a visitor injured by the state of the council's premises.
B. The court is likely to find that the council is not liable as the risk of injury on gym equipment is an obvious one against which the council cannot be expected to protect the gym users.
C. The court is likely to find that the council and the independent contractors are equally liable for the claimant's injuries due to the faulty equipment.
D. The court is likely to find that the council is not liable as they have entrusted the inspection and maintenance of the gym equipment to competent independent contractors.
E. The court is likely to find that the council is liable for the claimant's injuries as the council should not have relied upon the work of the independent contractors.

QUESTION 4

The claimant is visiting a castle at a heritage site when he wanders along a corridor and sees a door with a large sign stating: 'no entry - steep staircase, strictly private - keep out'. Intrigued by what is behind the door, the claimant enters and starts to descend a staircase when he loses his footing and slips from the top to the bottom of the steps. In doing so he breaks his leg and wrist. He also smashes his mobile phone and the expensive camera he was carrying.

Which of the following is likely to be the court's approach to the claimant's claim against the occupier?

A. The court will likely find the occupier liable under the Occupiers' Liability Act 1957 as the claimant was a visitor and they failed to take reasonable care of him.
B. The court will likely find the occupier liable under the Occupiers' Liability Act 1984 as the claimant is a trespasser and the occupier has failed to keep him reasonably safe by locking the door at the end of the corridor.
C. The court will likely accept that the claimant became a trespasser when he walked through the 'no entry' door but find that the occupier has done all that is reasonable to keep the claimant safe by placing a 'no entry' sign on it.
D. The court will likely accept that the claimant was a visitor but that the risk of injury was obvious if not taking care when walking down stairs and the occupier will not be liable.
E. The court will likely find the occupier liable under the Occupiers' Liability Act 1984 and compensate the claimant for his injuries and his damaged phone and camera.

QUESTION 5

The claimant is attending a concert in the city centre and parks her car in the concert's venue car park. The car park is in an area of the city centre that has a high crime rate and there have been many car thefts from the car park, which has been targeted by gangs over the last few months. As she enters the car park the claimant sees many large signs displayed stating: 'The management accept no liability for damage to or loss of property, personal injury or death. Vehicles (and their contents) are parked at the owner's risk. Please remove any items of value from your vehicle and ensure your vehicle is locked before leaving the car park.' The claimant returns to the car park after the concert to find that her car has been broken into and the claimant's laptop stolen from the back seat of her car.

Which of the following is likely to be the court's approach to the claimant's claim against the owner of the car park for the loss of her laptop?

A. The court is likely to find the car park owners liable for the loss of property on the basis that an occupier is unable to exclude liability for property and personal injury.

B. The court is likely to find the car park owners liable for the claimant's loss of property on the basis that an occupier is unable to exclude liability for property damage.
C. The court is unlikely to find the car park owners liable for the claimant's loss of property as the exclusion notice is clearly displayed and has been brought to the claimant's attention and the wording of the notice covers the loss suffered.
D. The court is likely to find the exclusion notice unclear as to whether the occupier would be liable for the loss of property from the back seat of the claimant's car and the claim would fail.
E. The court is likely to find car park owners liable for the loss of the claimant's property as they have failed to take precautions to prevent their customer's property being damaged by criminal gangs in the city centre.

ANSWERS TO QUESTIONS

Answers to 'What do you know already?' questions at the start of the chapter

1) Section 1(1) of the Occupiers' Liability Act 1957 regulates the duty which an *occupier of premises* owes to his *visitors* in respect of dangers due to the state of the *premises* or to things done or omitted to be done on them.
2) The answer was (b). Damage to property is not covered under the OLA 1984.
3) The defences available under the Occupiers' Liability Act (1957 and 1984) are consent, reliance on any restriction, modification or exclusion of liability, warnings or contributory negligence.
4) The special categories of visitors that the court will apply a different standard of care to are children and skilled visitors.

Answers to end-of-chapter SQE1-style questions

Question 1:

The correct answer was A. This is because the court is likely to find there is no liability for risks accepted by the claimant and that in sliding down the bannister the claimant accepted the risk of injuring herself. The OLA 1957 provides that the common duty of care does not impose on an occupier any duty for risks which are willingly accepted by the visitor. A warning sign was not required as the risk was obvious (and indeed may have encouraged those that had not thought about sliding down the bannisters to slide down them).

B is wrong because the OLA 1957 does not impose a duty for risks willingly accepted by the visitor. A warning sign was not necessary as the risk was so obvious.

C is wrong because the claimant was a visitor for the purposes of the OLA 1957.

D is wrong because a bannister is not an allurement and the claimant accepted the risk of falling when she decided to slide down the bannister.

E is wrong because the defendant has a complete defence on the basis that the claimant willingly accepted the risk of injuring herself. Contributory negligence only applies as a defence where the defendant has been found liable for the claimant's injuries.

Question 2:

The correct answer was E. This is because the court will take into account the age of the child - a seven-year-old would not be expected to understand the danger posed by the berries - they are bright and potentially an allurement. The risk posed by the poisonous berries in a public park where children play freely is high. The fact that there were no warning signs to alert the public to the danger is detrimental to the defendant. Signs are practical and cheap to install.

A is wrong because it is common for children to wander around parks both with and without parents.

B is wrong because the claimant is a visitor as the park was council owned and for the enjoyment of the public.

C is wrong because a child of seven years is unlikely to appreciate that berries could be poisonous.

D is wrong because a child of seven years would not appreciate nor could they accept the risk of eating the berries.

Question 3:

The correct answer was D. This is because the council are reasonable in entrusting the inspection and maintenance to an independent contractor. The court found that the inspection had been defective as it was limited but that the council were entitled to rely on the independent contractors as they were experts.

A is wrong because, although the claimant is a visitor and is injured by the state of the claimant's premises, the council can defend the claim on the basis that they relied upon the instruction of independent contractors.

B is wrong because the risk of injury is not obvious. Gym users do not expect to be injured by the gym equipment.

C is wrong because the independent contractors will be liable and the council will escape liability.

E is wrong because the council were entitled to entrust the inspection and maintenance to experts.

Question 4:

The correct answer was C. This is because the claimant exceeds his permission as a visitor the minute he enters through the 'no entry' door and becomes a trespasser. The duty under the Act is to take such care as is reasonable in all the circumstances. Also, the injury must be due to the state of the premises. The claimant has lost his footing and there is no suggestion that the stairs are defective. Further, by placing a sign on the door the defendant was ensuring that visitors do not enter places which are not accessible to the public.

A is wrong because the claimant becomes a trespasser the instant he exceeds his permission and walks through the 'no entry' door. The OLA 1984 is the relevant Act not the OLA 1957.

B is wrong because, although the claimant is a trespasser and the relevant act is the OLA 1984, the court is unlikely to find it reasonable to lock a door through which staff need to enter. There is no 'danger' to warn the claimant about, he has simply lost his footing on the stairs.

D is wrong because the claimant becomes a trespasser the instant he walks through the 'no entry' door.

E is wrong because the claimant is at fault for his injury by losing his footing but in any event property damage cannot be claimed under OLA 1984.

Question 5:

The correct answer was C. This is because the exclusion notice is clearly displayed and has been brought to the claimant's attention, as the question states that the claimant has seen the sign as she enters. Also, the exclusion notice covers the loss as it mentions property within the vehicles.

A is wrong because an occupier can exclude liability for property damage as long as the exclusion notice is clearly displayed and has been brought to the claimant's attention and the wording of the notice covers the loss suffered, but an occupier cannot exclude liability for personal injury or death.

B is wrong because an occupier can exclude liability for property damage.

D is wrong because the exclusion notice is clear and the wording relates to the loss suffered, namely property stolen from vehicles.

E is wrong because occupiers are able to exclude liability under OLA 1957 as long as the exclusion notice is clearly displayed and has been brought to the claimant's attention and the wording of the notice covers the loss suffered. An increase in the crime rate in the area has no bearing on whether the court will find the exclusion notice reasonable.

■ KEY CASES, RULES, STATUTES AND INSTRUMENTS

The SQE1 Assessment Specification requires you to know the following key statutes:

- Occupiers' Liability Act 1957
- Occupiers' Liability Act 1984

You should also be familiar with the following statutes after this chapter but you do not need to recall or recite them for the purposes of SQE1:

- Law Reform (Contributory Negligence) Act 1945
- Compensation Act 2006
- Unfair Contract Terms Act 1977
- Consumer Rights Act 2015

7

Product liability

■ MAKE SURE YOU KNOW

Previous chapters concentrated on the requirements in establishing negligence in respect of injury and death. This chapter concentrates on liability for defective products. You are required to know the principles in common law negligence and the Consumer Protection Act 1987 in respect of product liability and apply the legal principles and rules appropriately and effectively to realistic client-based ethical problems and situations for your SQE1 assessment. The topic areas are shown here.

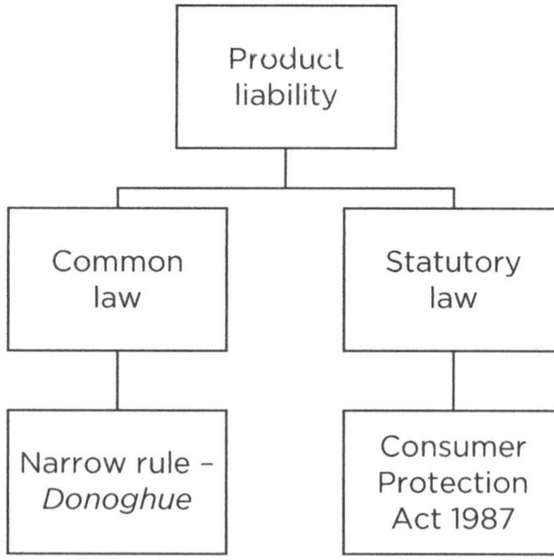

Product liability

■ SQE ASSESSMENT ADVICE

As you work through this chapter, remember to pay particular attention in your revision to:

- when a claim for product liability can arise
- the requirements under the common law
- the requirements under the Consumer Protection Act 1987 (CPA 1987)
- defences available to claims brought in respect of product liability.

■ WHAT DO YOU KNOW ALREADY?

Have a go at these questions before reading this chapter. If you find some difficult or cannot remember the answers, make a note to look more closely at that during your revision.

1) What is the common law duty between manufacturer and consumer?

   [Common law, pages 138–140]

2) What are the defences available to a manufacturer faced with a claim under the common law?

   [Defences, pages 140–141]

3) Which of the following are classified as manufacturers for the purpose of the common law?

   a) suppliers

   b) repairers

   c) retailers

   d) distributors

   [Manufacturers, page 143]

4) True or false?

   Anyone supplying defective products is strictly liable in tort under s 2(1) Consumer Protection Act 1987.

   [Consumer Protection Act 1987, pages 141–144]

5) Is it possible to exclude liability under the Consumer Protection Act 1987?

   [Consumer Protection Act 1987, pages 141–144]

PRODUCT LIABILITY

Liability for defective products can arise under several areas of law including contract law and consumer law. This chapter will concentrate on tortious liability arising out of the common law and under the Consumer Protection Act (CPA) 1987.

COMMON LAW

The common law position on product liability originates from the case of *Donoghue v Stevenson* [1932] AC 562 (HL) (see **Chapter 1**). Although you are not required to know the details of this case for the purpose of the SQE1, it is worth being familiar with it. The case developed the 'neighbour principle' which ensures that you must take reasonable care to avoid acts and omissions which you can reasonably foresee would be likely to injure your neighbour. This is sometimes referred to as the 'wide rule'.

As the case involved a defective product, the judgment also gave guidance on the relationship between manufacturer and ultimate consumer. This is known as the 'narrow rule'. In order to establish a duty of care between manufacturer and ultimate consumer, several elements must be present. **Figure 7.1** outlines these elements and **Table 7.1** defines them in more detail.

Manufacturer	Products	Ultimate consumer	Intermediate examination
• The defendant must be the manufacturer	• The product must have caused damage	• Anyone foreseeably affected by the product	• Manufacturer believed it likely that the product would be examined by an intermediary - no liability

Figure 7.1: 'Narrow rule' elements

Table 7.1: Narrow rule defined

Element of the narrow rule	Explanation
Manufacturer	Widely defined by the courts as anyone who has worked on the product before it reaches the consumer and includes suppliers, assemblers, retailers, installers and repairers of products. In *Andrews v Hopkinson* [1957] 1 QB 229 (QBD) a car dealer (supplier) of a car with defective steering was held liable as the defect could have been noted on inspection by a mechanic and due to the seriousness of the consequence of supplying a car with defective steering.

Table 7.1: (continued)

Element of the narrow rule	Explanation
Product	Widely defined as anything capable of causing damage. Includes anything that accompanies the product, for example, packing, tags, labels, instructions. In *Vacwell Engineering Co Ltd v BDH Chemicals Ltd* [1971] 1 QB 111 (CA) the liable defendant failed to include safety instructions to warn about the potential hazards of allowing its chemical product to come into contact with water.
Ultimate consumer	Widely defined as anyone who it would be reasonably foreseeable to be affected by the product (the neighbour principle). If the claimant knew about the dangerous product but continues to use it the defendant will not be liable. In *Howmet Ltd v Economy Devices Ltd* [2016] EWCA Civ 847 manufacturers of a (defective) product used to avert the risk of fire were not liable when the claimant's factory burnt down as the claimant was aware the device was malfunctioning.
Intermediate examination	If prior to the product being supplied to the ultimate consumer an intermediary is reasonably expected to examine the product (thus revealing the defect), the chain of causation will be broken and the manufacturer will not be liable. The intermediary could be liable if they failed to examine and spot the defect. In *Kubach v Hollands* [1937] 3 All ER 907 (KBD) a schoolgirl was injured whilst using chemicals purchased by her teacher from the second defendants (the intermediates) who in turn had purchased them from a third party. The third party's invoice to the second defendants stipulated that the chemicals needed to be examined and tested before use. The second defendants were held liable for failing to examine the product before selling it to the school.

Exam warning

If the only loss incurred by the claimant is the defective product, or the cost of repairing or replacing the product, then this amounts to economic loss (see **Chapter 3**) and this is not recoverable in negligence.

Revision tip

Remember that the standard of care is that which is reasonable and questions of product liability at common law mean that the manufacturer will be judged by the standards of a 'reasonable' manufacturer.

As product liability at common law is based on the narrow rule in *Donoghue*, in order to successfully bring a claim for injury caused by a defective product the claimant needs to prove breach of duty, causation and damage, the same as for any negligence claim (see **Chapter 1**). The claimant has to prove that 'but for' the defendant's negligence the claimant would not have suffered the injury. **Practice example 7.1** illustrates how these common law principles are reflected in product liability claims.

Practice example 7.1

The claimant buys a car fitted with a toughened safety glass windscreen. After about a year the windscreen smashes, causing injury from fragments of glass. Are the manufacturers of the glass responsible for the defective glass?

This is what the court had to consider in *Evans v Triplex Safety Glass Co Ltd* [1936] 1 All ER 283. The court found that the lapse of time between the purchase of the car and the incident occurring was too long. The court also referenced that the glass could have been strained when screwed into its frame, there was potentially an opportunity for examination by the intermediate seller and that the breaking of the glass might have been caused by something other than a defect in manufacture.

Defences

Defences were discussed in detail in **Chapter 4**. By way of recap, there are three potential defences in common law. They are:

- consent
- contributory negligence
- exclusion of liability.

Consent

If the claimant is aware of the defect and continues to use the product the manufacturer may be able to defend the claim. The defendant must show that the claimant knew of the risk, accepted it willingly and continued to use the product.

Contributory negligence

The defendant may be able to partially defend a claim on the basis that the claimant contributed to their injuries. For example if a claimant realised the product was not performing as it should but continued to use it and was injured in the process the defendant may argue that the claimant was aware of the defect and contributed to his own injuries.

Exclusion of liability

We have seen that in the course of business/trade, liability in negligence for personal injury and death cannot be excluded (**Chapter 6**) under the Unfair Contract Terms Act 1977 (UCTA) and the Consumer Rights Act 2015 (CRA). However, in respect of other loss (such as damage or injury caused by product liability), liability can be excluded (in respect of non-consumers) if it satisfies the test of reasonableness under UCTA 1977 and (in respect of consumers) if it is fair under CRA 2015.

CONSUMER PROTECTION ACT 1987

The Consumer Protection Act 1987 (CPA 1987) provides protection for personal injury and some damage to property caused by a defect in a product. Under the Act, if a product is defective the manufacturer will be liable. The claimant does not have to prove duty, care and breach (as they would in negligence), only that the defective product has caused injury. This is called **strict liability**. Anyone along the supply chain dealing with the product can also be liable.

Exam warning

The SQE1 Assessment Specification has identified that candidates need to be familiar with the provisions of the CPA 1987. For example an exam question may ask whether protection can be afforded under the CPA 1987.

Key term: strict liability

This is where a manufacturer of the product is liable without proof of fault.

In order to establish liability under the Act the claimant must show that they have suffered damage caused by a defective product. **Table 7.2** illustrates what needs to be proved under the Act to successfully claim for an injury/damage caused by a defective product.

Table 7.2: Elements to be proved under CPA 1987

Elements under CPA 1987	**Definitions**
Damage	Includes: • claims for death and personal injury (without limit) • claims for property damage must exceed £275 (s 5(4)). Does not include: • damage to business property (s 5(2)) • damage to the defective product (replacement/ repair) as this is pure economic loss.
Personal injury	Defined as any disease and any other impairment of a person's physical or mental condition (s 45(1)).
Defect	There is a defect if the safety is not such as persons generally are entitled to expect (s 3). This relates to consumer expectations of the safety of the product and includes products comprised in the product. The following are taken into consideration when determining what persons generally are entitled to expect: • the manner in which and the purpose for which the product has been marketed (whole get up, instructions and warnings) • the expected use of product • the time the product was supplied.
Product	Widely defined in s 1(2) as: • any goods • electricity • a product comprised in another product (component and raw material). Goods defined in s 45(1) as: • substances • growing crops • things comprised in land by virtue of being attached to it • ship • aircraft • vehicle.

Table 7.2: (continued)

Elements under CPA 1987	Definitions
Who is liable?	Under s 2(2) defendants include: • the producer of the product (eg manufacturer) • anyone putting his name, mark or trademark on the product, holding himself out to be the producer (eg own branders) • anyone importing from a non-member state of the EU into a member state of the EU • suppliers (but only where they are unable to identify those involved in the supply chain - producers, own branders or importers etc).

The concept of a defect as defined by the CPA 1987 is closely linked to the safety of the product. However, dangerous products may not be found to be defective. Sharp kitchen knives are dangerous but they would not be classified as defective because if they were not sharp they would not be fit for the purpose they are required. **Practice example 7.2** provides an example of how the court has dealt with this point.

Practice example 7.2

The claimants are scalded by very hot coffee (served at a temperature of between 85 and 95°C) at the defendant's fast-food restaurants and bring claims under the CPA 1987. Is the coffee a defective product for the purposes of the Act?

This is what the court had to consider in *Bogle and others v McDonald's Restaurants Ltd* [2002] EWHC 490 (QB). The claimants maintained that the coffee was defective as the temperature it was served at was too high and that the lids provided with the coffee cups came off too easily. The court considered what persons were 'entitled to expect' and held that people expected coffee to be hot and that the lids needed to come off so that customers could add milk and sugar. The claim failed.

In order to establish liability under the Act the claimant must prove causation and show that 'but for' the defect in the product the damage would not have occurred. The claimant can sue any or all of the defendants as liability is joint and several. Liability for defective products cannot be excluded under the CPA 1987.

Defences

The claimant must bring a claim within three years of the injury or damage. The limitation period under the Act is ten years from the date when the product was circulated by the defendant. Defences are dealt with in s 4 of the Act. **Table 7.3** details the defences available under the CPA 1987.

Table 7.3: Defences under CPA 1987

Section	Defence applicable
4(1)(a)	Defect is attributable to compliance with legal requirements
4(1)(b)	Defendant did not supply the product (eg stolen goods)
4(1)(c)	Defendant did not supply the product in course of business
4(1)(d)	Defect did not exist in product at time of supply (eg misuse of the product, best before dates on goods)
4(1)(e)	State of scientific knowledge such that defect was not known and unforeseeable at date of circulation
4(1)(f)	Manufacturer of component parts is not liable if the finished product is defective and the defect is due to the design of the finished product in line with instructions by the manufacturer of the finished product.

Revision tip

When revising for SQE1 questions on defective products remember that a claim can be brought under both common law and CPA 1987. To satisfy the common law a claimant will need to prove negligence but under CPA 1987 strict liability applies (fault without proof).

Exam warning

When considering SQE1 questions on defective products remember that if the defendant is found liable under the common law (negligence) the defendant will need to cover the cost of the defective product. If the defendant is found liable under the CPA 1987 the defendant does not have to cover the cost of the defective product; also, the claimant can only recover damages to property as long as it exceeds £275 in value.

■ KEY POINT CHECKLIST

This chapter has covered the following key knowledge points. You can use these to structure your revision around, making sure to recall the key details for each point, as covered in this chapter.

- Liability for defective products can arise under both common law and statutory law.
- The elements required in establishing whether the defendant is liable for defective products under the common law were established in the narrow rule from *Donoghue*.
- The narrow rule states that a manufacturer of products owes a duty of care to consumers to ensure that the product reaches the consumer in the form in which they left the manufacturer and in the absence of reasonable care, which results in injury or damage to property, the manufacturer will be liable.
- Under common law a manufacturer is anyone who creates the danger which is inherent in the product.
- Under common law products are anything manufactured which is capable of causing injury or damage.
- Under common law the consumer is anyone who may foreseeably be affected by the defective product.
- Under common law the chain of causation may be broken if an intermediary could reasonably be expected to examine the product (which would have revealed the defect) and then fails to do so.
- The defences available under common law are consent, exclusion of liability and contributory negligence.
- In order to hold the defendant liable for a defective product under CPA 1987 the claimant needs to prove that a defect in the product has caused personal injury or damage to property.
- Strict liability (fault without proof) applies to CPA 1987.
- A defect under CPA 1987 relates to the safety of the product and a defect means that the safety of the product is not such as persons generally are entitled to expect.
- A product is defined widely under CPA 1987 as goods, electricity, a component or raw material.
- Goods are defined under CPA 1987 as substances, growing crops, things compromised in land, any ship, aircraft or vehicle.
- Under CPA 1987 potential defendants include producers of the product, those putting their name to the product and anyone importing into a member state from outside a member state. Producers also include manufacturers of component parts.
- The defences available under the CPA 1987 include defects which are attributable to legal compliance: the defendant did not supply

the product, the defendant did not supply the product in the course of business, the defect did not exist at time of supply, scientific knowledge was such that the defect was unknown at the time and the defect is attributable to the design or compliance with the manufacturer's instructions.

KEY TERMS AND CONCEPTS

- strict liability (**page 141**)

SQE1-STYLE QUESTIONS

QUESTION 1

The claimant, a purchaser of woollen underpants from the defendant's company, suffers the skin condition dermatitis following wearing the defendant's garments. The claimant did not wash the garments prior to wearing them. It is established that the skin condition has been caused by sulphites left in the defendant's products following the manufacturing process.

Which of the following is likely to be the position of the court when considering whether the defendant is liable at common law for the defective underpants?

A. The court is not likely to find the defendant liable for the claimant's injury as there is no negligence in the manufacturing process.
B. The court will only find the defendant liable if the claimant can prove the manufacturing process was careless.
C. The court is likely to find the defendant liable as presence of sulphites in the garments suggests that at some stage in the manufacturing process the defendant's employees have been careless.
D. The court is not likely to find the defendant liable having done everything expected to ensure the garments are safe.
E. The court is likely to find the defendant liable but reduce the claimant's compensation for failing to wash the garments before wearing them.

QUESTION 2

The claimant injures himself using his employer's chisel. The chisel has been made by the second defendant following the design supplied to them by his employer (first defendant). The chisel is made of alloyed steel which is supplied to the second defendant by a third party. This is the second time the chisel has injured the employee due to a defect in the chisel. The defect in the chisel is due to the manufacturing process used by the third party.

Which of the following is likely to be the position of the court when considering the first defendant's argument that the third party should be liable as the defect is due to the third party's manufacturing process?

A. The court is likely to find the third party liable as they manufactured the chisel and could not have expected either the first or second defendant to examine the tool for defects.
B. The court is likely to find liability attaches to the first defendant as they were aware of the defect in the chisel as it had injured the claimant in a previous incident and they should have withdrawn it from circulation.
C. The court is likely to find both the first and second defendants equally at fault as one designed the faulty product and the other manufactured it.
D. The court is likely to find that liability attaches to the second defendant as they should have inspected the product for defects prior to use.
E. The court is likely to find the claimant at fault on the basis that he knew the chisel was defective but carried on using it.

QUESTION 3

The claimant purchases a hairdryer costing £60 and is in the process of drying his hair when the hairdryer explodes, causing him severe burns to his hand and face. As the hairdryer explodes it falls onto the claimant's bed and sets it alight. The fire spreads to the curtains and the claimant's bedroom suffers extensive damage.

Which of the following is likely to be the court's approach to the claimant's claim brought under the Consumer Protection Act (CPA) 1987?

A. The court is likely to find that a defect in the hairdryer resulted in injury and property damage and will award the claimant damages in respect of personal injury, the cost of the hairdryer and cost of replacing all damaged property.

B. The court is likely to find that a defect in the hairdryer resulted in injury and property damage and will award the claimant damages in respect of personal injury, the cost of the hairdryer and cost of replacing all damaged property as long as the total exceeds £275.
C. The court will hold the defendant liable if the claimant can prove that the defendant manufacturer of the hairdryer has been negligent in the manufacturing process and the court will award damages for personal injury and the cost of replacing all damaged property (including the hairdryer), as long as the total exceeds £275.
D. The court will hold the defendant liable if the claimant can prove that a defect in the product resulted in injury and the court will award damages only for personal injury and the cost of replacing all damaged property (except the hairdryer), as long as the total exceeds £275.
E. The court will only hold the defendant liable if they consider that the hairdryer should have been subject to an intermediate examination by the claimant himself.

QUESTION 4

The claimant contracts Hepatitis C following a blood transfusion from infected donors. The risk of infection is known but there is no process by which the donors' blood can be tested for Hepatitis C and the risk of infection cannot be prevented.

Which of the following is likely to be the court's approach to the claimant's claim brought under the Consumer Protection Act (CPA) 1987?

A. The court will find that blood is not a product as it is not manufactured but exists naturally and the claim will fail under the CPA 1987.
B. The court will find that blood is not a product but that an industrial process is involved in its preparation and if a defect occurs in that process the defendant will be liable if they could have avoided it.
C. The court will find that blood is a product and its preparation an industrial process but will not hold the defendant liable as the state of scientific knowledge at the time was such that the defect could not have been avoided.

D. The court will find that blood is a product and its preparation an industrial process but will not hold the defendant liable as the public's expectation of having uncontaminated blood was unrealistic.
E. The court will find that blood is a product and its preparation an industrial process and will hold the defendant liable as the public has an expectation of having uncontaminated blood products.

QUESTION 5

The claimant is a thief who breaks into an industrial unit where electronic goods are manufactured. The thief steals a number of laptops and sells them to friends. He keeps one laptop for his own personal use. Unknown to the thief the laptops all contain a manufacturing fault. The claimant is injured when plugging in the laptop and suffers severe burns from electrocution. The laptop sets on fire and is destroyed.

Which of the following is likely to be the court's approach to the claimant's claim brought under the Consumer Protection Act (CPA) 1987?

A. The court will find that the manufacturer is liable under the CPA 1987 for the claimant's injuries and damage to the laptop.
B. The court will find that the manufacturer has a complete defence to the claim as the manufacturer did not supply the product to the claimant.
C. The court will find that the manufacturer is liable as persons are generally entitled to expect that laptops are manufactured without defects.
D. The court will find that the manufacturer is liable only in respect of the claimant's personal injury but not for the damage to the laptop.
E. The court will find the manufacturer liable for the claimant's injuries and damage to the laptop but reduce the claimant's damages on the basis the claimant stole the laptop.

■ ANSWERS TO QUESTIONS

Answers to 'What do you know already?' questions at the start of the chapter

1) The common law duty is defined in *Donoghue v Stevenson* [1932] AC 562 (HL). The claimant must prove that the defendant was the

manufacturer, that the (dangerous) item was a product and that the claimant was a consumer, and further, that the product reached the claimant in the form it left the manufacturer.

2) The defences available under common law are consent, contributory negligence and where the manufacturer has excluded liability.
3) They are all considered to be manufacturers, as is anyone who has created a danger which is inherent in the product.
4) True – where any damage is caused wholly or partly by a defect in a product, liability attaches for the damage.
5) No, under s 7, it is not possible to exclude liability under CPA 1987.

Answers to end-of-chapter SQE1-style questions

Question 1:

The correct answer was C. This is because the court is likely to find the defendant liable as there is unlikely to be any other explanation as to the presence of sulphites in the garments other than the fact that one of the defendant's employees has been careless. This suggests the defendant has been negligent as you would not expect underpants to give you a skin condition. Nor is it reasonable to expect that garments should be washed before use.

A is wrong because there is no other explanation other than negligence in the manufacturing process for the presence of sulphites in the garments.

B is wrong because the manufacturer has not taken reasonable care in making the garments if sulphites are present in the underpants.

D is wrong because the defendant has failed to do everything expected if sulphites are present in the underpants.

E is wrong because it is not reasonable to wash garments before use and there is no reference to an instruction to the consumer to do so.

Question 2:

The correct answer was B. This is because the court is likely to find liability attaches to the first defendant as they were aware of the defect in the chisel as it had injured the claimant in a previous incident and they should have withdrawn it from circulation. This is based on a real case where the court found that the defect occurred in the heat treatment of the alloyed steel by the third party but that there was no probability of the first or second defendant examining the product for defects. The fact the first defendant was aware of the defect due to the previous incident was enough for the court to find them at fault.

A is wrong because the third party manufactured the chisel based on the design of the first defendant.

C is wrong because although the defect occurred in the heat treatment of the steel there was no probability of the first or second defendant examining the steel for defects.

D is wrong because there was no probability of the second defendant examining the product.

E is wrong because the claimant has no choice but to use the product provided by his employer.

Question 3:

The correct answer was D. This is because the court will hold the defendant liable if the claimant can prove that a defect in the product resulted in injury and the court will award damages only for personal injury and the cost of replacing all damaged property (except the hairdryer), as long as the total exceeds £275. Under CPA 1987 all the claimant needs to do is prove that the defect in the hairdryer caused the injury. The court will award damages for loss of or any damage to the claimant's personal property and it must exceed £275. Once property damage exceeds £275 the claimant will receive the full amount. The court will also award damages for personal injury. The claimant will not receive the cost of the hairdryer as this is pure economic loss.

A and B are wrong because under the CPA 1987 the claimant cannot recover the cost of replacing or repairing the hairdryer.

C is wrong because the court will hold the defendant liable if the claimant can prove that a defect in the product resulted in injury (not that the defendant has been negligent in the manufacturing process) as strict liability applies.

E is wrong because the CPA 1987 does not require consumers to carry out examinations of products for defects.

Question 4:

The correct answer was E. This is because the court will find that blood is a product and its preparation an industrial process and will hold the defendant liable as the public has an expectation of having uncontaminated blood products. This is based on a real case where the court accepted that blood was a product and its preparation was an industrial process. The defendant tried to defend the claim on the basis of s 4(1)e, namely, that the state of scientific knowledge was such that they were unable to test for Hepatitis C in the blood of donors and thus they were unable to detect it. The duty on a defendant under CPA 1987 is an onerous one.

A is wrong because blood is a product due to the fact it undergoes an industrial process in order to be prepared for use.
B is wrong because blood is a product for the purposes of CPA 1987.
C is wrong because the duty under the CPA 1987 is onerous on defendants and, irrespective of the state of scientific knowledge, the public have an expectation of receiving uncontaminated blood.
D is wrong because the public have an expectation of receiving blood free from viruses.

Question 5:

The correct answer was B. This is because under s 4(1)b of the CPA 1987 the manufacturer would not be liable as they did not supply the product, the claimant stole it.

A and D are wrong because there is no liability under the CPA 1987 for stolen products.
C is wrong because although persons are generally entitled to expect laptops to be safe, the laptop was stolen and the manufacturer has a complete defence to the claim.
E is wrong because contributory negligence only applies when the defendant has been found liable but the claimant has contributed to his injuries.

■ KEY CASES, RULES, STATUTES AND INSTRUMENTS

The SQE1 Assessment Specification has identified that candidates are required to be familiar with the following:

- Consumer Protection Act 1987

8

Nuisance and *Rylands v Fletcher*

MAKE SURE YOU KNOW

This chapter concentrates on the tort of public and private nuisance which aims to protect individuals' proprietary rights. It will also cover the rule in *Rylands v Fletcher*. You are required to know the principles in public and private nuisance and the rule in *Rylands v Fletcher*, and apply the legal principles and rules appropriately and effectively to realistic client-based ethical problems and situations for your SQE1 assessment.

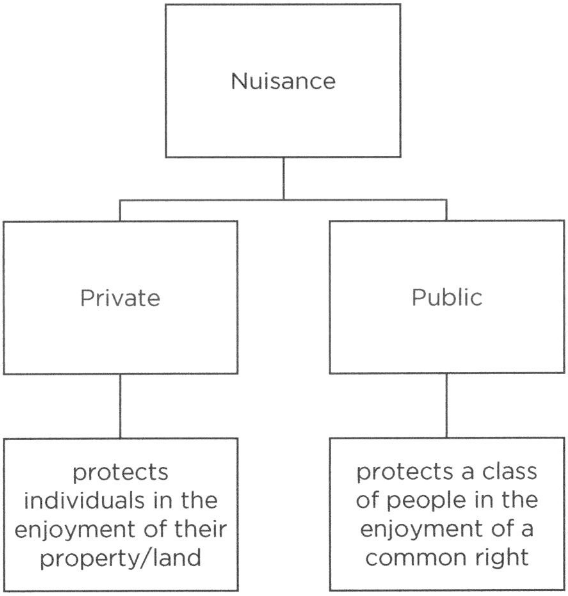

Private and public nuisance

SQE ASSESSMENT ADVICE

As you work through this chapter, remember to pay particular attention in your revision to:

- when a claim in private nuisance can be brought
- when a claim in public nuisance can be brought
- when liability under the rule in *Rylands v Fletcher* arises
- remedies and defences for both public and private nuisance and for claims brought under the rule in *Rylands v Fletcher*.

WHAT DO YOU KNOW ALREADY?

Have a go at these questions before reading this chapter. If you find some difficult or cannot remember the answers, make a note to look more closely at that during your revision.

1) What are the essential elements required in proving a claim in private nuisance?

   [Private nuisance, pages 155–159]

2) What defences are effective to a claim in private nuisance?

   [Private nuisance, pages 155–159]

3) Fill in the blanks:

   The two requirements that need to be satisfied in order to succeed in a claim for public nuisance are the nuisance must have affected ____________________ and the claimant has suffered ____________________

   [Public nuisance, pages 159–161]

4) True or false?

   It is a defence to a claim in public nuisance that the activity has been continuing for a long period of time.

   [Public nuisance, pages 161–165]

5) What are the defences available under the rule in *Rylands v Fletcher*?

   [Rule in *Rylands v Fletcher*, page 170]

NUISANCE

Nuisance is the tort which deals with interference with land. At common law there are two types of nuisance: private and public. We will first consider private and public nuisance and then the rule in *Rylands v Fletcher*, which deals with a special category of private nuisance.

PRIVATE NUISANCE

Private nuisance is concerned with the unreasonable interference with land (including property) and recognises the fact that a person should be free to enjoy their property and land. **Figure 8.1** highlights some examples of private nuisance.

Key term: private nuisance

Private nuisance is an unlawful interference with a person's use or enjoyment of land. For example, tree roots causing damage to a neighbour's property.

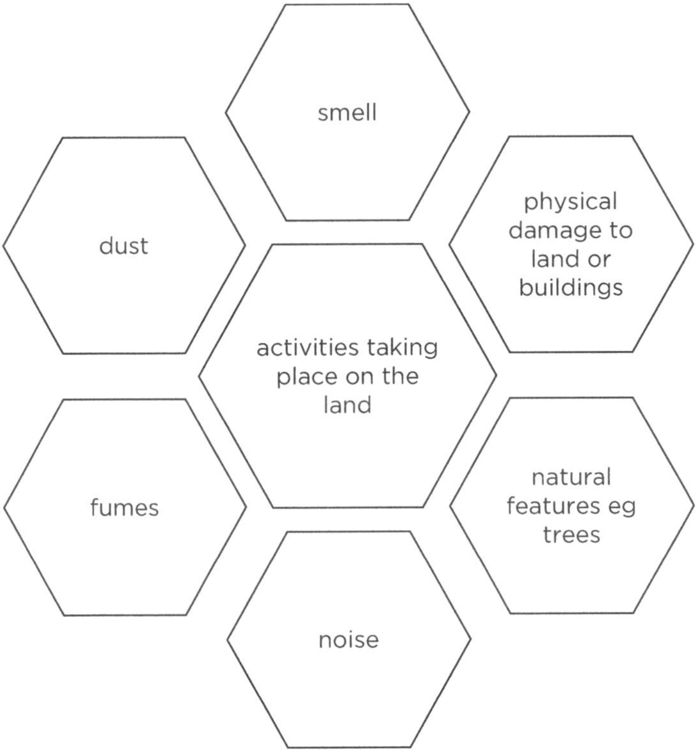

Figure 8.1: Examples of private nuisance

In order to bring a claim in private nuisance there are certain requirements. **Table 8.1** considers who can claim and who can be sued.

Table 8.1: Who can claim and who can be sued?

Who can sue?	Who can be sued?
Only those with exclusive possession rights to the land or property, ie, owner or occupier (tenant if in occupation). For example, guests at a hotel disturbed by loud music from bars close by are unable to pursue a claim in private nuisance as they are only guests and only occupy the hotel room, they have no right to exclusive possession of the room.	• the creator of the nuisance • the occupier of the land • a landlord that authorises a nuisance.

In order to successfully bring a claim in private nuisance there must be interference with the claimant's use and enjoyment of the land and that interference must be unlawful. There are three different types of unlawful interference. These are:

- encroachment onto a neighbour's land
- direct physical injury to a neighbour's land
- interference with enjoyment of land.

Unreasonable/unlawful interference

The use of the land must be unreasonable in order to successfully claim private nuisance. If interference with the claimant's enjoyment of their land is a foreseeable consequence of the defendant's use of their land, that interference will be unreasonable and the defendant will be liable. **Table 8.2** details the factors the court takes into consideration when deciding whether the use of land is unreasonable.

Table 8.2: Unreasonable use of land: relevant factors

Factor taken into consideration	When is this factor relevant?	Example case
Duration/ frequency of the nuisance	Always taken into consideration	Duration and frequency are important. The nuisance must be continuous. The longer the nuisance has lasted the more likely the court will find it unreasonable. In *De Keysers Royal Hotel Ltd v Spicer Bros* (1914) 30 TLR 257 pile driving at night (to build foundations for a new building), even though a temporary operation, was sufficient for the court to find the interference unreasonable and constituting a private nuisance.

Table 8.2: (continued)

Factor taken into consideration	When is this factor relevant?	Example case
Character of the neighbourhood	Sometimes (depends upon type of claim)	If the activity being carried out is not in keeping with the area the court will find it unreasonable. In *Hirose Electrical UK Ltd v Peak Ingredients Ltd* [2011] EWCA Civ 987 the court found that the strong smell of food additives from the defendant's premises were not an actionable nuisance as the premises were situated on a light industrial unit and the claimant (an electrical manufacturer) had to tolerate the odours due to the nature of the area.
Sensitivity of the claimant	Sometimes (if relevant to claim)	Reasonable use of land does not become unreasonable due to the fact that it affects a sensitive user of the land/property. In *Robinson v Kilvert* (1889) 41 Ch D 88 (CA) the heat from the defendant's manufacturing process damaged the claimant's (heat-sensitive) paper stored on the ground floor of the same building. The court held that the damage was due to the sensitivity of the claimant's paper not the defendant's trade.
Public benefit	Rarely considered	The court may allow an activity that constitutes a private nuisance to continue if the public interest in the continuation outweighs the claimant's right to have the activity stopped. In *Hatton v UK* [2003] 37 EHRR 611 the court referenced the fact that allowing night flights (which disturbed local residents near Heathrow airport) was beneficial to the country's economy.

Table 8.2: (continued)

Factor taken into consideration	When is this factor relevant?	Example case
Malice of the defendant	Sometimes (if relevant to the claim)	If the court finds that the defendant is committing a nuisance due to unreasonable malice or ill will, the court is likely to find the interference unreasonable. In *Christie v Davey* (1893) 1 Ch 316 the claimant was a music teacher and her family also enjoyed playing musical instruments. The defendant neighbour took to making noise (shouting, banging trays) whenever the claimant played music. The court found the defendant liable in private nuisance due to the fact he had acted only to annoy the claimant.

Exam warning

When considering SQE1 questions about private nuisance remember that it is only actionable if the claimant suffered injury, harm or damage. If the claimant's property or land suffered physical damage the court will find that the interference is unreasonable and the claim will succeed.

Practice example 8.1 illustrates how the court considers the elements of private nuisance.

Practice example 8.1

Residents of an area of London that underwent property development experienced interference with their television signals due to the developers building a 235m tower block in the area. The claimants were occupants of homes in the area and included family relatives, lodgers and other residents that did not have exclusive possession of the properties affected. Do the claimants without a proprietary interest have the right to claim for private nuisance and is interference with television signals interference with the enjoyment of land?

This is what the court had to decide in *Hunter v Canary Wharf* [1997] AC 655 (HL). The court considered that only those with

a proprietary interest were entitled to bring a claim in private nuisance. Children, lodgers and others without a proprietary interest were unable to bring a claim. (The court recognised that a wife with beneficial interest in the family home would have a proprietary interest in the property.) Further, that in order to succeed the interference had to emanate from the defendant's land. As the defendant's building only got in the way of the television signal it fell short of emanating from the land. The claim failed.

PUBLIC NUISANCE

Public nuisance is a tort and also a crime and involves personal injury or harm suffered by the community or a section of the community. In order to successfully claim:

- the nuisance must effect a class of people, and
- the claimant must have suffered special damage.

The difference between public and private nuisance relates to 'who' is affected by the nuisance. In private nuisance it will be those with exclusive proprietary interests (eg, owners, tenants), whereas with public nuisance it will be a group/class of citizens (eg, local residents). Most claims are brought on behalf of this class of people by the Attorney General (A-G).

Key term: public nuisance

Public nuisance is an act or omission that materially affects the reasonable comfort and convenience of life of a group or class of people.

Class of people

The court has not defined the number of people who must be affected by the nuisance but will look at the facts of each case and decide whether the nuisance has affected a cross-section of the public. **Table 8.3** highlights who the courts have previously classified within this group.

Table 8.3: Class of people: public nuisance

Class of people	Court held those affected as a class of people
Local community	Locals affected by quarry blasting. *Attorney-General v PYA Quarries* [1957] 2 QB 169 (CA)

Table 8.3: (continued)

Class of people	Court held those affected as a class of people
Groups with common characteristics	Babies suffering birth defects due to dispersal of toxic chemicals from a landfill site. *Corby Group Litigation v Corby District Council* [2009] EWHC 1944 (TCC)
Highway users	Highway users in the vicinity of a golf club's 13th hole from which golf balls often strayed, hitting road users. *Castle v St Augustine's Links* (1922) 38 TLR 615 (DC)
Wider impact on public	Emergency services diverted from the public to answer the defendant's many hoax calls. *Lowrie* [2005] 1 Cr App R (S) 95 (CA)

The courts have refused to find certain individuals qualify as a group or class of people. **Practice example 8.2** illustrates an example of this.

Practice example 8.2

The defendant posted 538 racially offensive and obscene letters to people throughout the country. Did the 538 individuals qualify as a group or class or people?

This is what the court had to consider in *R v Rimmington* [2005] UKHL 63. The court found that the defendant's conduct was aimed at many individuals, not a community or group, and the claim in public nuisance failed.

Special damage

A claim in tort for public nuisance will only succeed if the inconvenience or interference suffered by that class of people is over and above the inconvenience caused to the class. **Practice example 8.3** illustrates this point.

Practice example 8.3

The claimant was hit by a golf ball and injured. The golf balls leaving the golf course and landing on the high street were a regular occurrence and this affected a section of highway users. Was the claimant able to claim in public nuisance?

This is what the court had to consider in *Castle v St Augustine's Links* (1922) 38 TLR 615 (DC). Because the claimant had been affected over and above other highway users as he was injured by the golf ball he was able to successfully claim in public nuisance.

Table 8.4 explains who can claim and who can be sued.

The following type of damage can be claimed for:

- damage to property
- personal injury
- economic loss.

Table 8.4: Who can claim and who can be sued?

Who can sue?	Who can be sued?
• Anyone affected by the public nuisance can sue – they do not need to have an interest in the land. In *Corby* (see **Table 8.3**) the affected children had no interest in the land where the nuisance originated from. • The Attorney-General Public nuisance is a crime and the A-G will bring the action on behalf of the affected class of people. • Local authority A local authority has statutory power to bring a claim on behalf of its residents. • An individual In tort the damage suffered by the individual must be over and above that suffered by the class.	• the creator of the nuisance • the person responsible for the nuisance.

DEFENCES

The following defences applicable to private and public nuisance have been covered in **Chapter 4**:

- consent (voluntary acceptance of the nuisance)
- contributory negligence.

Table 8.5 covers the additional defences which are specific to both private and public nuisance. However, the defence of prescription is only available to private nuisance.

Table 8.5: Defences to private and public nuisance

Defences	Example	Effectiveness of defence
Prescription: (Only available to private nuisance.) If the unreasonable user of the land has been using the land in an unreasonable manner for more than 20 years the claim will fail. Time runs from when the claimant became aware of the activity.	In *Sturges v Bridgman* [1879] LR 11 Ch D 852 (CA) the defence of prescription failed as time runs from when the claimant became aware of the activity. A doctor's consulting rooms were disturbed by the noise from the defendant's confectionary business. Although the confectioner had worked at his premises for more than 20 years, the activity only became a nuisance when the doctor extended his premises and his examination rooms were situated closer to the confectioner's premises.	Likely to succeed: Had the doctor in *Sturges* put up with the noise for 20 years and then sought to claim, the defendant could have defended the claim on the basis of 20 years prescription.
Statutory authority: If the activity has been authorised by legislation the claim will fail.	In *Allen v Gulf Oil Refining Ltd* [1981] AC 1001 (HL) an oil company wanted to extend their oil refinery in Wales and the claimant claimed against them in public nuisance. However, the extension was expressly permitted by the Gulf Oil Refinement Act 1965 and the oil company successfully defended the claim as they had statutory authority for their actions.	Likely to succeed
Act of God: If the nuisance is due to an act of nature or an 'act of God' the claim may fail. If the defendant knows about the nuisance and allows it to continue or has had a hand in creating the nuisance the claim may succeed.	In *Greenock Corporation v Caledonian Railway* [1917] AC 556 (HL) the defendants constructed a children's paddling pool which caused the claimant's railway to flood when there was unprecedented heavy rainfall. The defendant's argued that the flooding was due to an act of God (heavy rainfall). The court disagreed and found that the construction of the paddling pool had obstructed the natural flow of the water and the defendant was liable.	Likely to succeed: Had the defendants in *Greenock* not constructed a paddling pool and the heavy rainfall had flooded the railway this would be viewed as an 'act of God'.

Table 8.5: (continued)

Defences	**Example**	**Effectiveness of defence**
Unforeseeable act of a stranger: If the nuisance is due to the act of a stranger or trespasser the claim will fail.	In *Barker v Herbert* [1911] 2 KB 633 (CA) the defendant owned vacant land but had erected railings around the land to prevent people accessing it. Unbeknown to the defendant, children removed some of the railings which allowed the claimant to gain access. The claimant was injured on the land. The defendants were held not liable as they had inspected the premises a few days prior to the incident and the railings were intact.	Likely to succeed
Necessity: If the defendant's actions are reasonable and there is an imminent threat to life or limb (possibly property) the claim will fail.	In *Southport Corporation v Esso Petroleum* [1956] AC 218 (HL) the defendants (oil tanker owners) discharged oil into an estuary in an attempt to prevent the oil tanker breaking up, which would have put the lives of those onboard in danger. The defendants were not liable in private nuisance for the oil spill due to the imminent threat to life.	Likely to succeed
Planning permission: The granting of planning permission does not make the activity lawful (local authority decisions cannot prevent the right to claim nuisance).	In *Wheeler v JJ Saunders* [1996] Ch 19 (CA) the defendant had been granted planning permission to build pig units on his land. The court found that the smell and noise constituted a nuisance irrespective of any planning permission the defendant had been granted.	Unlikely to succeed

Table 8.5: (continued)

Defences	Example	Effectiveness of defence
Claimant came to the nuisance: The court is unlikely to accept as a defence that a claimant has moved to the area where the activity is taking place.	In *Coventry v Lawrence* [2014] UKSC 13 the claimants had operated a race track where car racing in some form had taken place for over 30 years (causing noise and fumes). The defendant's argument that the claimants had moved to the nuisance years after the race track had been established was rejected by the court.	Unlikely to succeed
Public benefit: If the nuisance is a by-product of an activity which benefits the community the court may be reluctant to grant an injunction stopping the activity but may instead offer an alternative remedy of damages.	In *Coventry v Lawrence* [2014] UKSC 13 the court found that the noise and fumes from the defendant's race track was a nuisance but considered the public benefit of its existence (visitors boosting economy, locals having employment) and did not order the activity to stop (injunction) but awarded the claimant compensation (damages).	Unlikely to succeed but may be reflected in remedy ordered by the court
Contributors to nuisance: It is no defence to a claim that had the defendant's activity occurred in isolation it would not amount to a nuisance.	For example, in a residential town centre area with a street of many nightclubs an argument from one nightclub owner that loud music emitting from their nightclub is not a nuisance if it was considered in isolation without the effect of the other many clubs would fail. The court would not accept that the nuisance only occurs because of the other many nightclubs playing loud music too.	Unlikely to succeed

Revision tip

It is important to understand that some defences will fail, but you need to be aware of those that will not succeed in order to fully consider any SQE1 questions on nuisance and defences.

REMEDIES

The two main remedies consist of either an injunction to prevent the activity or damages to compensate the claimant affected by the nuisance.

Injunctions

An injunction is a court order which prevents the activity causing the nuisance to continue. Failing to comply with an injunction is contempt of court which could lead to a fine or imprisonment for the defendant. **Table 8.6** details the different injunctions available.

Table 8.6: Injunctions

Type of injunction	Description
Prohibitory	Prevents the defendant from doing the activity causing the nuisance and is the most common remedy.
Mandatory	Compels the defendant to rectify the situation that has been caused by the nuisance. These injunctions are used only in certain circumstances.
Quia timet	Obtained before the activity amounting to a nuisance can take place (eg music festival). Only granted where: • high likelihood the nuisance will occur • the activity would cause damage and disruption to the claimant • the defendant will not stop their intended course of action without an injunction.
Interim/final	An interim injunction is a temporary measure which prevents the defendant from continuing with the activity causing the nuisance until such time as the court can consider the matter fully and if appropriate order a final injunction.

As the remedy for nuisance seeks to balance the rights of the parties, which may require a compromise between users of neighbouring land, the court may award an injunction limiting the activity causing the nuisance. **Practice example 8.4** illustrates how the courts deal with this point.

Practice example 8.4

The defendants run a water sports company close to the claimant's property. The claimant built a house at the side of the lake and complains when the noise and frequency of the motorboat racing events increase on the basis they are interfering with her enjoyment of her land. The court accepts that the noise is a private nuisance. Should the court grant an injunction which would prevent all water sports from taking place or should the court order damages to the claimant to compensate her for the nuisance?

This was the issue the court had to consider in the case of *Kennaway v Thompson* [1981] QB 88 (CA). The court ordered an injunction, which did not prohibit the activity in its entirety but limited the defendant club's racing activities in each year and restricted the noise levels of the motorboats. In doing so the court balanced the rights of the claimant with the rights of the defendant. An injunction preventing all motorboat activity would have made the water sports centre unworkable.

Revision tip

Injunctions are an equitable remedy and in order for the court to grant one the claimant must have acted promptly, not encouraged or agreed to the nuisance and the defendant must be able to comply with the injunction.

Exam warning

When considering SQE1 questions on remedies available for private and public nuisance, remember that a claimant will only be awarded an injunction where damages would not be deemed to be an appropriate remedy.

Damages

Damages (monetary compensation) can be awarded by the court for any losses suffered by the claimant up until the date of trial. The court does have limited powers to order damages for future losses. The court will award damages for physical damage to land (eg, damage to a building exterior due to emittance of smoke/chemicals) and also in relation to personal discomfort/inconvenience (eg, being unable to use your garden due to the smell/dust).

In considering which remedy to award, the court will take into consideration whether the claimant has made out the case for the granting of an injunction. If the court decides not to grant an injunction they will award damages. The court can exercise its discretion and is likely to refuse an injunction and award damages where the harm suffered by the claimant is:

- small, and
- can be quantified in financial terms, and
- can be compensated by damages, and
- it would be oppressive to grant an injunction.

The court is more likely to award damages where compensation would remedy the situation. Not all of the four tests above need to be satisfied. The court will also consider whether the granting of an injunction would affect the public interest. An example of this would be where the defendant is an employer of many employees and an injunction would effectively mean the business has to close.

Abatement

Abatement relates to the claimant rectifying the nuisance by removing or stopping the nuisance taking place. An example of this may be a claimant whose garden is being encroached upon by a neighbour's tree roots or branches. The claimant would be able to trim the branches/tree roots as long as doing so reasonably. Anything undertaken which is unreasonable could be viewed as trespass.

THE RULE IN *RYLANDS V FLETCHER*

We have considered private and public nuisance. The rule in *Rylands v Fletcher* is another specialised form of private nuisance. It concerns a situation where an escape of non-natural things from a person's land causes damage to property owned by somebody else. The occupier of the land from which the non-natural thing escaped will be liable for the damage, irrespective of whether or not they were actually at fault. In order to understand how the rule operates fully, it is sensible to familiarise yourself with the facts of the case.

Rylands v Fletcher [1868] LR 3 HL 330 (HL) involved a claim brought against defendant mill owners who had engaged experienced and competent independent contractors to build a reservoir to supply water to their mill. The contractors built the reservoir over old mine shafts. Due to the weight of the water the mine shafts collapsed and flooded the claimant's colliery. The claimant could not succeed in private nuisance as the defendant had not been negligent on the basis they had instructed competent contractors. The court found the defendants liable on the basis that *they had brought and collected something 'non-natural' onto their land which foreseeably had caused damage once it escaped*. **Figure 8.2** illustrates how the rule is applied by the court. **Table 8.7** explains the criteria you would need to apply to an SQE1 question to establish whether a party will be liable under the rule in *Rylands v Fletcher*.

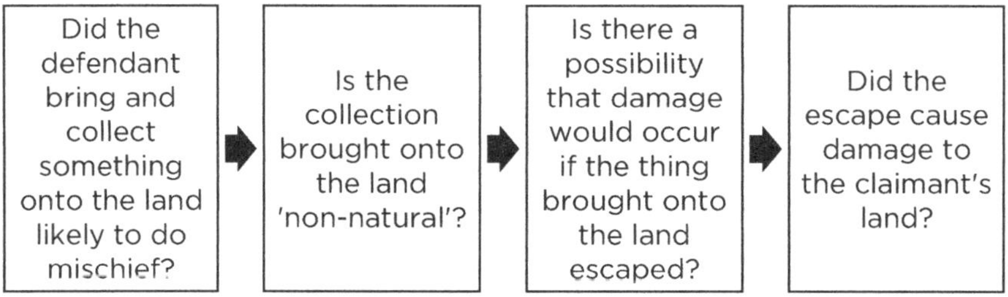

Figure 8.2: The rule in Rylands v Fletcher

Exam warning

The SQE1 Assessment Specification requires candidates to be familiar with the rule in *Rylands v Fletcher*. An exam question may require you to consider whether a claim can be brought under the rule in *Rylands v Fletcher*.

Table 8.7: Elements of the rule in Rylands v Fletcher

Element	Example
Did the defendant bring and collect something onto the land likely to do mischief?	The defendant must bring and collect something on their land which is likely to do a mischief. The court has considered fumes, vapours, cattle and sewerage to fall into this category.

Table 8.7: (continued)

Element	Example
Is the collection brought onto the land 'non-natural'?	The rule will not apply to things that are naturally on the land (eg trees, plants). The court takes into consideration the normal use of the land according to the standards of the day. In *Transco plc v Stockport MBC* [2004] 2 AC 1 (HL) the defendant's pipe leaked, causing an embankment to collapse. The collapse affected the claimant's gas pipe which required remedial work. The court found that the use of pipes to supply water was a normal use of the land and the claimant's claim failed.
Is there a possibility that damage would occur if the thing brought onto the land escaped?	The thing collected on the land must be likely to do mischief if it escapes. The thing must also move from land occupied/controlled by the defendant to land not occupied/controlled by the defendant. In *Stannard (t/a Wyvern Tyres) v Gore* [2012] EWCA Civ 1248 the defendants stored tyres on their land which caught fire. The fire spread to the claimant's premises. The claim failed as the court found that the 'thing' brought onto the land were the tyres (which were not a mischief if they escaped) and not the fire which started or increased the thing.
Did the escape cause damage to the claimant's land?	The thing collected on the land does not in itself have to be dangerous, but it must be reasonably foreseeable to cause damage if it escapes. This principle was introduced by *Cambridge Water Co Ltd v Eastern Counties Leather plc* [1994] 2 AC 264 (HL). The defendant's use of solvents in their tanning process for over 20 years had polluted the water used by the claimants, causing the claimant to incur the cost of relocating the source of their water (well). The claim failed as the court held that it was not foreseeable that the chemicals would seep through the land and pollute the water extracted by the claimants.

The rule in *Rylands v Fletcher* is concerned with rights and duties in respect of an occupier's land. An essential element of the tort is that there is an escape from the defendant's land. **Practice example 8.5** illustrates how the court has dealt with this issue.

Practice example 8.5

The claimant is working for the Ministry of Supply during the Second World War and is required to inspect a munitions factory when a shell explodes and she is injured. There is no negligence on the part of her employer. Is she able to claim under the rule in *Rylands v Fletcher* for the escape of the hazardous material?

This is what the court had to consider in *Read v J Lyons* [1947] AC 156 (HL). The court found that a shell exploding did not qualify as an escape of anything dangerous from the defendant's premises to the claimant's premises.

Defences

The following defences applicable to claims brought under the rule in *Rylands v Fletcher* have been covered in **Chapter 4 Defences**:

- consent (voluntary acceptance of the nuisance)
- contributory negligence.

The following defences also applicable to claims brought using the rule in *Rylands v Fletcher* have been covered earlier in the chapter:

- statutory authority
- act of God
- unforeseeable act of a stranger.

Remedies

If a claim succeeds under the rule in *Rylands v Fletcher* the claimant will receive damages. A claimant cannot bring a claim for personal injury.

■ KEY POINT CHECKLIST

This chapter has covered the following key knowledge points. You can use these to structure your revision around, making sure to recall the key details for each point, as covered in this chapter.

- Nuisance seeks to protect peoples' rights and enjoyment of their land. Private nuisance protects land and property from unreasonable interference and public nuisance seeks to protect the comfort and convenience of the public.

- In order to bring a claim in private nuisance the claimant must have the right to exclusive possession of the property/land affected, the use of the property/land must be unreasonable and the claimant must have suffered some harm, injury or damage.
- Interference with property/land which results in physical damage to the claimant's property/land will always be unreasonable.
- When considering whether interference is unreasonable the court may take into consideration the character of the locality, duration of the interference, sensitivity of the claimant, any public benefit and any malice on the part of the defendant.
- In order to bring a claim in public nuisance the claimant must belong to a class/group of people and the claimant must suffer damage over and above the inconvenience caused to the group.
- General defences of consent and contributory negligence are available for private and public nuisance.
- Effective defences available to private nuisance are prescription, statutory authority, act of God, unforeseeable act of a stranger and necessity.
- Effective defences available to public nuisance are statutory authority, act of God, unforeseeable act of a stranger and necessity.
- Coming to the nuisance, public benefit and acts in isolation are unlikely to succeed as defences to either private or public nuisance.
- Remedies for private and public nuisance include damages and/or an injunction.
- There are different types of injunctions available to the court (prohibitory, mandatory, quia timet, interim or final).
- The rule in *Rylands v Fletcher* relates to a type of private nuisance with specialised rules.
- In order to be liable under the rule in *Rylands v Fletcher* the defendant must have collected and kept something non-natural on their land which is likely to do mischief if it escapes.
- The claimant must have suffered harm/property damage, but cannot claim personal injury under the rule in *Rylands v Fletcher*.
- The defences applicable to a claim brought under the rule in *Rylands v Fletcher* are contributory negligence, consent, statutory authority, act of God and unforeseeable act of a stranger.
- The claimant will be awarded damages if successful under the rule in *Rylands v Fletcher*.

■ KEY TERMS AND CONCEPTS

- private nuisance (**page 155**)
- public nuisance (**page 159**)

SQE1-STYLE QUESTIONS

QUESTION 1

The claimant owns a property backing onto the railway line. The railway company are aware of the plant 'Japanese knotweed' (known to damage buildings if left untreated) which is growing close to the line and encroaching on the claimant's property.

Which of the following is likely to be the position of the court when considering whether the defendant is liable in private nuisance for the encroachment of Japanese knotweed on the claimant's property?

A. The court is likely to find the defendant not liable in private nuisance as the character of the railway line and surrounding area is rural and the claimant should expect plants to grow around his property.
B. The court will only find the defendant liable if the claimant can prove that the nuisance affects the comfort and convenience of life of a class of people.
C. The court is likely to find the defendant not liable in expecting the railway company to remove the plant as the claimant is being too sensitive to the growing of plants in the vicinity of his property.
D. The court is likely to find the defendant liable as Japanese knotweed is a natural hazard which affects the claimant's ability to use and enjoy the land.
E. The court is likely to find the defendant not liable as the railway line is operated for the benefit of the citizens and the community.

QUESTION 2

The claimant owns a large country estate in an industrial area where many manufacturing companies operate. The claimant lives less than 2 miles from the defendant's smelting works. The vapours from the defendant's smelting processes damage the claimant's trees.

Which of the following is likely to be the position of the court when considering the claim brought in private nuisance by the claimant against the defendant?

A. The court is likely to find the defendant not liable as the claimant lives in an industrial locality.

B. The court is likely to find liability attaches to the defendant as there has been damage to property.
C. The court is likely to find the defendant is not liable as it is likely the nature of the locality has changed over the years from rural to industrial as manufacturing companies came to the area.
D. The court is likely to find that liability attaches to the defendant only if the claimant's enjoyment of the land is adversely affected.
E. The court is likely to find the defendant not liable as the smelting works are for the benefit of the local economy.

QUESTION 3

The claimant organised an 'acid house' party which took place in woods. Starting at 11 P.M. the party continued for 12 hours and thousands of people attended. DJs played loud music, and attendees parked the cars along the roads to the woods. There were no toilets or litter bins in the woods.

Which of the following is likely to be the court's approach as to whether the defendant created a public nuisance?

A. The court is likely to find the claimant committed a public nuisance on the basis that the noise and inconvenience affected locals.
B. The court is unlikely to find the defendant committed a public nuisance as the party only affected some local people.
C. The court will find the duration of the party (12 hours) as insufficient as it was not continuous.
D. The court is unlikely to hold the defendant liable as the party was for the benefit of the public good and enjoyment of the thousands of party goers.
E. The court will accept the defendant's argument that the organisation of the party in isolation did not amount to a nuisance but it was the actions of the party goers which the defendant could not control.

QUESTION 4

A large group of spectators at a football match have their enjoyment of the football match disturbed when the defendant disables the floodlights.

Which of the following is likely to be the court's approach as to whether the defendant created a public nuisance?

A. The court is likely to find the claimant committed a public nuisance on the basis that the convenience and comfort of a class of people have been affected.
B. The court is unlikely to find the defendant committed a public nuisance as the spectators at a football match do not qualify as a class of people.
C. The court will find the spectators have not suffered damage over and above other local residents and the claim will fail.
D. The court is unlikely to hold the defendant liable as the spectators have come to the nuisance by attending the football ground.
E. The court will accept the defendant's argument that the claimants have not suffered damage to property by the disabling of the floodlights.

QUESTION 5

The claimant suffers inconvenience (headaches), including the death of animals raised on his land, due to the escape of gas from the defendant's disused mines close to his property. The gas accumulates in mine shafts and mixes with oxygen to produce gas which when concentrated in air (and lack of wind/ventilation) can cause loss of consciousness and death.

Which of the following is likely to be the court's approach to the claimant's claim brought under the rule in *Rylands v Fletcher*?

A. The court will likely find the defendant liable for the escape of a non-natural substance onto the claimant's land.
B. The court will likely find the defendant not liable as the escape of gas has affected only individuals and not a class of people.
C. The court will likely find the defendant liable due to collecting and keeping the gas in the mine shafts on their land and allowing it to escape.
D. The court will likely find the defendant not liable as mining activity is a natural use of the land and the gas has not been brought onto the land by the defendant.
E. The court will likely find the defendant liable as it was foreseeable that an unused mineshaft would emit toxic gas and do mischief by damaging property once it escaped.

■ ANSWERS TO QUESTIONS

Answers to 'What do you know already?' questions at the start of the chapter

1) The essential elements required in proving a claim in private nuisance are that the claimant has a proprietary interest in the land and the defendant's interference is unreasonable.
2) Effective defences to a claim in private nuisance are prescription, statutory authority, act of God, unforeseeable act of a stranger and necessity.
3) The two requirements that need to be satisfied in order to succeed in a claim for public nuisance are the nuisance must have affected a *class of people* and the claimant has suffered *special damage*.
4) False - Prescription (carrying on an activity which constitutes a nuisance for more than 20 years) is a defence applicable to private nuisance only.
5) The defences available under the rule in *Rylands v Fletcher* are consent, contributory negligence, statutory authority, act of God and unforeseeable act of a stranger.

Answers to end-of-chapter SQE1-style questions

Question 1:

The correct answer was D. This is because the court is likely to find the defendant liable as Japanese knotweed is a natural hazard which affected the claimant's ability to use and enjoy the land. In order to be actionable in private nuisance there must be unreasonable interference with the land. This is based on a real case where the Japanese knotweed had not yet damaged the claimant's property but the court found that it was such a hazard due to its rapid spread that the claimant could claim loss of amenity (enjoyment) of the land and the cost of treating the soil to prevent the plant spreading.

A is wrong because irrespective of the rural nature of the area the claimant is entitled to enjoy his land free from Japanese knotweed.

B is wrong because comfort and convenience of a class of people relates to public nuisance not private nuisance.

C is wrong because the claimant is not too sensitive. Japanese knotweed grows rapidly and would interfere with the claimant's enjoyment of his land.

E is wrong because the public benefit is not an effective defence to private nuisance.

Question 2:

The correct answer was B. This is because the court is likely to find liability attaches to the defendant as there has been damage to property. This is based on a real case where the defendant tried to argue that the whole locality was industrial and he should be able to continue his smelting activities but the court found that interference will always be unreasonable if it causes damage to property. If the vapours had not caused damage but only personal discomfort the court would take into account the locality and character of the neighbourhood.

A is wrong because interference causing damage to property will always be held to be unreasonable.

C is wrong because locality is not relevant if the nuisance has caused property damage. If the vapours had not caused damage but only personal discomfort the court would take into account the locality and character of the neighbourhood.

D and E are wrong because interference causing damage to property will always be held to be unreasonable.

Question 3:

The correct answer was A. This is because the court is likely to find the claimant committed a public nuisance on the basis that the noise and inconvenience affected locals. This is based on a real criminal case where the defendant's party blocked roads and the party goers dropped litter and left urine and excrement throughout the woods. Locals as far away as 6 miles could hear the noise and vibrations from the sound systems. The public nuisance had affected a class of people and caused discomfort and inconvenience (lack of sleep, blocking roads and the mess left by the party goers).

B is wrong because the local people fall into a class of people.

C is wrong because it is not a requirement of public nuisance (but private nuisance) that the nuisance is continuous.

D is wrong because a party causing noise and disturbance to locals is not for the benefit of the public good.

E is wrong because the defendant committed a public nuisance in organising the party knowing many would attend and there are no isolated activities.

Question 4:

The correct answer was A. This is because the court will find the football spectators are a class of people. This is based on a real case where the defendant was planning to switch the lights off to benefit from gambling on the likelihood of this happening.

B is wrong because spectators in the ground are classed as a group of people.

C is wrong because the spectators do not need to suffer over and above the locals - they just have to qualify as a class of people.

D is wrong because the spectators have attended the match with the intention of watching football, and there is no nuisance until the defendant disables the floodlights.

E is wrong because the spectators have suffered inconvenience which is one of the kinds of damage which fall within the scope of the tort.

Question 5:

The correct answer was D. This is because the court will find the defendant not liable as mining activity is a natural use of the land and the gas has not been brought onto the land by the defendant. This is based on a real case where the claimant's claim failed under the rule in *Rylands v Fletcher* due to the fact that the court found mining and the natural gases emitted did not fall under 'non-natural' use.

A is wrong because mining activity is a natural use of the land.

B is wrong because the escape does not need to affect a class of people under the rule in *Rylands v Fletcher*.

C is wrong because the collection of gas due to mining is a natural use of the land.

E is wrong because mining on the land is a natural use of the land.

■ KEY CASES, RULES, STATUTES AND INSTRUMENTS

The SQE1 Assessment Specification has identified that candidates are required to know the following case:

- *Rylands v Fletcher* [1868] LR 3 HL 330 (HL)

Index